図説

ウィーンの歴史

増谷英樹

河出書房新社

図説
ウィーンの歴史
目次

第四部　近代のウィーン

◎コラム◎

地図製作：小野寺美恵・濱田良章・平凡社地図出版

第一部

ローマ帝国の城塞からハプスブルク帝国の首都へ

第一章

ローマ帝国の城塞、民族大移動、バーベンベルクのウィーン

ローマ帝国の軍事拠点——ヴィンドボナ

対ゲルマン民族

ヨーロッパの多くの都市の歴史がそうであるように、都市ウィーンの歴史もローマ帝国の時代まで遡る。

紀元前一世紀におけるカエサルのガリア遠征などに見られるように（『ガリア戦記』参照）、ローマ帝国は現在のヨーロッパ地域にその勢力を拡大すると、重要な地点に軍事拠点を築き、その多くの地域をその支配圏に組み入れようとした。紀元一世紀頃には、ローマ帝国の北の境界はライン川とドナウ川にあり、その北部ないし東部に居住していたゲルマン諸民族その他と対抗するために、その両河川沿いにはいくつもの軍事拠点が設けられていた。ライン川沿いのケルンやモーゼル川のトリーアなどにそれぞれ城壁を持った拠点が築かれ、それらを中心に交易なども行なわれ、都市ないし町が成立していった。東方のドナウ川沿いにおいては、その南側にはもともとケルト系の住民が住み、紀元前一世紀頃にはローマと友好的な関係を持ち、ノリクム、パンノニアと呼ばれる属州を形成していた。それら属州の北部のドナウ川がゲルマンその他の勢力との境界であり、いくつもの要塞がつくられていた。その一つが現在のウィーンに繋がるヴィンドボナであった。

広大な軍事拠点

現在のウィーンの中心地域は、ドナウ川から少し高い丘を形成し、当時はさらに二つの小川（オタックリング川とウィーン川）に囲まれていて、軍事的防衛拠点として最適な場所と見られていた。ドナウ川の重要な渡河地点であったカルヌントゥムを側面援助する拠点として一つの軍隊駐屯地がつくられたのである。ローマの記録によれば、そこには第一〇部隊の一〇〇〇人の兵が置かれ、駐屯基地は、厚さ三メートル、高さ一〇メートルの強固な城壁に囲まれ、その内部には守備隊の兵舎の他に病院や食堂、作業場、将校用の建物がびっしりと建てられていたという。

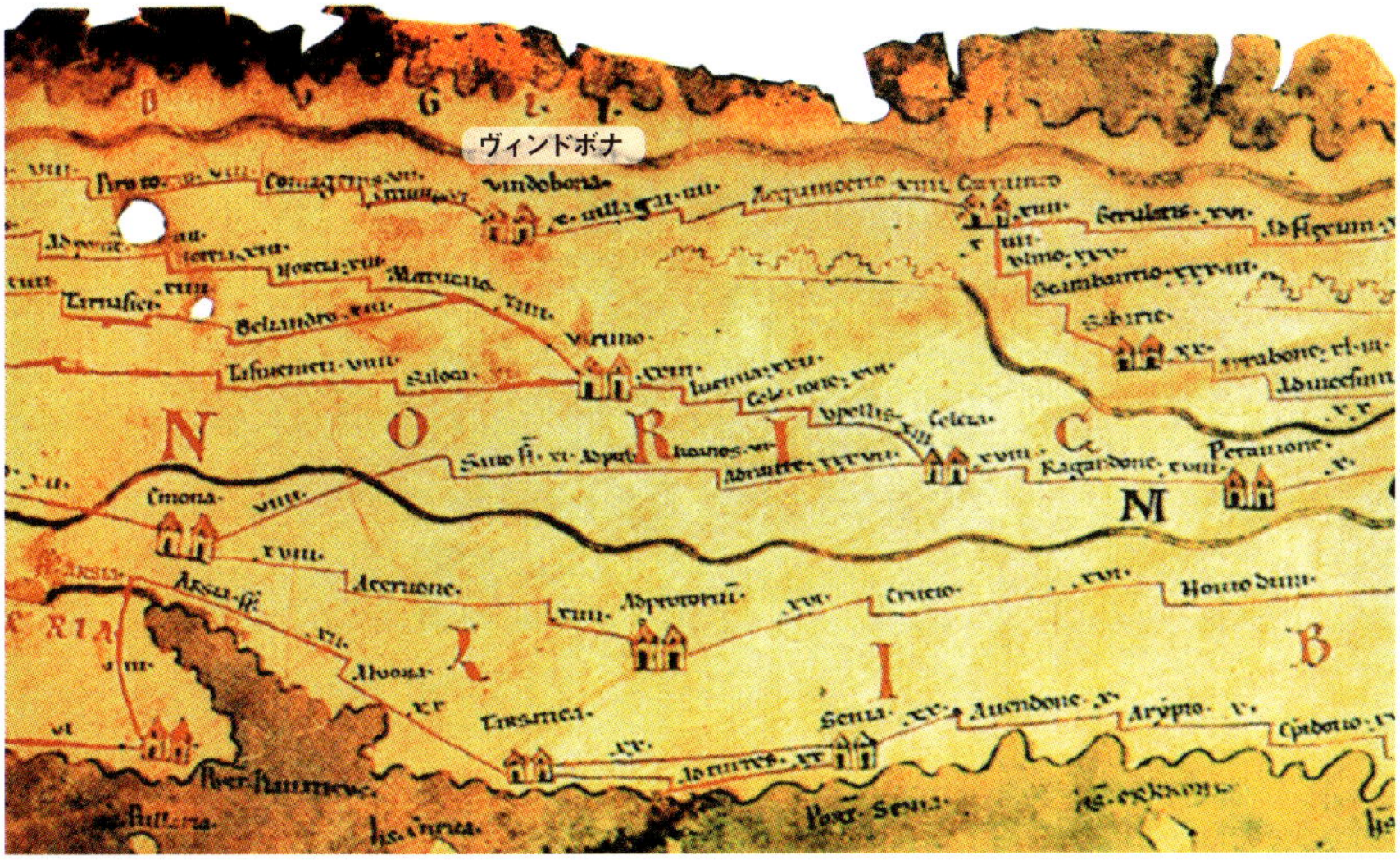

ローマ時代の地図上のヴィンドボナ
上図版は、ローマ帝国時代の地図上のヴィンドボナ（中央上部）。要塞（リーメス）と軍用道路（リーメス道路）によって描かれたローマ帝国の地図。ウィーン（Vindobonaと記されている）も軍用道路によって帝国に結びつけられていた。現在のヴェーリンガー通り、ヘレンガッセ、アウグスティーナ通りからさらにレンヴェークと続く道路は当時の軍用道路であったが、現在も町中の主要な道路の1つとして引き継がれ使われている。王宮前に続くヘレンガッセや遺跡の見つかったミヒャエル広場には、現在19世紀のカフェ文化を支えたカフェ・ツェントラールやカフェ・グリュンシュタイドルが店を出し、多くのウィーン人や観光客がコーヒーを飲んでいるが、そうした光景は、長い歴史を持ったウィーンならではのものである。

この軍事拠点は、ローマ帝国時代の地図にはVindobona（ヴィンドボナ）として登場する。この名前は、もともとケルト語でありケルト族の一つないしその指導者の名Windenにbona（泉の意）が付与された名とみなされるが、別の解釈も存在する。ローマ帝国時代に一〇〇〇人の兵の駐屯地となれば、そこでの兵士その他の生活が存在し、要塞外に小町や市があったとしても不思議はない。実際、城壁の外には、兵士の家族の他、必要な手工業者や食糧売りが住み、売春宿も存在していたと考えられ、最近の発掘などでそれらの存在が確認されている。もちろん、もともとのケルトの住民の居住も確認されている。

民族大移動の時代

西ローマ帝国の崩壊

強大さを誇った西ローマ帝国も、民族大移動の混乱の中で崩壊していく。既に二世紀の終わり頃に、ドナウ川流域でも民族移動の動きが出てくる。北方のゲルマン族のマルコマンニとの戦いの中で、一八〇年に哲人皇帝マルクス・アウレリウス・アントニヌスがウィーンで死去したと伝えられ、現在でもウィーンの市内区にマルクス・アウレリウスという通りの名がある（実際には彼は別の場所で病死し

ヴィンドボナの遺跡　図版左はミヒャエル広場の遺跡、図版右はローマ軍の将校の家。ローマ時代のヴィンドボナの遺跡は、近年の発掘研究によってその様相が明らかにされてきているが、その一部は現在のウィーンでも見ることができる。その1つはホーアーマルクトと呼ばれる広場で、そこには軍の司令部が置かれていたとみられる。その広場の一角（建物番号Ⅲ）の地下からは床暖房と壁暖房を備えた2つの将校の家が発掘され、現在は小さな博物館として公開されている。さらに王宮前のミヒャエル広場でも、道路の改修の際に見つかり発掘されたやはり床暖房の付いたローマ時代の居住跡ないし、城壁外の遊興所の跡とみられる施設が保存公開されている。

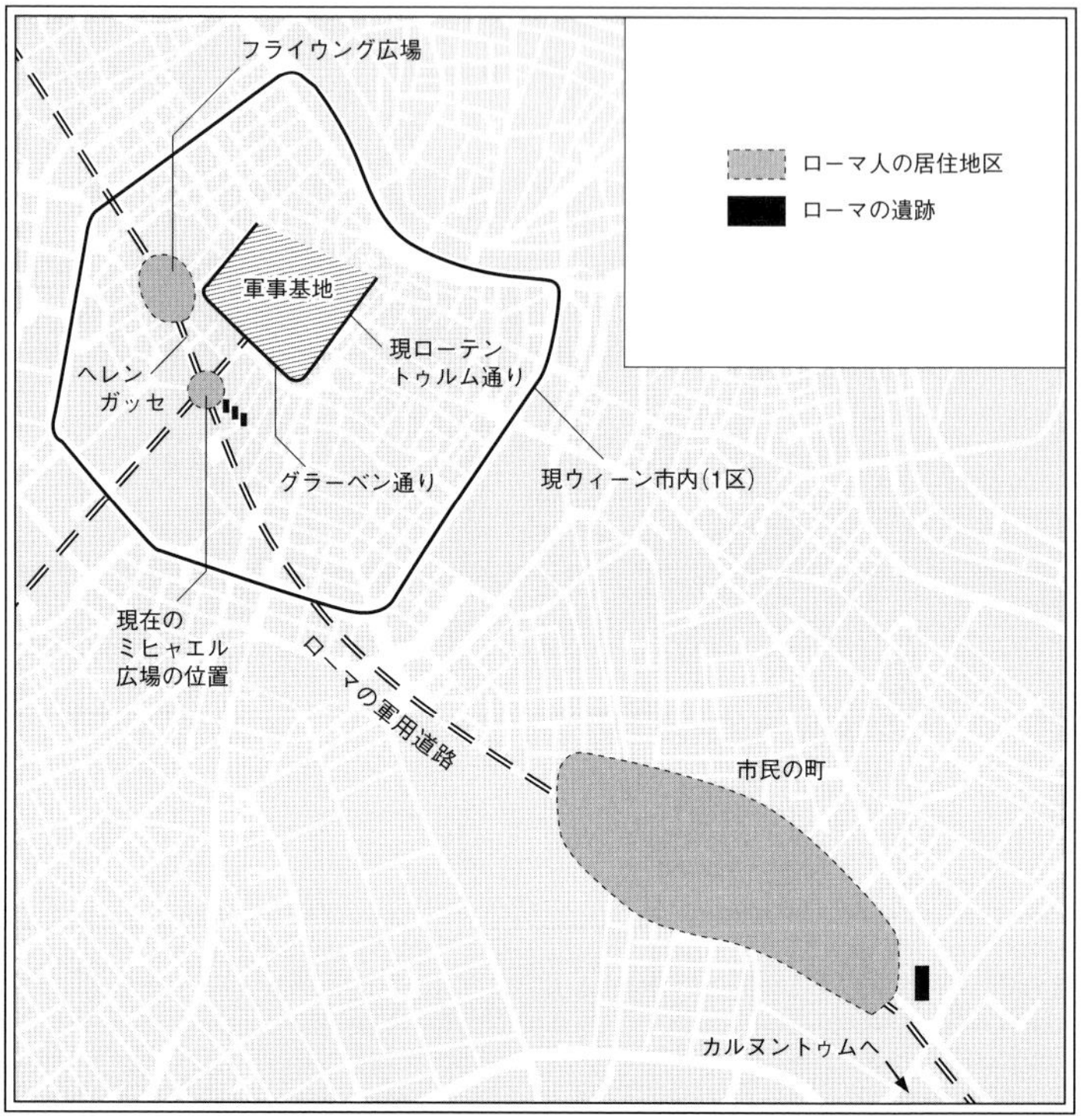

1世紀頃（89年）のヴィンドボナと軍用道路（リーメス）の位置
ローマ時代の軍用道路は、現在も使われている。

たことがわかっているが、ウィーンの人々にとっては、皇帝が自らウィーンにやってきたことは、ウィーンの重要性を示すこととして誇りに思っているようであり、現在でもホーアーマルクト〔広場〕の時計仕掛けの人形にはマルクス・アウレリウスが最初に登場する）。

皇帝自らの出陣にもかかわらず、四世紀には既にヴァンダル人、東ゴート人、西ゴート人などがパンノニアを簒奪、ヴィンドボナの駐屯地もその役割を終える。四三三年テオドシウス二世がパンノニアをフン族に譲り渡した時、ヴィンドボナのローマ時代は公的に終わりを告げ、ヴィンドボナの名も史料からほぼ消えてしまう。

「暗黒の数世紀」

民族大移動が最盛期になる六世紀に、中央アジアの騎馬民族アヴァール人がやってきて、ドナウ川とタイス川の間の東ゲルマンの国家を滅ぼし、さらに西方に進出し、現在のウィーンの森までを支配した。アヴァール人に従ってスラヴ人もやってきたが、両者ともにヴィンドボナ自体には住みつかず、五・六世紀の墓の出土品や土地の名称から見ると、その周辺に住みついたと考えられている。考古学的研究からは、ヴィンドボナ自体への居住が民族大移動によって突然断ち切られたのではないことも判明しているが、歴史的にはこの時期のウィーンは「暗黒の数世紀」と呼ばれ、住民生活がどのような状況であったかはよくわかっていない。

この頃（六〜九世紀）西方のガリア地方にはゲルマン系のフランク王国が形成され、その勢力を北部や東方へと拡大し、ドナウ川流域では特にバイエルン地域をその支配下に置き（バイエルン公国）、アヴァール人と対抗した。さらにドナウ川の北側にはスラヴ人の大モラヴィア王国が成立し、ドナウ川流域は複雑な状況を呈していた。

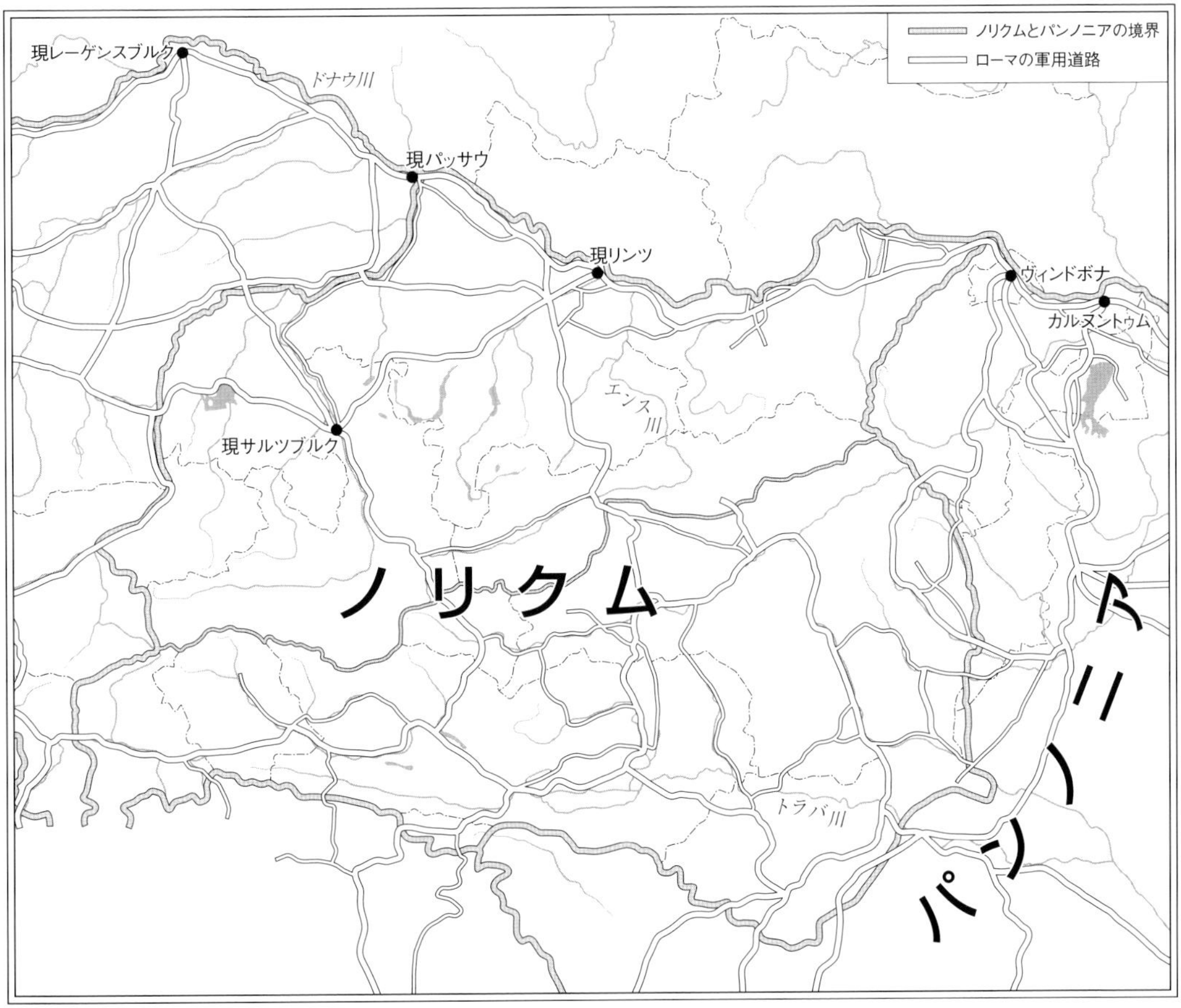

ローマ帝国内のヴィンドボナの位置　右上にヴィンドボナとカルヌントゥムが見える。

しかし、ヴィンドボナをめぐっては更なる要素が加わってきた。東方からハンガリー族（マジャル人）が迫っていた。八八一年にバイエルン公国の辺境軍との最初の衝突が起きたが、その記録を報告している『サルツブルク年代記』はその戦闘の場を「ウィーンの近く ad Weniam」と記している。これが、ウィーンというドイツ語の名称の最初の記録である（以降この名称を使用することとする）。ただし、それが町の名称であるのか小川の名前を示すのかははっきりしない（川の名前であるとする意見の方が有力）。

バイエルンとハンガリー人の争いは錯綜し長く続く。九〇七年にルーイトポルト（九ページ）指揮下のバイエルン軍が、プレスブルク（現在のブラティスラヴァ）の近くで壊滅的敗北を喫し、エンス川（ドナウ川の支流）のウィーンを含む東部地域はその後、ハンガリーの支配下に入った。ウィーンにはハンガリー軍の指揮官が駐留し、ハンガリー語のベーチュという名が付けられたが、それは「坂にある」という意味で、当時のウィーンの地形的位置状態を表していた。

ローマ帝国の城塞として始まった都市

ウィーンの歴史は、帝国の崩壊、民族大移動の中で、その城塞の廃墟を僅かに残したまま消えてしまったかに見えるが、この廃墟は諸民族間の行き来と抗争の中で、その血と文化を少しずつ吸収しながら新たな多民族的多文化的傾向を持った都市としての再生の道を歩み始めることになる。

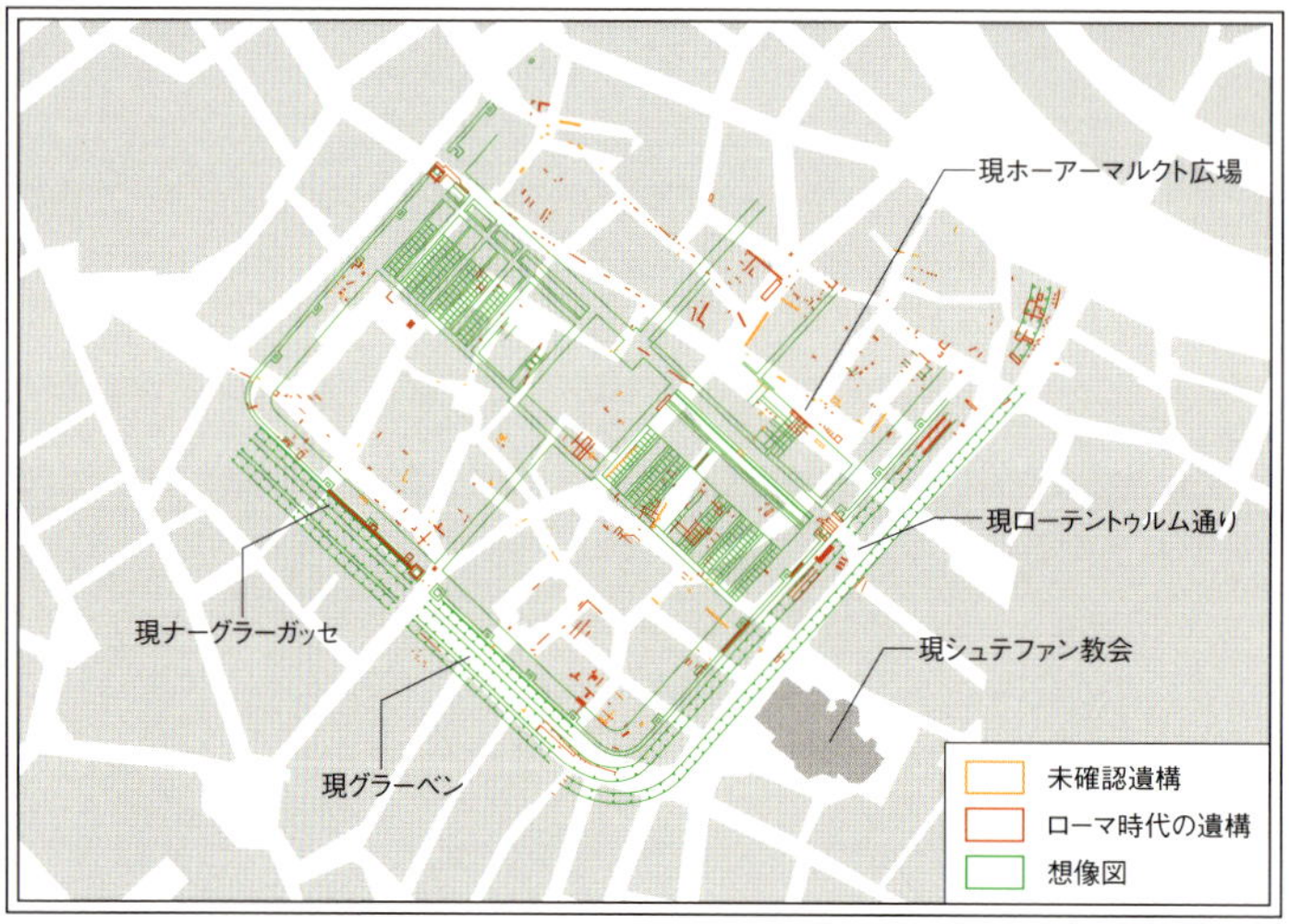

ヴィンドボナの要塞見取り図　かなり大規模なものであったことがわかる。

第二章　バーベンベルク家の支配

オーストリアの成立

神聖ローマ帝国の支配

ドナウ流域の政治的状況が大きく変わったのは一〇世紀後半である。九九一年にバイエルン公ハインリヒがハンガリーに勝利、九五五年には東フランク王（後九六二年に神聖ローマ皇帝）のオットー大帝がアウクスブルク近郊のレッヒフェルトの戦いでハンガリー軍の西進を阻止したのである。しかしながら、ハンガリーの反撃などもあり、神聖ローマ帝国の実質的支配は時を経て徐々に拡大されていったのであり、ウィーンがその支配下に入るのは、一〇四三年に皇帝ハインリヒ三世が帝国の境界をマルヒ川とライタ川まで押し進めた後のことである。

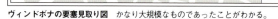

支配下に置かれた領域は帝国の直轄地として「ドナウ辺境領」と呼ばれ、その統治者として辺境伯が置かれた。のちにオスタリキ（オーストリアという名の原型、九九六年初出）と呼ばれるようになったこの地域の大部分は、皇帝からサルツブルクやパッサウ、レーゲンスブルク、バンベルクなどの司教座教会に寄進として分け与えられ、それらの土地はさらに何人かの領封貴族や有力な管財人に分与された。彼らはこの地域に植民し、領地を耕作居住可能にする役割を担うことになった。

そうした要請を担うことになった者たちの中では二つの家族が重要な役割を果たした。それはシーグハルティンガー家とフォルムバッハー家で、その後のウィーンとウィーンを囲む領域においてもその政治的な力を誇示した。シーグハルティンガーはサルツブルクの聖ペーター修道院の従者であったが、この地域を割り当てられ、後者のフォルムバッハーはパッサウの修道院の指揮下にあり、同様にウィーン近郊の開拓や経済活動を盛んに行ない、ウィーンに屋敷を持ち政治的な力を持つようになっていった。後述するように、この地域の辺境伯となるバーベンベルク家の支配にとっては、この両家はまさに眼の上のたん瘤であり、ウィーンの支配をめぐっても彼らとの係争が続くことになる。

バーベンベルク家の登場

オスタリキにおけるバーベンベルク家の登場は、九七六年の夏のある事件によって起きた。この年、皇帝首座都市であったレーゲンスブルクにおいて、皇帝オットー二世に対してその従兄弟であるバイエルン大公ハインリヒ二世による暗殺計画および反乱が起きた。皇帝はそれを何とか鎮圧したが、その際皇帝の忠臣として鎮圧に重要な役割を果たしたとされたのがルーイトポルト（その後のオーストリアの歴史記述ではレーオポルト一世、以下レーオポルトとする）と呼ばれた人物で、その功績として彼はオスタリキの辺境伯の位を授かり、エンス川以東のオスタリキ領域の支配権を与えられた。このレーオポルトは「バーベンベルク家」と呼ばれた南ドイツのよく知られた家系の出身で、その後のオスタリキないしオーストリアを二七〇年にわたって支配し、ウィーンを辺境領の重要な都市に仕立て上げていくことになる。

ウィーンへの進出

辺境伯領オスタリキ

レーオポルトは彼の辺境伯領から対抗者であるバイエルン公国の勢力を排除し、ハンガリーに対抗してその領土を東に拡大し、ようやくウィーンをその影響下に置くことができた。彼の息子のハインリヒ一世（在位九九四～一〇一八）の時代の九九六年に、辺境領自体はオスタリキの名を与えられたが、その居城はまだ西方のメルクに置かれていた。

その後レーオポルト三世の時代には居城を結婚相手の皇女アグネスの故郷のクロスターノイブルク（ウィーンの北西）に置き、ここに館と教会を建てた（その教会には一五世紀作のバーベンベルク家系樹図が納められている。一二～一三ページ参照）。バーベンベルク家が本格的にウィーンに居を移したのは、ハインリヒ二世ヤソミールゴットの時である。一一五六年皇帝フリードリヒ一世（バルバロッサ）はハインリヒが兼任していたバイエルン公の位を放棄することと引き換えにオスタリキを公国に昇格させ、ハインリヒはレーゲンスブルクを引き払い、ウィーンへと居城を移したのである。

都市化するウィーン

しかしバーベンベルクの支配者達は、その初期には、なかなかウィーンに溶け込むことができなかった。民族大移動の後、ウィーンは基本的に前出のシーグハルティンガー家とフォルムバッハ家のように、大土地所有の貴族層によって支配されていたからである。彼らは不動産所有者として家屋の家賃やワイン畑からの収入によって生活していて、バーベンベルク家やその他の貴族層と対等な力を持つ存在であった。彼らは世襲の「都市貴族」として大きな家に住み、ウィーンの統治と秩序を牛耳っていた。中世史の歴史家オットー・ブルンナーはウィーンの市民はブルジョアジー（商業市民）ではなくシトワイヤン（居住民）であったと述べていて、実際彼らは「世襲市民 Erbbürger」と名乗っていた。

そのため、バーベンベルク家が本格的にウィーンに影響力を行使できたのは、前述のようにレーオポルト二世（一〇七五～九五）がフォルムバッハ家のイタと結婚して、その持参の土地財産によりウィーンに地歩を確立してからのことであった。

しかし本格的に「バーベンベルクのウィーン」が確立するのはようやくハインリヒ二世ヤソミールゴットとその後継者大公レーオポルト五・六世の時代であったといってよい。この三人によって、ウィーンは政治的にも経済的にも重要な地位を獲得することになった。

特にハインリヒ二世ヤソミールゴットは、ウィーンに居城を移すと皇帝滞在都市レーゲンスブルクを真似て、アム・ホーフ広場に大公の館を建て、二つの教会を配置した。さらにハインリヒは修道院の建設を計画した。それは当時の西側の城壁から四〇〇歩ほど離れたローマ時代からの道路脇に建立されたが、建立はレーゲンスブルクから呼ばれたアイルランドからの何人かの司祭（当時はスコットランド人司祭と呼ばれていた）によって行なわれ、ショッテン修道院と呼ばれ、やがてウィーンの城壁の拡大により市内に取り込まれていった。

ウィーンの住人たち

ローマの城塞であったヴィンドボナの時代から、経済的にはドナウ川を利用した東西との交易、あるいはゲルマン民族との交換交易を基盤に、より早くからローマ人や土着の住民層が、古い城塞の外側のヴォルツァイレ（「羊毛の道」）やベッカーシュトラーセ（「パン屋街」）に居を構えていたことが確認できる（一五ページ地図参照）のだが、民族大移動期を経て神聖ローマ帝国の辺境領に組み込まれると、ウィーンの都市の支配権は、前述のように広大な土地を与えられた教会領の支配者たちに移り、彼らはしだいに都市化していったウィーンの町中に屋敷や土地を所有し、農民や新参の住民たちから小作料や家賃／使用料を現物や金銭で取り立てていた。彼ら「世襲市民」は貴族層や教会と並ぶ富裕層を形成しウィーンの都市の実権を握っていた。彼らの仕事はもっぱら自分たちの土地屋敷の管理であり、商業行為などは卑賤な業務と考えていた。

南北の結節点

しかし、ウィーンが交易上有利な位置を占めていたことにより商業が重要な経済活動になると、世襲市民たちも次第に商業に手を染めるようになる。

特にワインの交易が盛んになると、ウィーンの商業は大きく発展するが、初期の段階においては帝国内の交易の実権は皇帝に握られていた。ウィーンの交易も帝国の管轄下に置かれ、それを実質的に支配していたのは帝国首都であったレーゲンスブルクの商人たちであり、例えば、敵対していたハンガリーとの交易が制限されるなどの制約を受けた。

しかし一一三七年の関税条約においてウィーンは、教会の規制を受けない「市民都市」として位置付けられ、商業都市として独自の地位を与えられた。その後前述のオスタリキ公の支配権が拡大し、一一九二年に南部のシュタイアーマルクが公国の支配下に入ると、ヴェネツィア（ベニス）やレヴァントとの陸上交易が加わり（「ヴェネツィア道」と呼ばれた）、さらに北方と結ぶ道も開発され、ウィーンは南北を結ぶ結節点となりその商業は西方の神聖ローマ帝国の干渉を脱して独自の発展を追求できるようになった。

一二二一年レーオポルト六世によって定められた都市法はウィーンに商品の独自の集積権を認め、ウィーンに運び込まれた商品は一定期間ウィーンに留められ、その再販売権はウィーンに属することを定めていた。それはウィーンの商業市民層の力を強め、従来の「世襲市民」とともにウィーンを支配するようになった。

彼らは都市の秩序を守るために二四人の「賢者たち」からなる都市議会をつくり、さらにそれを補佐する一〇〇人の有力な「公証人市民」を任命し、やがて市長も設定された（名前を挙げられる最初の市長は一二八二年のコンラート・ポルであった）。しかし、次第に増えていった手工業者層が市の統治に関わることができたのはさらに後のことである。この時期のウィーンの人口は約二万人を数え、一〇〇〇の家屋が建てられていたと伝えられている。

ユダヤの親方
ユダヤ共同体に認められた独自の裁判権を行使し、一二四四年のフリードリヒ二世のユダヤ規定で公に認められていた。図版は、ユダヤの裁判資料の余白に描かれた落書きであるが、手には裁判官を示す斧を持って、ユダヤ帽を被っている。

バーベンベルク家の支配とユダヤ

ユダヤ商人たち

ローマの都市ヴィンドボナないしその周りにユダヤの人々が住んでいたかどうかははっきりしないが、「バーベンベルクのウィーン」には多くのユダヤの住民が存在していたことは確かである。

バーベンベルク家がバイエルン公国から独立してエンス川下流のオスタリキを統治しようとした時、この地方にはまだ地域開発の経験を持ったキリスト教の司祭は少なく、特に開発のための資金をもたらす機構もなかった。その弊害を埋め合わせるために、商業ないし金融業を行なう人々を必要としていた。そこで眼をつけたのが、この地域で遠隔地交易を行なっていたユダヤの人々であった。九〇四～〇五年のオスタリキの関税に関する皇帝の条例に、「ユダヤ商人と他の商人は法的に平等である」との言及があることは、この地域での商業活動に多くのユダヤ商人が加わっていたことを示している。

ユダヤのシュロームとテカ

ウィーンで名の知られたユダヤの存在は、レーオポルト五世の貨幣鋳造に関わったシュローム（サロモン）が最初である。彼は大公レーオポルト五世の「貨幣鋳造親方」としてウィーンに呼ばれ、ウィーン市内の「ユダヤの学校（シナゴーグ）」の近くに家を持ち、市内に四カ所の土地を所有し、市外にはブドウ園も持っていたことが確認されている。シュロームは十字軍遠征の混乱の中で、一一九六年に一五人の他のユダヤの人々とともに、十字軍の兵士たちに殺されてしまう。しかしこの事件は、この時期のウィーンには一定の数のユダヤの人々が住んでいたことを示している。

一二二五年の史料にはもう一人テカというユダヤが登場する。テカはオーストリアではなくハンガリー国王の財務伯として、国王とオーストリア公の係争を調停して、のちにウィーンに居を置くことを許され、ウィーンの市民と共同で金貸業を営んだとされる。こうした事例は、個別特殊な例ではあるが、（一四ページに続く）

コラム

バーベンベルク家の婚姻政策

バーベンベルク家の家系は、ハプスブルク家の家系と比べあまり詳しくは知られていない。最初の辺境伯・レーオポルト一世の父方の系譜は古バイエルンの大公家のルーイポルティンガーであり、母方のそれはマインフランケンのポポーネンの一族で、中世盛期の重要な歴史家フライジングのオットー（彼は辺境伯レーオポルト3世の息子）が一一五八年に彼らの家族にバーベンベルクの名を与えた。ポポーネンがバンベルクに住んでいたからである。

バーベンベルク家は婚姻政策によってその勢力を拡大した。既にレーオポルト二世は、当時のオスタリキの有力貴族で最大の土地所有者で、ウィーンの有力者であったフォルムバッハ・ラテルンベルク家の娘イタと結婚し、オスタリキに地歩を固めることに成功した。息子のレーオポルト三世も神聖ローマ皇帝の皇女でホーエンシュタウフェン家のアグネスと結婚、皇帝家と緊密な姻戚関係を築いた。その息子のハインリヒ二世ヤソミールゴットはホーエンシュタウフェン家の対抗馬のヴェルフェン家とも結びついた。彼は一回目の結婚でドイツ王の娘でバイエルン公の寡婦であるゲルトルーデと結婚、バイエルン大公を兼ね、さらに彼はビザンツの皇女の一人テオドーラとも結婚し、東ローマ皇帝との結びつきを持った。レーオポルト四世も同様にビザンツの皇女と結婚している。こうした婚姻政策によってバーベンベルク家はオスタリキに領土と地位を獲得していったのであり、それはハプスブルク家の婚姻政策を先取りしていた。

バーベンベルク家系樹図
クロスターノイブルク修道院の要請で1489〜92年にハンス・パートによって作成され、正面図（13ページ上）にはバーベンベルク家の各支配者が、それぞれの時代に起こった代表的出来事とともに描かれ、側面（12ページ上）にはバーベンベルク家の女性たちが描かれている。それを見ると、バーベンベルク家がオスタリキ、オーストリアそしてウィーンを支配するに際して、諸権力との婚姻による結びつきを巧みに使ったことがわかる。

大公たちが、ウィーンにユダヤを住まわせ、税の徴収や金融業あるいは交易を行なわせていたことを示唆するものである。

ユダヤの側もそうした条件を十分に利用し、経済活動を行ないウィーンの市民として居を構えていたことが推察される。既に一二〇四年にはウィーンにシナゴーグが存在した記録があり、一二一四年にはユダヤ墓地がケルントナー門の外にあったことも知られている。一二二一年のウィーンの都市法により、ユダヤは数多くの特権を享受し、バーベンベルクは彼らの活動がウィーンの商業活動に刺激を与えてくれることを期待していたことがわかる。最後のバーベンベルク公のフリードリヒ好戦公も、一二四四年に、ユダヤに活動上の好条件を与え、皇帝の臣民として商業を自由に行なうことを許可した。

ユダヤ共同体と教会圧力

実際、アム・ホーフのバーベンベルクの公宮殿と教会の背後には、当時ユダヤの広い居住地区があり、シナゴーグも建設されていた。ユダヤ居住地区は、シナゴーグと学校（イェシヴァ）が建てられていたユダヤ広場を中心に、東西は現在のヴィープリンガー大通りを挟んでティーフグラーベン通りからトゥッフラウベン通りまで拡がっていて（一五ページ地図参照）、最盛期には約七〇軒の家を数えた。柵はなく家々の壁が境界となり、四つの門が備えられていた。シナゴーグに併設された学校の他、病院や屠殺所があった。大公の保護を受けていたユダヤは共同体（教団）代表「ユダヤの親方」により統括され、税の支払い、学校や浴場、墓場の管理などを行なっていた。共同体内の裁判権も行使していた。ユダヤの人々の主要な活動は商業よりもむしろ金貸しと大公の官吏としての仕事であった。

しかし他方で、教会側からの圧力は強まり、一二六七年には教皇クレメンス四世に直接召集された教会会議がウィーンで開かれた。そこでは一二一五年の第四回ラテラノ公会議にならい、ユダヤに特別な標識を付け、尖り帽をかぶること、キリスト教徒の奉公人を雇ってはならないこと、一緒に食事をしてはならないこと、キリスト教徒はユダヤの医者にかかってはならないこと、シナゴーグの建設の禁止などが定められた。そうした皇帝および大公と教会側の力関係の中で、宮殿に隣接する特別なユダヤの居住地区が設定されたのである。のちの歴史叙述ではこの居住地区を「ゲットー」と呼んでいるが、当時はその言葉が持つ差別的状況や悲惨さはなかった。そうしたイメージはのちの時代に形成された。

十字軍とウィーン

十字軍駐屯地としての発展

一一世紀の終盤に始まった十字軍の運動は、その陸行軍においてウィーンが最後の駐屯地として重要位置を占めていたというだけではなく、大公の十字軍への直接の参画を通じてウィーンの歴史に大きな影響を与えた。十字軍には非道徳的な人物も含まれているという情報もあったので（実際にそうであった）、ウィーンは彼らが城壁内には三日以上は滞在することを許さなかった。兵士とその大量の物資、運搬用家畜などはドナウ川の島に隔離され、そこでテントを張って過ごさねばならなかった。それでも、五万人から時には二〇万人もの集団が滞在することによって、ウィーンとその周辺の町村は経済的に活性化し、東西との文化的交流も盛んになった。

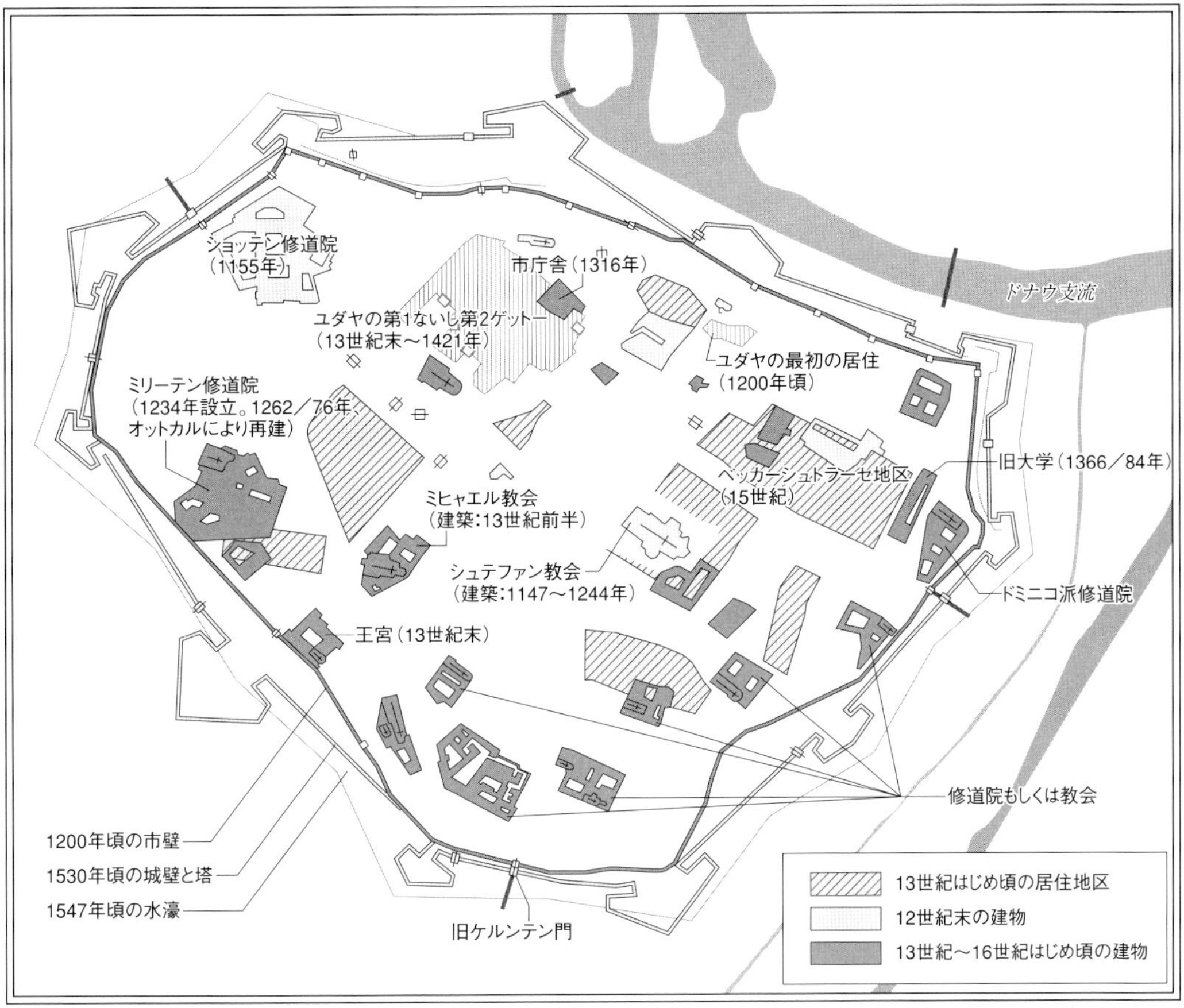

ウィーンのユダヤの居住地区

「第一ゲットー」にあった貨幣鋳造所
当時の貨幣鋳造業はかなり高度な技術を必要とし、もっぱらユダヤの技術に頼っていた。親方はユダヤ帽を被っている。

ウィーン人も十字軍に少なからず参加し、犠牲者も少なくなかったが、無事に戻った者は、かなりの儲けを手にすることができた。大公や貴族層も何度もこれに参加した。第二回十字軍（一一四七～四九）にはオーストリア大公のハインリヒ二世ヤソミールゴットが参加し、第三回（一一八九～九二）にもレーオポルト五世が参加、第五回の十字軍のエジプト遠征にはレーオポルト六世が参加した。彼は南フランスへのアルビジョア十字軍にも加わっていた。

ハインリヒ二世は十字軍に出かけた時に、ビザンツ皇帝のマヌエル一世の姪のテオドーラ・コムネナ（アンゲリーナ）と知り合い結婚し、ビザンツ帝国との関係をつくるという「外交的成果」も得たが、ウィーンの歴史にとってさらに重要な意味を持ったのはレーオポルト五世が参加した第三回十字軍の際の出来事であった。

イングランド王リチャード1世（獅子心王）の捕縛

1189年から始まる第3回十字軍に参加した大公のレーオポルト5世は、現地においてリチャード1世と戦利品の分け前をめぐって争い、彼にうらみを抱くことになった。レーオポルトは、帰路ウィーンを通ったリチャードを見つけ出して捕らえ、ウィーン近郊のヴァッハウのデュルンシュタイン城に幽閉、高額な身代金を要求した。リチャードはイングランドで集められた莫大な身代金を払って1194年にようやく母国に戻ることができた。レーオポルトはその高額な身代金により、ウィーンの城壁を改造し、防衛都市ウィーナーノイシュタットを建設することができた。

イングランド王リチャード一世（獅子心王）を中心とする第三回十字軍は一一九二年にアッコを陥落させたが、その時にレーオポルトの軍は戦利品の分け前を巡ってリチャードと争い、彼にうらみを抱くことになった。リチャードは、帰還の際に船が難破したので、変装して陸路イングランドを目指したが、ウィーンの近くでレーオポルトの兵士に発見され捕らえられ、ウィーン近郊のヴァッハウのデュルンシュタイン城に幽閉され、のちに神聖ローマ皇帝に引き渡された。皇帝は高額な身代金を要求し、リチャードはイングランドで集められた莫大な身代金を払って一一九四年にようやくイングランドに戻ることができた。

銀一二トンの身代金の分け前を獲得したレーオポルトは、その資金を基に、ウ

ウィーナーノイシュタットの遠景図

12世紀後半にバーベンベルクのレーオポルト公（5世）により、対ハンガリーの防衛都市として建設が始められた。都市計画に基づく最初の都市建設とされる。その資金は捕虜としたイングランド王リチャード獅子心王の身代金が充てられた。

イーンの南にウィーナーノイシュタット（「ウィーン新都市」）という防衛都市を創ると同時に、ウィーンの街を拡大し懸案の城壁を完成させることができた。シュテファン教会の改築を始めたのもこの時であり、身代金は「バーベンベルクのウィーン」の都市としての発展に大きく貢献することとなった。またその銀を銀貨に鋳造するためにユダヤのシュロームを長として貨幣鋳造所をクレムスからウィーンに移したのもこの時であった。

「バーベンベルクのウィーン」の終焉

ウィーンに大きな繁栄をもたらしたレーオポルト五・六世の後を継いだのは、のちに好戦王といわれたフリードリヒ二世であり、彼は同名の皇帝（フリードリヒ二世）や近隣諸勢力としばしば悶着を起こし、結局一二四六年六月にウィーナーノイシュタット近くのライタ川河畔でのハンガリー軍との戦闘で、戦死してしまった。男系子孫を持たなかったバーベンベルク家のオーストリア支配は途絶えることになり、それとともに「バーベンベルクのウィー

バーベンベルク時代のウィーンとその城壁

ライタ川の戦いでの好戦王フリードリヒ2世の戦死
1246年6月、対ハンガリー軍とのライタ川の戦いでオーストリア公フリードリヒ2世が戦死し、オーストリア及びウィーンのバーベンベルク家の支配が途絶えた。図は「バーベンベルク家系樹図」（13ページ図版）のフリードリヒ2世の「ライタ川の戦い」を描いた図版の一部であり、馬から落ちて戦死したフリードリヒ2世も描かれている。戦いはドナウ川（手前の川）の河畔に移動されて描かれ、ドナウ川越しにウィーンを描いている。河畔には防衛用土嚢が積まれているが、その向こう側に見えるのがバーベンベルクの城壁であり、城門の脇のローテントゥルム（赤い塔、1288年完成）も見える。赤い塔の他に最初は5つの塔を持ち、城壁の幅は約2〜3メートル、高さは約6メートルであった。城壁の前には約10メートルの堀が掘られ、門からは橋が架けられていた。

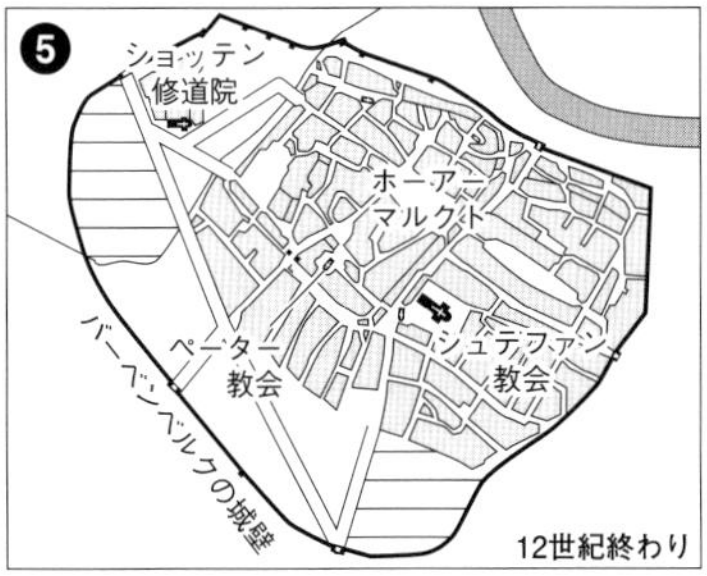

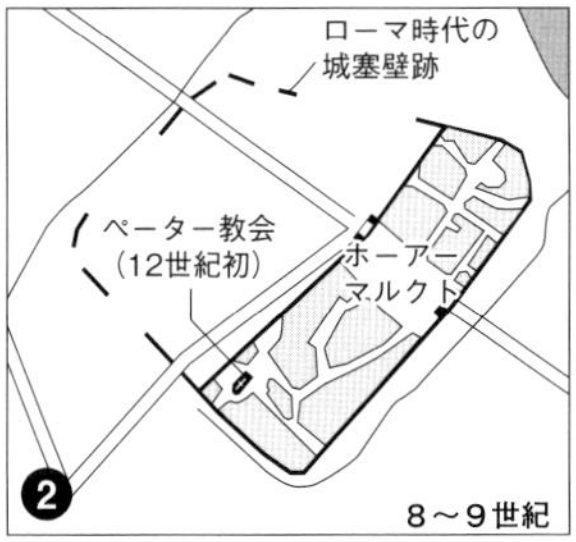

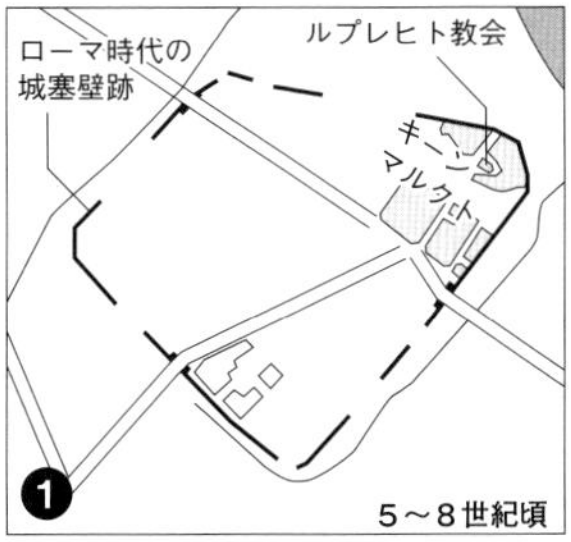

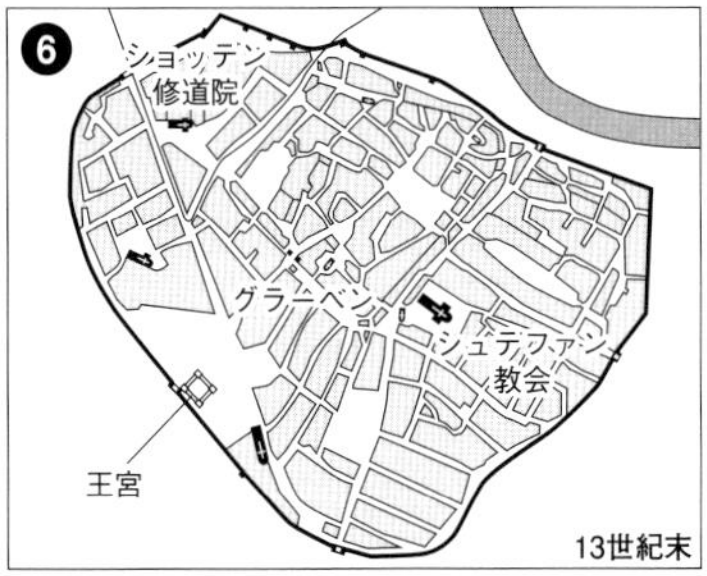

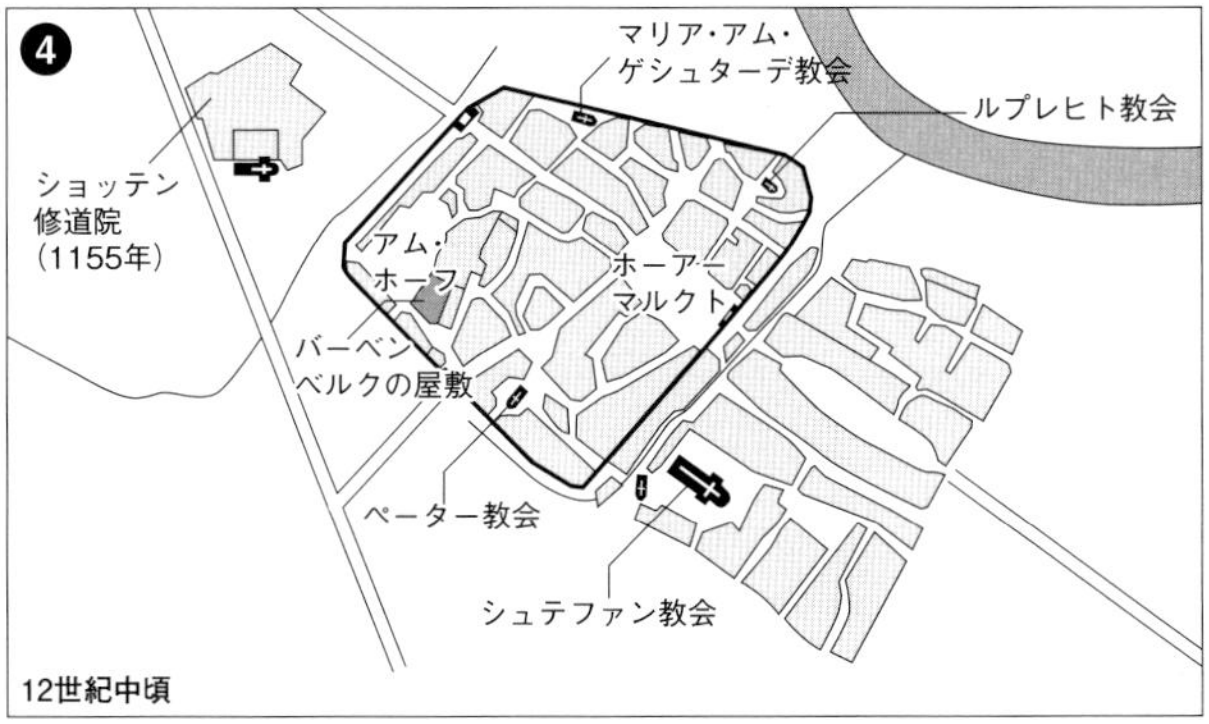

バーベンベルク時代まで（13世紀まで）の都市ウィーンの拡大

12世紀までは、ローマの城壁を補修した仮の城塞であったが、1200年頃のバーベンベルクの城塞は、ショッテン修道院やシュテファン教会を含む城外の地元住民居住区を組み入れ、約3倍の広さに拡大された。

ン」も終焉を迎えた。

ウィーンの都市の歴史として「バーベンベルクのウィーン」はどのような意味を持っていたかという問いに答えるのは容易ではない。バーベンベルクの支配によりアム・ホーフに居城（王宮）が建設され、ショッテン修道院やその他の教会が新設され、それらを囲む新たな城壁「バーベンベルクの城壁」が築かれ、神聖ローマ帝国の東南の敵に対する重要な防衛都市となり、ウィーンが眼に見える形でヨーロッパの歴史に刻まれたことが重要であろう。しかしそれはウィーンが都市として完全に西欧に組み込まれたことを意味するものではなかった。それどころか、ウィーンの政治的軍事的あるいは経済的な重要性が高まるに比例して、ウィーンをめぐる東西南北の対立はむしろ強化されていったといってもよい。

なお付け加えるならば、その後のウィーンがハプスブルクの支配に強く組み込まれ、ウィーンの歴史そのものが「ハプスブルク化」されることによってこの「バーベンベルクのウィーン」はその陰に追いやられ、ウィーンの歴史の中で過小評価されている傾向があるが、その意味は今一度確認しておかねばならないだろう。

第二章　ハプスブルクの時代の幕開け

ボヘミア王オタカル

大火からの復興

オーストリアの大公フリードリヒ二世の戦死により、バーベンベルク家による大公国とウィーンの支配は実質的に終わりを告げた。さらに一二五〇年の皇帝のフリードリヒ二世の死によって皇帝のいない「大空位時代」（一二五四〜七三）が始まる。

こうした状況の中で、オーストリアの身分制議会は一二五一年に独自にオーストリアの支配者を選び、ボヘミア王の息子のオタカル（一二三〇〜七八）を大公に指名した。オタカルはオーストリアの支配権を狙ったハンガリーに対抗しながら徐々にオーストリアの支配を固めていった。一二五三年にウィーンはハンガリー軍に包囲されたが、ウィーン市民はオタカルの側に立って戦った。冷徹な支配者であったオタカルは、三〇歳年上で、バーベンベルク家の家領の遺産権を持っており、何年も修道院で生活していたハインリヒ七世の寡婦マルガレーテと結婚することによって、同家の家領の相続権を確保した。

一二五八年と一二六二年の二度に渡りウィーンに大火が起こり、町の三分の二が焼失してしまった時、オタカルは多くの建材を提供しその再興を助けた。屋根と鐘楼が焼け落ちたシュテファン教会の再建に力を注ぎ、市民への課税を五年間猶予した。そのことによりオタカルはウィーン市民の支持を確保し、一二五三年にボヘミア王となった後にも、プラハとウィーンに交互に滞在した。

オタカルは、火事で被害を受けたアム・ホーフのバーベンベルクの王宮に代わり、現在のホーフブルクの地に新たなシュヴァイツァー宮を建てた。オタカルはウィーン復興の恩人であり、ウィーン市民に

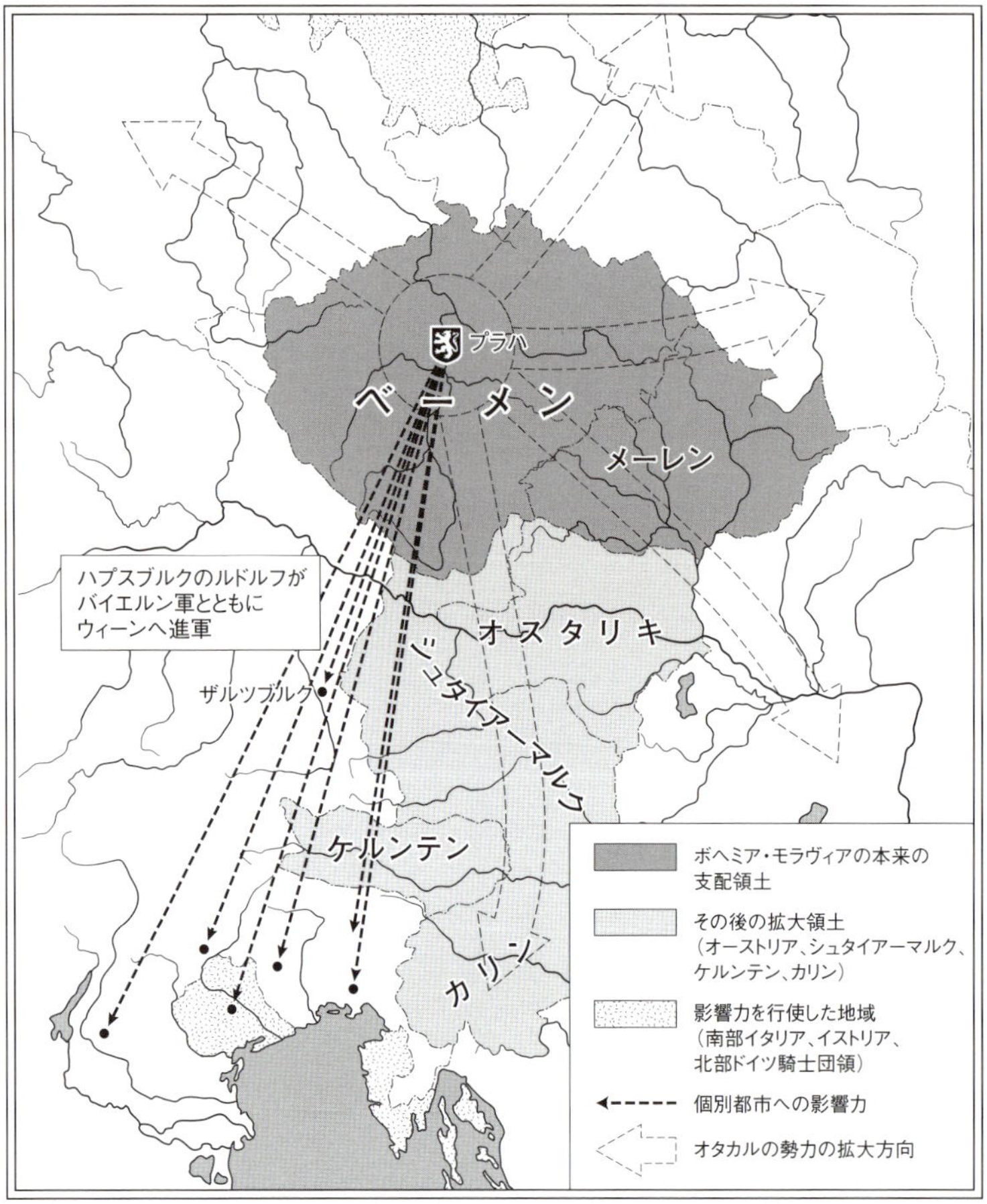

オタカルの支配領土

オタカルはボヘミア王として、バーベンベルクの支配が途絶えた後にオーストリアその他のバーベンベルク領を支配し、婚姻政策も含めて巧みにその勢力を拡大した。東はハンガリー、北部はドイツ騎士団（のちのプロイセン）、南部ではイタリアの諸都市との連携を強めた。

オタカル像

プラハの墓石の像。

人気のある支配者となった。

　ウィーン以外でも、オタカルはその支配をオーストリア、ボヘミア、シュタイアーマルクに拡大した。一二七一年にはメーレン（モラヴィア）を獲得し、オーストリア南部のケルンテン、クラインを加え、北部のドイツ騎士団領（都市ケーニヒスベルクはオタカルによって建設された）やポーランドにも手を延ばした。さらにハンガリーとも和睦し、姻戚関係を確立し、オタカルは神聖ローマ帝国内だけではなく、ヨーロッパにおいても最も富裕で屈指の強国の主となった。彼の最後の望みはドイツ王（皇帝）となることであった。

ハプスブルクのルドルフ

　しかし一二七三年のドイツ王選挙において選出されたのは、オタカルの意に反して小貴族ハプスブルク家のルドルフであった。選帝侯たちはあまりにも強大な国王（皇帝）は欲しなかったのであり、ルドルフには、忠誠を誓わなかったオタカルに対する討伐を義務づけたが、誰もルドルフに期待はしていなかった。

　皇帝選挙の代償に西部の領土を犠牲にしたルドルフは、東部に代替領土を獲得することが必要であり、教皇やあらゆる諸侯を味方にし、オタカルに対してバーベンベルクの領土の返還を求めた。オタカルが拒否すると一二七六年の夏にルドルフはバイエルンの軍隊を率いてウィーンに進軍した。

　オタカルは、オーストリアやシュタイアーマルクなどの支配権を放棄し、プラハに後退した。オタカルは一二七八年の夏にウィーンの「貴族市民」やオーストリアの何人かの貴族層の味方を当てに再びルドルフに戦いを挑んだが、マルヒフエルトの「中世最大の騎馬戦争」において敗北、戦死し、彼の遺体はウィーンのミノリーテン教会に据えられ、オタカルのウィーン時代は終焉を迎えた。

オタカルに勝利したハプスブルク家のルドルフ
一二七八年のマルヒフェルトの戦いでオタカルは戦死、その支配は終焉し、ハプスブルク家がオーストリアの支配権を握る。

「ハプスブルクのウィーン」

伝統市民との対立

　しかしながら、ハプスブルク家がウィーンに確固とした支配権を確立するには、様々な問題を乗り越えなければならなかった。皇帝としてのルドルフはオタカルとの決戦をひかえていた一二七八年、ウィーン市民の歓心を得るために、「帝国直属都市」の地位を保証した。オタカルを破り、オーストリアその他の支配権を奪取したルドルフは、二人の息子（アルブレヒトとルドルフ）にその支配権を委ねた。

　やがてアルブレヒト（一世）が単独の支配権を持つと、彼はウィーンの帝国都市としての権利を剥奪し、ウィーン市民の商業活動を制限した。そうした制限に対して一二八八年にウィーン市民は蜂起し、アルブレヒトは一時ウィーンの森のレーオポルトスベルク（現在のカーレンベルク）の屋敷に避難せねばならなかった。地方に派遣していた軍隊が戻るとアルブレヒトは逆にウィーンを包囲し、兵糧攻めにして降伏させた。そしてアルブレヒトは首謀者たちを無帽、裸足で呼び出し、その眼前でウィーンの都市の権利書を破り捨てた。この事件により長らくウィーンの繁栄を支えていた市民の自治体制は崩壊してしまった。

　アルブレヒトと伝統市民の対立が解消されるまでには約一〇年の月日が必要であった。一二九六年にアルブレヒトはウ

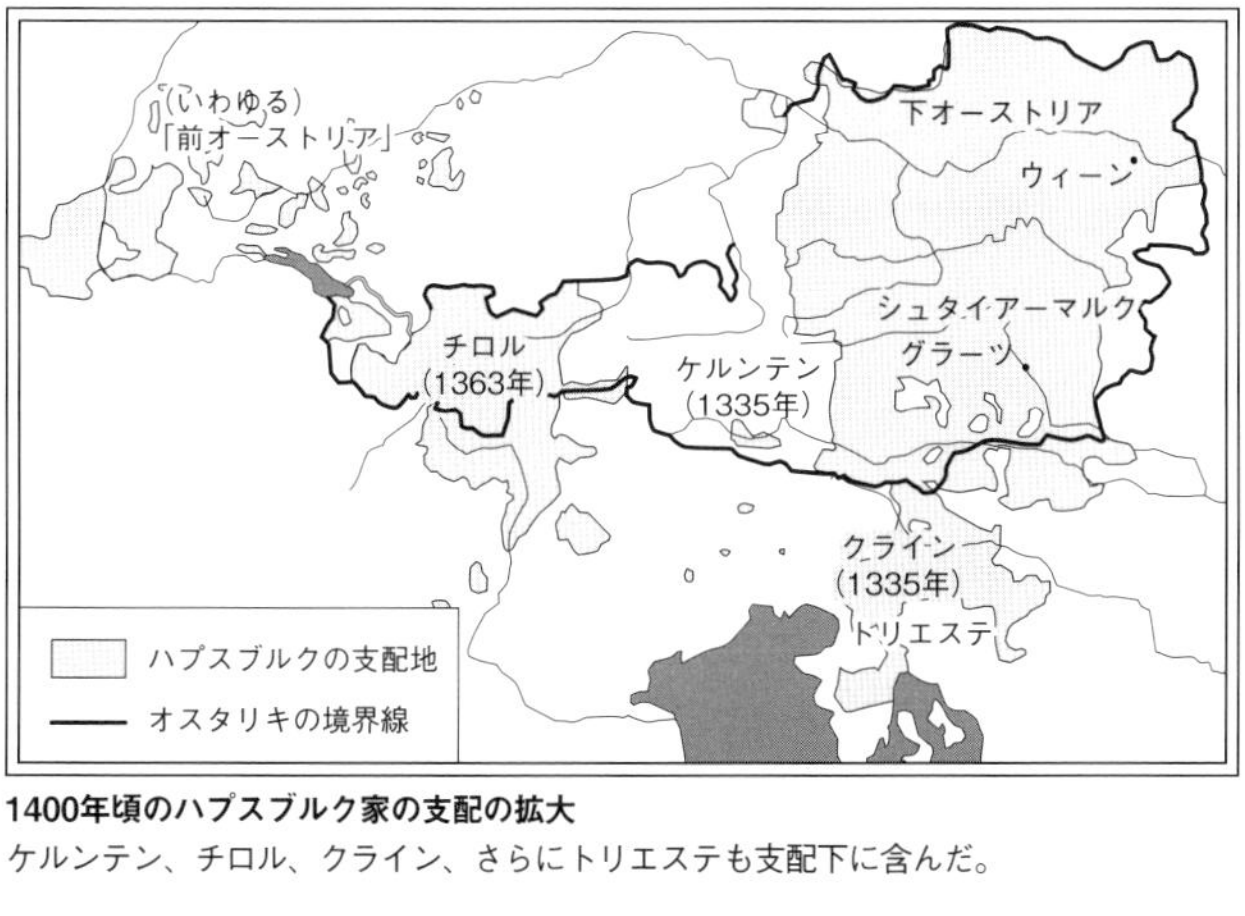

1400年頃のハプスブルク家の支配の拡大
ケルンテン、チロル、クライン、さらにトリエステも支配下に含んだ。

ィーンに新たな都市条例を制定したが、それはウィーンに帝国都市としての特権ではなく、オーストリア辺境領（公国）の首都としての地位を与えるにすぎなかった。これまでの市参事会（一八名）や市長の権限は縮小され、市の行政はアルブレヒトが任命する都市判事の監視下に置かれることになった。こうしたハプスブルク支配のウィーンの始まりは、伝統的な市民自治都市ウィーンの終わりを意味していた。

　しかしウィーンの伝統的市民の経済的な力量は相変わらず強かったし、ハプスブルクの支配権が拡大強化される中でもしろ強くなっていった。彼らの経済力は中世後期には、もっぱらワイン取引と遠隔地貿易によって支えられていたが、特に遠隔地貿易はハプスブルクの支配がアドリア海にまで及び、重要な港町トリエステを獲得することによってより繁栄していった。しかしウィーンは主にハンガリーや地中海からドイツ諸都市へのドナウ川による中継貿易によって繁栄していたため、ウィーン独自の輸出生産物は少なく、手工業生産は宮廷用の奢侈品や都市内需要品に限られていて、せいぜい宮廷や教会などの建築が内需を支えていたと見られる。

『鉄の本』　ウィーンの町に与えられた特権を確認するために、1320年のフリードリヒ１世の条例以降の布令が収められ、1819年まで継続された。真鍮で装丁されているので『鉄の本』と呼ばれ、旧市庁舎に保存されている。

　アルブレヒト（一世）は、一三〇八年に甥のヨハンに殺されてしまい、息子のフリードリヒ（一世）はオーストリアの支配権を何とか確保したが、翌年には彼の留守中にオーストリアの土着の貴族とウィーンの世襲市民の再度の蜂起があった。公の留守役がハプスブルクを支持する市民を集め王宮を守ったが、帰還したフリードリヒは翌年に、ウィーンの歴史に「流血裁判」として名を残しているような厳格な裁判と処刑を行なった。蜂起者の財産や建物は没収され、反ハプスブルクの勢力は力を削がれた。だが、大多数の市民層はむしろフリードリヒに忠実であったともいわれる。

　一三一六年にフリードリヒは、「忠実なウィーンの市民を再確認する」ためと称して、没収した建物の一部を市民に返還した。その中で市の中心にあった代表的な市民の建物は、その後五五〇年にわたり市庁舎として利用され、現在でも「旧市庁舎」として名を残している。

ドイツ王をめぐる争い

　アルブレヒトはウィーンとオーストリアなどの支配権で満足していたわけではなかった。ルドルフの死（一二九一年）後、ハプスブルク家はドイツ王の地位を失っていたが、アルブレヒトはその地位を奪還するために一二九八年にウィーンに盛大な選帝侯会議を開催し、会議はナッサウのアドルフのドイツ王の地位を否定し、アルブレヒトをドイツ王に選出した（一世）。しかし、アルブレヒトが一三〇八年に暗殺されると、息子のフリードリヒがバイエルンのルートヴィヒと争い、一部の選帝侯の支持により一時「対抗ドイツ王」になったが、バイエルン軍に破れ（一三二二年）捕虜となった。ウィーンに戻ることができたのはようやく一三二六年のことであった。ドイツ王をめぐる戦争のために、フリードリヒは教会やウィーン市民の収入に一〇パーセントの収入税（歴史上知られる最初の収入税）を課したため、ウィーンでの人気はよくなかったし、市民たちは彼のドイツ王の問題にはあまり関心を示さなかったので、フリードリヒは、弟のアルブレヒトにその地位を譲って失意の中で生涯を終えた。

部分的に不随な身体を持ったアルブレヒト（二世）は「不随公」と呼ばれたが、「賢王」としても知られていた。彼の統治期には様々な困難な出来事が起こった（一三二六／二七年大火、一三三八年不作、一三四〇年洪水、一三四八年大地震、一三四八～四九年ペストの流行と経済的後退など）にもかかわらず、領邦君主（大公）として適切な処置を講じたことで知られている。

この頃行なわれたシュテファン教会のアルベルティーナのカペレ（小礼拝堂）の建設は、教会自体の規模を拡大し、その後のハプスブルク家の家系を保護する役割を担わされていった。しかしハプスブルク家がウィーンにその支配権を確立するためには、なお様々な問題を片付けなければならなかった。特に一三四八～四九年のペストの流行はアルブレヒトにしても手に負えない問題であった。

ペストの猛威

神の怒り

一三四八～四九年にヨーロッパ全体に猛威をふるった疫病ペストは、ヨーロッパの人口の三分の一に及ぶ死者を出したといわれる。南フランスから拡がったとされるペストは、その原因も治療法もわからないまま、ユダヤが復讐のためにキリスト者住民の井戸に毒を投げ込んだのだという噂による、ユダヤ住民への襲撃・殺害を伴って北上し、東部のウィーンにも伝播した。ウィーンにおける拡がりや死者の数は正確にはわかってはいないが、当時のある記録は次のように伝えている。

「イタリアからペストがオーストリアに伝播し、特に（復活祭、聖霊降臨祭、聖ヨハネ祭以降）ウィーンとその周辺地で猛威をふるった。我が国においてはこの恐るべき病気によって三分の一の人々の命が奪われ、ウィーンでは毎日四八〇人から七二〇人の人々が犠牲になった。一日に九六〇人に達したこともある。その中には数知れない妊婦やシュテファン教会の司祭五四名が含まれる。一日で五〇〇人の埋葬が行なわれ、一二〇〇人に及んだこともある。死体から起こる恐るべき悪臭や恐怖のため、死者たちは教会の墓地ではなく城壁の外の土地に葬られた。聖コロマン墓地（城外にあった市民病院近辺、現在の工科大学付近）には地下水脈に達するほどの六つの大きな穴が掘られ、そこでは一つの穴に毎月四万の死体が葬られた。それらは、前もって修道院や、教会に密かに埋葬されていたものであった。

疫病を避けて街の外のプルカースドルフに避難していた大公アルブレヒトは、死者を街の墓地に埋葬することを禁止した。

疫病の進行は恐ろしく速く、ペストに罹ったものは三日以内に眠るようになり、ひどい悪臭を放つ。病人は乾燥した鼠蹊部に潰瘍を生じ、皮膚には水疱が出る。決定的なのは三日目で、生き延びれば回復することも可能である。多くの者が裸足で教会に行って贖罪を行ない助けを請うたが、すべては無駄であった。多くの建物では七〇人かそれ以上の人々が亡くなり、多数の家が人気もなく空になっている。

おしまいには、人々はユダヤがキリス

ト者への復讐のためにこうした疫病を広めたのではないかと疑いをかけた。その際彼らはユダヤが井戸や泉に毒粉を入れたのではと考え、特にエンス川より上部（上オーストリア）で多くのユダヤが火あぶりにされた。クレムスでは、聖ミカエルの日（九月二九日）にユダヤの家々が皆焼かれ、逃げることのできたユダヤはほんの一握りであったという。ユダヤに好意的である大公アルブレヒトは、近くの村々のユダヤを避難させた。実際にはこの疫病の大流行の原因は、神の怒りである。多数の聖職者が死亡した結果ミサがほとんどできなくなった。働く者の給料も高くなり労働力を獲保することもほとんどできなくなった。労働力不足のためブドウ園の労働者の給料も同様に高騰している」

ペストのウィーン
葬られた死者たち。赤い斑点が描かれている。

　こうした同時代人の描写は、どこでもほぼ同様であり、ペストによる人的被害の膨大さが、経済的にも大きな影響をもたらしたことがうかがえる。また、疫病の原因がわからず、ユダヤに責任を負わせ、ユダヤ迫害が拡がったことも描写されている。しかしそうした噂が根も葉もなかったことを同時代人が感知していたことを示す報告もある。

「人々は多くの井戸で、毒を入れた小さな袋をみつけた。そのため、ラインラントやフランケンその他のドイツの諸邦で、確定できないほどの数のユダヤが殺害された。その際、それが本当にユダヤの犯

プラハのカレル4世（図版右）とウィーンのルドルフ4世

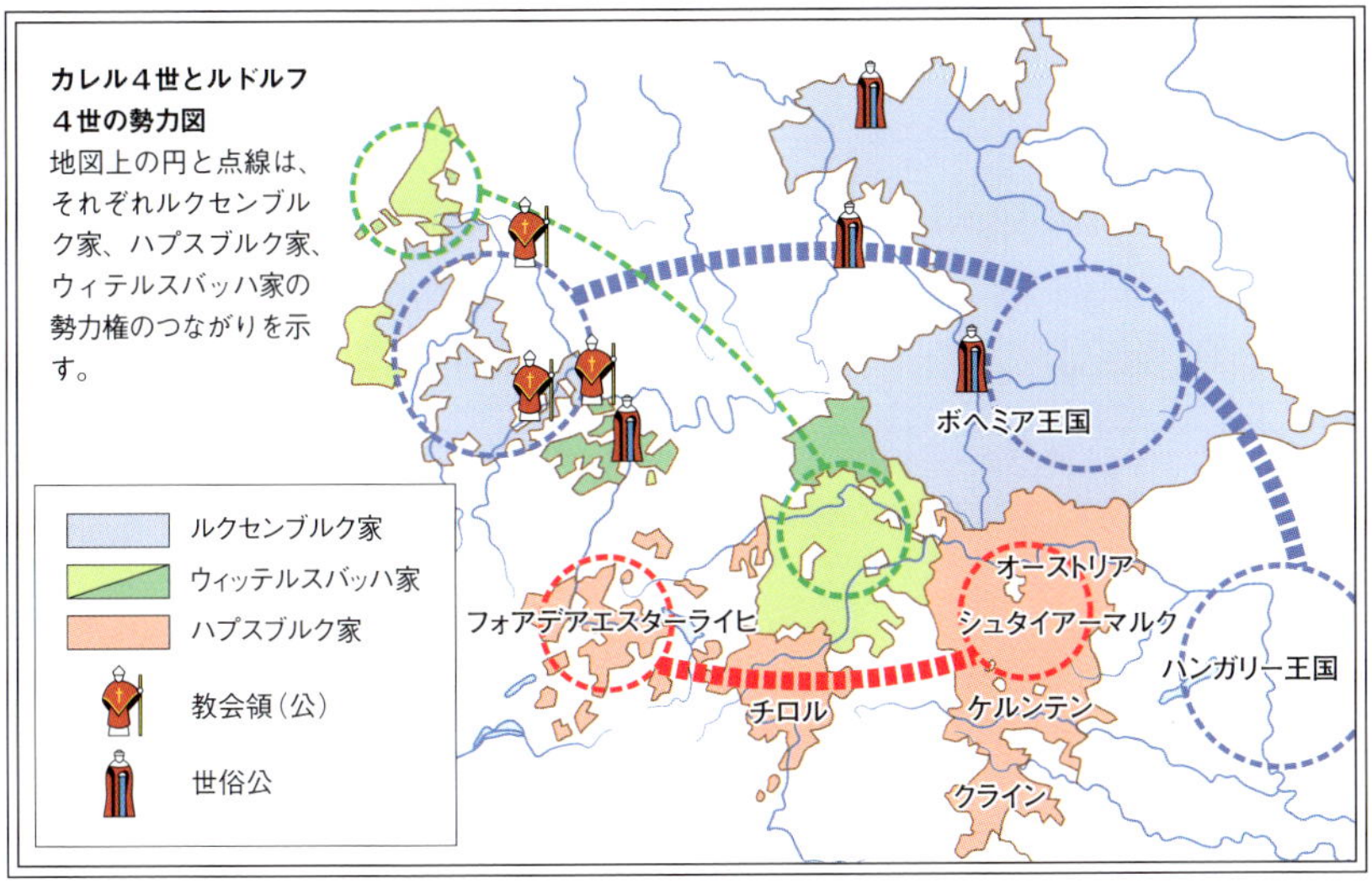

カレル４世とルドルフ４世の勢力図
地図上の円と点線は、それぞれルクセンブルク家、ハプスブルク家、ウィテルスバッハ家の勢力権のつながりを示す。

罪かどうか私には疑わしい。もしそれが本当であるならば、災害はきっともっとひどいものになったであろう。ところで、私はウィーンほどユダヤが多い町はないことをよく知っている。しかし、そこではこの疫病による犠牲者の数は、ユダヤのあいだでも極めて多く、彼らはその墓地を大規模に拡大し、二つの土地を買わなければならないほどであった。彼らは自分自身に毒をもるほどバカなのだろうか」

なお、ペストの流行はその後も一三九九、一四〇〇、一四一〇、一四一九、一四二五、一四二八年と続いて、影響はユダヤ迫害だけではなく、ヨーロッパ中に「神の罰」を信じる宗教的ヒステリー現象を生み出し、鞭打ち修行者の行列や異端追放運動が見られた。

ウィーンの近くでは宗教改革の先触れとしてのフス派の運動が起こり、新たな脅威としてのオスマン帝国の動きも活発になり、その圧力によりロマやシンティが難民として現れたのもこの頃である。さらにウィーンとヴェネツィアに被害をもたらした一三四八年の大地震、一三五〇年の大火に加え、一四〇二年の大洪水と続き、一四〇三年には六週間にわたる彗星の出現が神の怒りの表れと考えられ、あらゆる贖罪運動にもかかわらず一四〇六年に再度の大火が起こり、この世紀はウィーンにとってはまさに「災害の世紀」であった。

皇帝カレルと大公ルドルフ

金印勅書

ハプスブルク家のドイツ王ないし皇帝位への夢はなかなか実現しなかったが、一三五八年に一九歳でオーストリア公を引き継いだルドルフ四世は、その夢を実現すべくあらゆる手段をつくした。

当時の皇帝位は、ボヘミア王でルクセンブルク家のカレル四世の手中にあった（一三四六年ドイツ王、一三五五年ローマで戴冠し、神聖ローマ皇帝）が、彼は一三五六年に「金印勅書」を発表し、錯綜していた皇帝選挙制度を整備確定しようとした。それは、七人の選帝侯（マインツ大司教、ブランデンブルク辺境伯、ザクセン公、ライン宮中伯、ボヘミア国王、ケルン大司教、トリーア大司教）を定めたもので、そこからはハプスブルク家のオーストリア公国がはずされていた。

ドイツ王（皇帝）への道が閉ざされたと考えたルドルフは、すぐさま対抗手段を講じ、ローマ帝国時代のものとする偽造特許状を作成し、オーストリア公がプファルツ大公国なる地位を有すると主張し、選帝侯の地位を要求した。それは皇帝カレルにより却下されたが、のちにハプスブルク家が皇帝位を獲得すると事後的に承認されていった。

プラハとウィーン

　偽特許状はルドルフの皇帝位への執着を示すものであるが、それ以外にもルドルフは、カレルに対して強い対抗心を示した。その結果、当時のプラハとウィーンは都市建設においてもライバル的存在となった。

　カレルは、プラハを帝国の首座にしようと、プラハに大司教座の地位を与え（一三四二年）、大学を設置（一三四八年）し、ペトラルカなどのイタリアの人文主義者を招いて文化的興隆も図った。

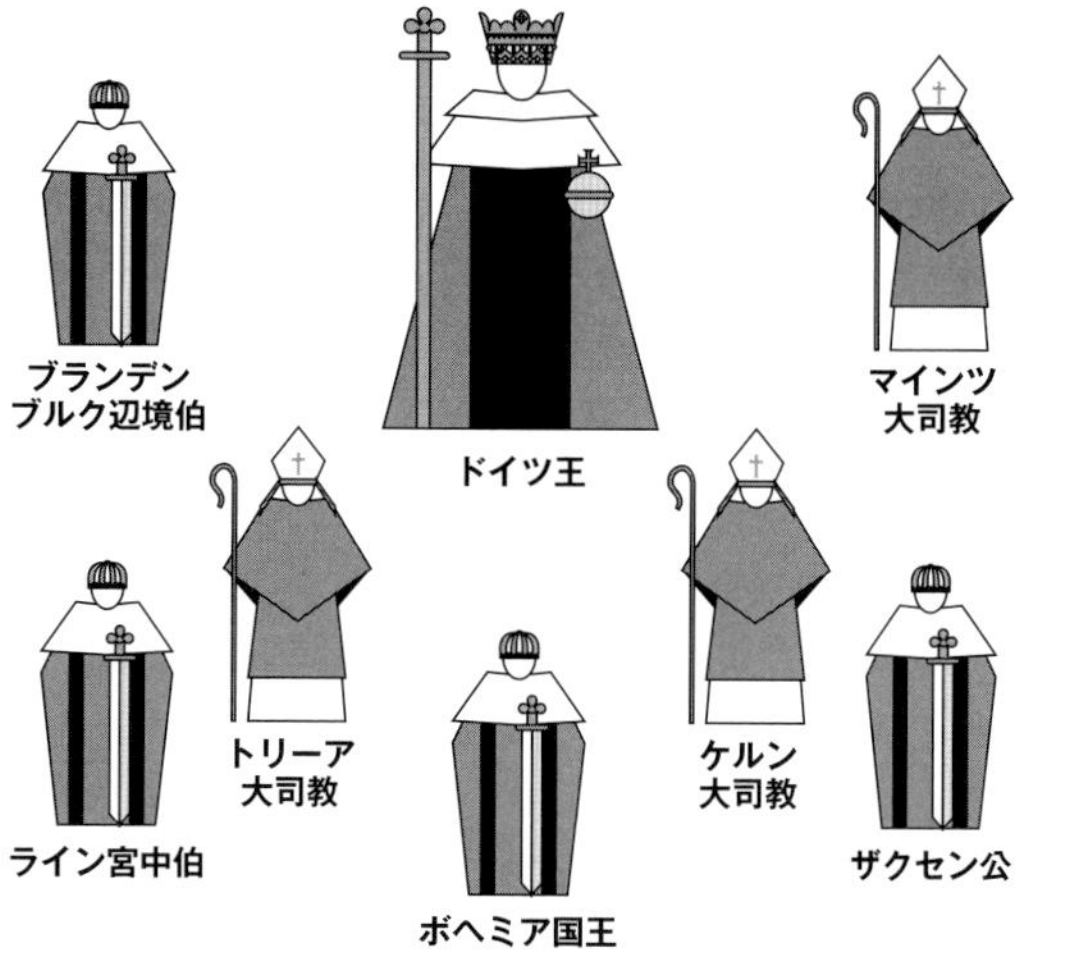

カレル4世の「金印勅書」により皇帝選挙権を持つこととなった7人の選帝侯

　そうしたプラハの発展に対抗してルドルフは、一三六五年にウィーン大学の設立計画を発表し、ウィーンの大司教座の地位は獲得できなかったが、シュテファン教会の増築などを行なった。その他、ルドルフの多くの都市整備事業ゆえに、彼は「建設公」と呼ばれた。それに加えて、ルドルフはウィーンの社会経済体制にも新機軸を導入した。硬貨再生を禁止し、土地獲得税や土地税の軽減を図る他、手工業者のギルド強制を廃止するなど、その後のウィーンの経済発展への道を開いた。それと同時に、この時期からウィーンの市参事会に旧市民とならんで、新たに手工業者層の代表が加えられるようになった。しかし結局ルドルフの夢は実現せず、彼は二七歳の若さでミラノにおいて亡くなり、シュテファン教会に埋葬されたが、彼の時代にようやくウィーンは新たな首都としての雰囲気がつくり出されたと評価されている。

　ルドルフの早すぎた終焉を引き継いだのは彼の弟のアルブレヒト（三世「弁髪公」一三四九～九五）だった。彼はまず、ルドルフの生前にはまだ整備されていなかった大学を整備するために、一三八四年に大学規定をつくり、文芸、法学、医学に神学を備えた「完全大学」を完成させ、パリやプラハから著名な教師を呼び寄せた。また、ウィーンの統治に関しては、当時激しくなってきていた伝統市民と新興の手工業者達の対立を宥和させるために市参事会の選挙規定を定め、伝統市民層の政治的特権を廃止した。それは市長、裁判官、一八人の「内参事会」を備え、「内参事会員」は伝統市民、商人、手工業者に平等に振り分けられた。毎年新たに選ばれ、公の意見を代表する書記と判事も参事会に加えられた（布令は彼の死後一三九六年）。

ハプスブルク家の分裂

遠のく皇帝の座

　だが、チロルやフォアアールベルクなどを併合し、支配権を拡大していったハプスブルク家は、ルドルフ四世の死後、何とか共同統治を続けていたアルブレヒト（三世）とレーオポルト（三世）の二人の兄弟の間で分裂を生じさせてしまう。一三七九年、両者は、前者がオーストリアを、後者がシュタイアーマルクとケルンテンおよびチロルを統治することで合意し、ハプスブルク家は二つの家系（アルブレヒト系とレーオポルト系もしくはオーストリア系とシュタイアーマルク系）に分かれて、両者の間にはしばしば軋轢が生じ、ウィーンを巻き込んで内戦的状況になることもあった（なお後者はさらに一三九六年にシュタイアーマルク系とチロル系に分かれてしまう）。こうしたハプスブルク家の分裂はその力を削ぎ、しばらくは皇帝への道は遠のいてしまう。

市民層の対立

その対立は都市ウィーンにも波及し、市の支配をめぐり市民層の対立と争いに発展していった。一四〇四年にアルブレヒト四世が死去した時、その息子のアルブレヒトの後見をめぐって起きた争いが、ウィーンに波及した。ウィーンの貴族層、教会、学生たちはシュタイアーマルク系のエルンストを支持し、手工業者たちはレーオポルト系を何とかウィーンに引き入れようとした。

対立は激化し、一四〇八年にはエルンスト派の市長コンラッド・フォアラウフがレーオポルト派の五人の指導者を捕らえ、ホーアーマルクトで処刑してしまった。争いはそれで終わらず、その後両者の妥協によりレーオポルトがウィーンの支配者と確認されると、今度は逆にエルンスト派の市長とその協力者がシュヴァイネ市場（現ロプコヴィッツ広場）で打ち首にされてしまった。支配者の争いがウィーン市民間に悲劇的な対立をもたらしたといわざるをえない。

その後両系のオーストリアの分割支配は続き、最終的には成年と認められたアルブレヒトが五世として住民の歓迎を受けてウィーンに入り、都市ウィーンのすべての権利と自由を承認し、全国に平和保持命令を出した。「ハプスブルクのウィーン」への道は一筋縄では行かなかったばかりか、その初期にはむしろウィーンにハプスブルクの家系問題を持ち込み、市民の間に分裂と大きな混乱をもたらすことになったのである。

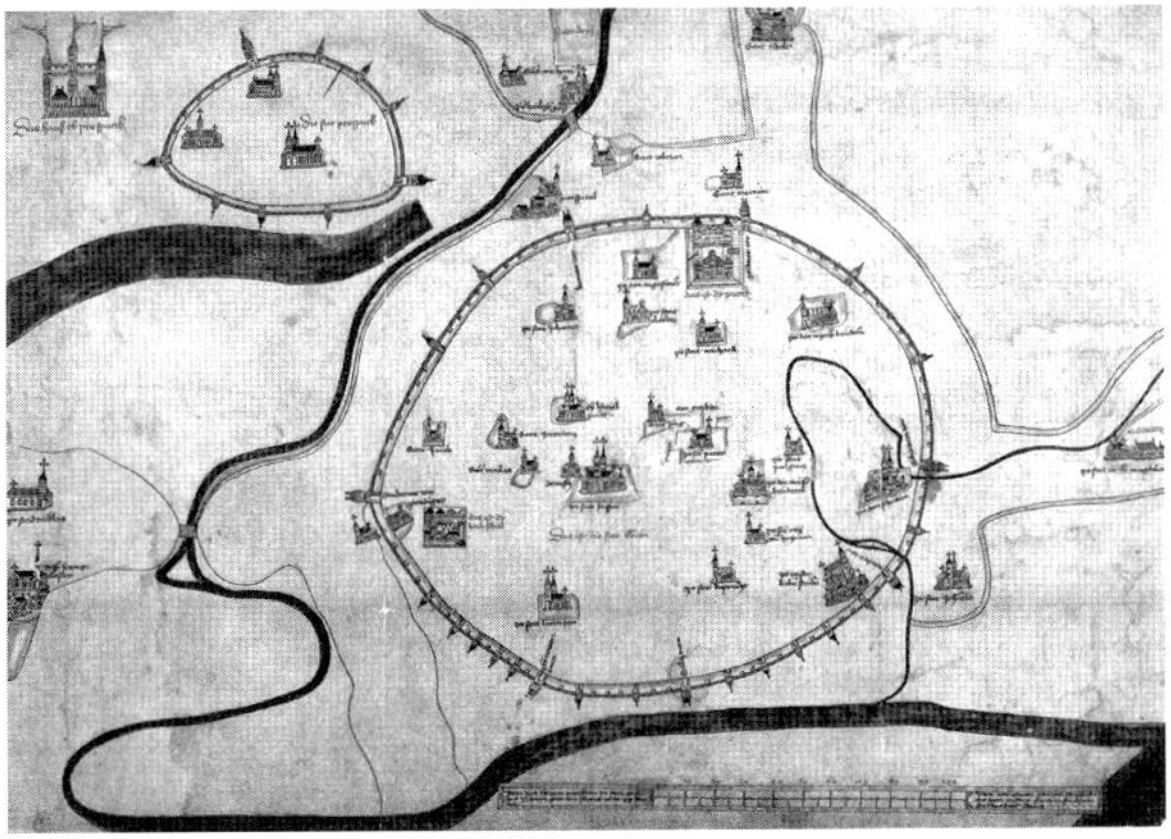

アルベルティーナ都市地図 15世紀の都市ウィーンの現存する最古の地図。19世紀に発見されたこの地図は、様々な調査の結果、恐らく1421～22年頃、アルブレヒト5世のルクセンブルク家のエリザベートとの婚姻の際につくられた地図の複製とされ、制作は1455年以降と推定されている。地図に描かれているのは主としてこの間に数多く建てられた教会であり、当時の巡礼用地図にならってつくられている。それに宮殿（真ん中上部）と大学（シュトゥーベン門の近く）ならびにケルンテン門の外部の病院が付け加えられている。なお婚約の儀はプレスブルクで、婚礼の儀式はウィーンで行なわれたので、地図上では地理的距離を無視して、左上にプレスブルクの町が付け加えられている。

当時の巡礼者（左）と放浪する乞食の家族

第四章　中世ウィーンの都市と市民生活

都市行政と施設

衛生と健康

中世後期（一五世紀）にはウィーンは政治的にも経済的にも重要な都市として発展してきていたが、都市自体もかなり贅沢な様相を見せていた。例えば主要な通りや広場はほぼすべて、柔らかな砂岩で舗装され、市の清掃係が、特に市場などの清潔さを管理していた。当時、水の供給は家々の井戸から行なわれていたが、糞尿や下水により汚されることもあり、病気の流行を招いていた。またしばしば起こる火災、一五六二年の大火などにより、水の供給の必要性が認識され、水道の建設も始められた。最初はヘルナルス川から木製ないし金属パイプでホーアーマルクト広場の井戸への供給が試みられた。この最初の水道施設は一五六五年に稼働した。

市民の衛生健康管理に関しては、一五三四年には最初の市営医院が開かれ、一五三六年には最初の市産婆が任命された。市民病院が設置されたのは、バーベンベルク時代の後半であり、財政的基盤のための独占的なビール工場を所有していた。

この頃には老人養護施設や貧窮院、老人施療院も現れるが、それらは市の施設ではなく、教会関係の施設であった。市の老人施療院ができるのは一六世紀の初めのことで、ヴィーデンのクラークバウム施療院（私的な施設を買い取った）とヴェーリンガー通りのベッケンホイスル施療院である。衛生管理の一環として野生化した犬の処理も行なわれ、犬狩りには一匹二ペニッヒが支払われた。一四四四年には八六六匹の犬の死骸が処理されたことが記録されている。

売春の許容

当時のウィーンにおいては売春と売春婦は禁止されてもいなかったし管理もされていなかった。というのは、それは奇妙なことに公の手にあったからである。現在のテアター・アン・デア・ウィーン（ウィーン川沿い劇場）の近くにあった二つの売春宿は公の所有地にあり、市が地代を取り、売春宿の上がりからも、割り前を得ていたのである。また、当時の結婚には金がかかり、貧乏人は結婚できなかったこと、上流階層は自らの子女の危険が薄まると考えていたことも、売春の許容を支えていたといわれる。むしろ、夏至や冬至の祭りや、重要人物の市への招待などに際して、売春婦たちが重要な役割を担っていたという現実も、この商売を支えていた。

しかし一六世紀初めの梅毒の流行により、売春宿は廃れ、ウィーンでは一五三〇年以降に売春宿への言及は見られない。また、人々の（男女を含む）社交場としてウィーンで流行していた公衆浴場も、これ以降廃れていく。公衆浴場は浴場の「小部屋」を意味するシュトゥーベンから名付けられたシュトゥーベン地区に多かった。

刑場と「四分の一市長」

当時の刑の執行は、町の広場などで公

浴場（シュトゥーベン）の図
食事も出され、かなり怪しげな遊び場であった。

衆の前で行なわれ、見せしめ的な秩序維持機能を果たすとともに民衆の娯楽の一つになっていた。ウィーンの最も古い刑場はホーアーマルクト（広場）であり、そこでは一五四七年から一七一〇年まで、騒擾者、不法な売春婦、不穏を駆り立てる者、大酒飲みなどの短期の拘禁者を晒しておく鉄格子が置かれていた。裁判所も一三二五年以来ここにあった。それぞれの刑の執行は決められた場で行なわれた。ホーアー広場では首切りと八つ裂き、ドナウ川河畔のエルドベルクのゲンゼヴァイデでは火あぶりの刑が、シュヴァイネ市場（今日のロプコヴィッツ広場）では同様に首切りが行なわれ、吊るし刑と車輪の刑はもっぱら市外のウィーナーベルクのシュピンネリン（「紡ぎ女」）の近くとローサウのラーベンシュタインで行なわれた。

都市は一三三一年に四つの市区に分けられ（ショッテン、ヴィドマー、ケルントナー、シュトゥーベン）、それぞれに「四分の一市長」と呼ばれた区長が置かれ、警報所が設置され、火災などの際には半鐘が鳴らされた。一五二五年には市全体の警報所がシュテファン教会の塔に置かれ、火災の際には昼間は赤旗、夜はランプで知らされた。それは一九六五年まで使われ続けた。

一五世紀には市壁は計画的に強化されたが、市門の数は六つのままであった。塔の規模は拡大され、数も増やされ、一四一八年には大小一九あった。市壁が大幅に改築されるのは、オスマン帝国のバルカンへの侵出が進んできた一七世紀のことである。

中世ウィーンの記録

あるイタリア人の旅行記

次に上記のような中世ウィーンを訪れたある旅人の極めて興味深い旅行記録を見てみよう。一五世紀の中頃（一四三九年）、一人のイタリア人アエネア・シルヴィウスと言う人物がウィーンを訪れ、そこから友人に手紙を書いている。それは当時

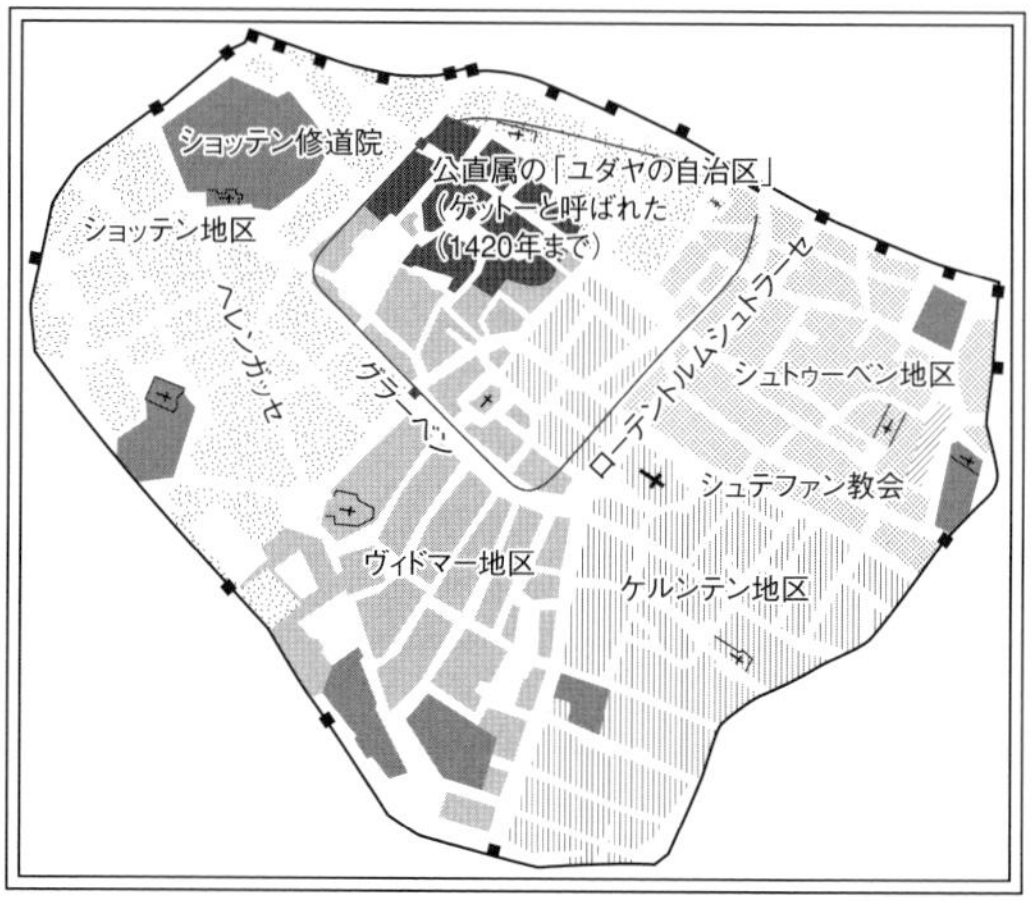

ウィーンの4つの地区　ケルントナー、シュトゥーベン、ヴィドマー、ショッテンの4つの市区（地図上色分け参照）に分割し、それぞれに「四分の一市長」がおかれた。なおユダヤの居住地区は別の行政区として扱われた。

のウィーンの都市の有様や人々の生活を、多少の思い込みを含みながらも、生き生きと描いていて、中世のウィーンを知る一級の史料である。なおアエネアなる人物は司教として一四四二年にハプスブルク家の皇帝フリードリヒ三世の秘書となり、トリエステやシエナの司教を経て一四五六年には枢機卿、一四五八年には教皇ピウス二世となった人物である。人文主義的思考の持ち主で、その観察力は鋭いものであったと認められている。いくつかのテーマに分類して紹介していこう。

①都市の様子

「この都市は二〇〇〇歩もの長さの城壁に守られ、大きな城外町を持ち、長大な壁と堀によって囲まれている。堀は特に深く、城壁は数多くの塔と堡塁によって強化されている。市民の家々、集会所や大きな構造物は装飾を施され、がっちりとした堅固な建て方によってつくられている。ここでは暖房が施された部屋はシュトゥーベンと呼ばれる。冬は殊のほか厳しいのだ。窓にはガラスがはめられ、ドアは鉄でできている。家々では鳴き鳥が飼われ、家具は豊富で奇麗である。馬には大きな馬小屋があてがわれている。建物の正面は壮麗に飾られているが、屋根はほとんどが木羽板葺きであり、瓦葺きはまれである。家々は石積みで、内外ともに装飾を施されている。任意にどの

①

②

③

④

様々な処刑　①車輪の刑と吊るし刑　②1409年の市長コンラッド・フォアラウフの首切り刑の様子　③1421年のエルドベルクでのユダヤの火刑　④八つ裂きの刑（ドイツ語では「四つ裂きの刑」）

家に入ろうとも、人は領主の家に入ったかの錯覚を覚える」

「通りは馬車の轍によって溝ができないように舗装されている」

こうした描写は、後に見るショッテン教会の祭壇画の描写（三四～三五ページ）と一致し、ウィーンが当時都市として極めて高い水準のものに発展していたことを窺わせる。

②教会と大学

「貴族や高位聖職者の家々は税を払わないでもよいし、市参事会は彼らに対して何の権限も持っていない。ワインケラー（地下のワイン部屋）は非常に大きく、町の下にもう一つの町があるかのようである。

この都市には様々な聖遺物やその他の宝物を備えた数多くの教会があり、聖職者は高額な禄を食んでいる。この町はパッサウの司教区に属するが、今や子教会が親教会を凌いでいる。多くの家が独自の礼拝堂を持ち、独自の司祭を雇っている。四つの托鉢修道会は貧困とはほど遠く、ショッテン修道会とアウグスティン修道会はとても金持ちであると見られているし、『敬虔な修道女会』や『聖なるマリア会』もそうである。修道院では『聖ヒエロニムス修道院』を挙げておこう。そこは悔恨した売春婦の改宗に奉仕しており、一日中ドイツ語の賛美歌が歌われている。不法な売春婦が累犯を犯すとドナウ川に沈められ、いずれにせよ敬虔な生活が主流をなしている」

ウィーンにおける教会の権限と支配力の強さと活動が確認されている。

「この都市には『自由七課』、神学、教会法を教える大学があり、ハンガリーや南ドイツからの多くの学生が学んでいる。ここで教授している神学者としては、パリで学んだハインリヒ・フォン・ヘッセン（ランゲンシュタイン）とシュヴァーベン人のニコラウス・フォン・ディンケルスビュールが挙げられる。また神学者のトーマス（エーベンドルファー）・フォン・ハンゼルバッハは歴史書を書いて大きな名声を得ている。

しかしこの大学の最大の欠陥は、弁証法、音楽、修辞学、詩学についての授業がないことである。雄弁学や詩学は重視されず、学位取得と虚飾の詭弁が学問を支配している。アリストテレスやその他の哲学者の本を見ることは稀である。学生たちはかなり享楽的な生活を送り、学業を全うする者は少ない。彼らは昼に夜にあちこちに出入りし、市民の顰蹙を買っている」（大学と学生たちの様子は後述）

③市民の生活

「この都市の人口は約五万人に上る。一八人の参事会員が選出され、その後裁判官と市長が選ばれる。彼らは皆、宣誓を行なった後、支配者によって任命される。それ以外の役人はワイン税の取り立て人だけである。

この都市に運び込まれる食料品の数は膨大なものである。荷車に満載された卵、穀物、粉、パン、肉、魚、鶏肉などが運び込まれるが、それらは夕方にはもう何

ホーアーマルクトの「見せしめの格子」

処にも見当たらない。すべてが売り切れてしまうのだ。葡萄の収穫は四〇日以上続き、その際には三〇〇台以上の荷車で日に二回ないし三回運び込まれ、日に一二〇〇頭の馬が動員される。マルティニの日（一一月一一日）まで、ワインを町に運び込むために、村々は空になる。町で飲まれたりドナウ川を通じて輸出されるワインの量は途轍もないほどである。君主はワインの価格の一〇分の一を取り、その収入は年に一万二〇〇〇グルデンに上る」

ウィーンにおけるワイン産業の想像以上の規模と重要性が確認できる。

「この大都市には当然ながら多くの争いごともある。手工業者と学生にせよ、宮廷人と手工業者にせよ、流血にいたることもしばしばである。遺憾ながら、市参事会も君主も喧嘩を調停することに関心を抱いていない。

ここで非常に広まっているのは、ワインの私的販売で、ほとんどすべての市民が自宅にワイン酒場を持っていて、食事を出し、酒飲みと娼婦が一緒にやってくる。主人は娼婦に少量の料理をただで与える。そうするとワインの消費量が上がるからである。庶民たちは享楽に身を任せ、一週間で稼いだものを日曜日にすべて消費してしまう。街には娼婦があふれている。女たちは皆唯一の男では満足しない。貴族たちはしばしば市民の女とかかわる。多くの女は父親の知らぬ間に亭主を選び、寡婦はまだ喪に服している間に勝手に新しい亭主を見つけ出す」

現在のホイリゲ（新酒のワインを飲ませる郊外の農家の酒場）の原型が見られる。学生や娼婦の存在や庶民の生活が紹介されている。

中世のワイン産業　ウィーンの主要産業であるブドウの摘み取り（図版上）とワインの製造（図版下２点）。

市民階級の家庭の様子
父親は計算、息子は読書、母親と娘は糸を紡いでいる。

「この町では先祖伝来の隣人というのは少なく、旧家は少なく、流入民が大部分である。金持ちや歳をとった手工業者は若い娘を嫁にもらうので、彼女たちはすぐに寡婦になり、寡婦は家作の中の若い男を亭主に選ぶ。彼らはたいてい以前から不貞な関係を持っていたりする。その男は一日にして金持ちになれるというわけである。こうした男はやがて男やもめになり、また若い娘を嫁にもらい、輪舞は続くことになる。息子が父親の仕事を継ぐことは稀である。

法律では残された寡婦は亭主の財産の半分を相続できた。しかし遺産は自由に処理でき、亭主は女房に、女房は亭主に遺言で残してやることができた。遺産の裏取り引きは当たり前で、多くの者が毒をもられたりしたという。貴族が、関係のあった市民の女の亭主を毒殺することも稀ではなかった。

人々は成文法なしで生きていて、古くからの因習を守ることを強調する。しかし、彼らはもちろんそれを自分勝手に解釈している。正義は金で買われ、悪いことをしても処罰されることはなかった。貧乏人と後ろ盾のない者は裁判で酷い目にあうことになる。証言のために行なわれる宣誓は厳格に守られるが、宣誓無しに証言されたことは守られなかった。貸し付けは期限を設けて行なわれ、その期限内では少しの損失しか生じないが、期限の切れた後の貸し付けの額は宣誓の下に高く据えられ、借りた方は大きな損失を被る。借金の形に抵当を入れればそれは利子とみなされない。破門は名声に拘る損失とそれと結びつい （三六ページに続く）

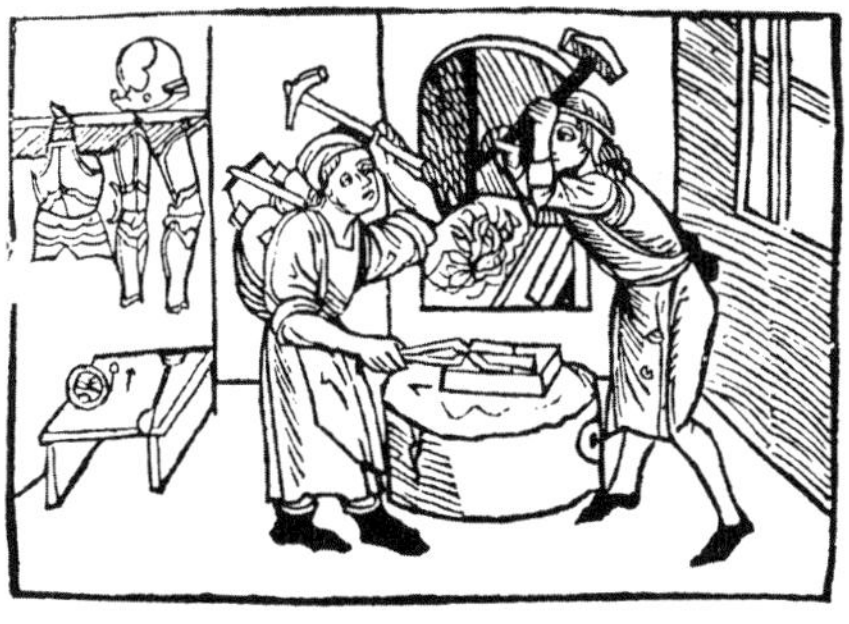

パン焼き職人（図版上）と鍛冶屋

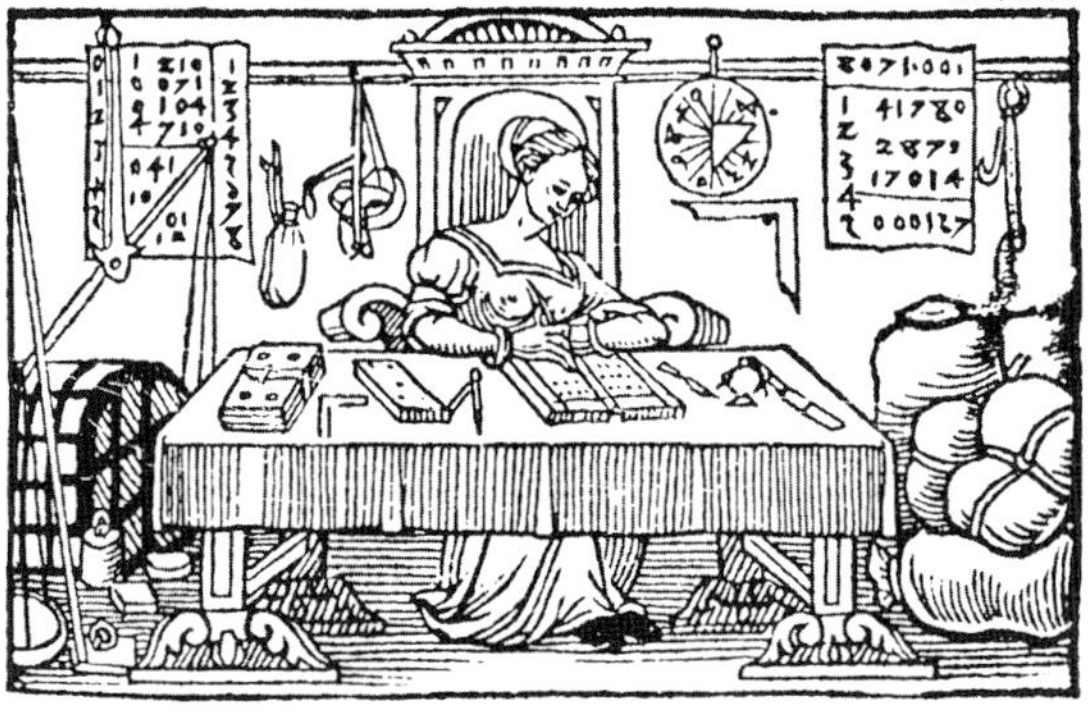

働く女性

コラム

ショッテン修道院の祭壇画に見る中世ウィーン

ショッテン修道院の創始者ハインリヒ2世ヤソミールゴット

中世ウィーンを記録した文章とならんで、当時の情景を視覚的に描いて残してくれたのは、ショッテン修道院の教会祭壇画である。作者は不明であるため一般に「ショッテンの大家」と呼ばれている。

まずショッテン修道院であるが、修道院施設は一一五五年にバーベンベルクのハインリヒ二世ヤソミールゴットがレーゲンスブルクからアイルランドのベネディクト派の司祭を招聘し（当時のアイルランド人はドイツ語で「ショッテン」と呼ばれていて、その後も一般にその呼び方が定着していった）、一一六一年に修道院の建設を決定した。その建物は一二世紀にはほぼ完成し、修道院としての機能と経済活動を行なっていた。修道院は一五世紀の初めに、ベネディクト派修道会に寄贈され、シュテファン教会とならんでウィーンの重要な教会の一つとなった。

この教会の祭壇には、一四六九年から「マリアの生涯」と「イエスの受難」に関する一九枚の祭壇画シリーズが描かれたが、ウィーンの都市の歴史にとって重要であるのは、その物語の場面の背景のいくつかに当時のウィーンの様子が描かれていることである。当時の祭壇画や教会画が、教会の説教の説得力を強化するために聖書の物語をそれぞれの身近な都市や地域で起こったかのように描きだすことは普通のことであった。このショッテン教会の祭壇画も同様であるが、それらの背景のウィーンの風景を繋ぐと、南からやってきた旅人がウィーンを訪れるかのように見ることができる。

まず「ヨアヒムとアンナの邂逅」の背景（図①）は、南からウィーンに向かう道（ケルントナー通り）からのウィーン遠景で、当時のウィーンの訪問者の多くが見たであろう光景である。手前の「ウィーンの丘」には羊や牛などのいる牧歌的な風景が見られ、その向こうにウィーンの諸教会の塔が多数乱立している様が描

①

③

④

⑤

②

ショッテン教会の祭壇画の背景におけるウィーン
①「ヨアヒムとアンナの邂逅」における南からのウィーンの遠景。②「エジプトへの逃避」の背景に見られるケルンテン門前の病院とその拡大図。③「マリアの訪問図」の背景のウィーン市内図。④「マリアの誕生」に見られる建物内の情景。⑤「エジプトへの逃避」の背景拡大図。

かれている。中央に最も高く描かれているのはシュテファン教会の塔であり、その右側には華麗なマリア・アム・ゲシュターデ教会の塔が描かれ、さらにその他の教会の塔が描かれている。全体として巡礼都市としてのウィーンの魅力を伝えようとしているといってよい。ウィーンの森のカーレンベルクの上にあった城塞も描かれている。

　旅人がウィーンの丘を越えてさらにウィーンに近づくと、ケルントナー門の近くの病院が見えてくる。それを描いたのが「エジプトへの逃避」(図②)の背景である。この病院は「アルベルティーナ地図」にも描かれていて、バーベンベルクの城壁外のウィーン川のほとりに設置され、簡単な城外防壁施設に囲まれていたことがわかる。後方にはバーベンベルクの城壁も見られる。

　さらに、城内に入り、街の中心を描いたのは「マリアの訪問図」(図③)であり、堅固につくられた建物に木羽板葺きの屋根、舗装された道路が見られ、後方にはペーター教会や、シュテファン教会の塔と屋根も描かれていて、前述のイタリア人の手紙の描写とも一致し、当時のウィーンの都市の発展を誇示している。

た時間的不利が故に恐れられた。窃盗の際に見つけられた盗品は裁判官のものとなった。教会の祭日は厳格に守られている。肉製品は断食日にも売られる。渡し守には休日はない」

　これらの描写は、庶民的側面にも眼がいっている。

大学と学生たち

ウィーン大学の設立

　ウィーンに大学が設置されたのは、ルドルフ四世の時代であるとされる。ルドルフ四世はプラハの皇帝カレル四世の大学設立に対抗して、教皇にウィーン大学の設立を申請していたが、一三六五年六月に教皇ウルバヌス五世がその計画を承認する勅書を発行した。しかしその大学は、まだ独自の施設を持つものではなく、ウィーンに存在した教育施設として「シユテファン教会付学校」（一二三七年）に付属する教育体制であった。ここではあらゆる学問の授業を行なうことが許され、修士と博士号の授与の許可が与えられたが、まだ組織もなければ実質活動も定かではなかった。しかも当時の大学の中心

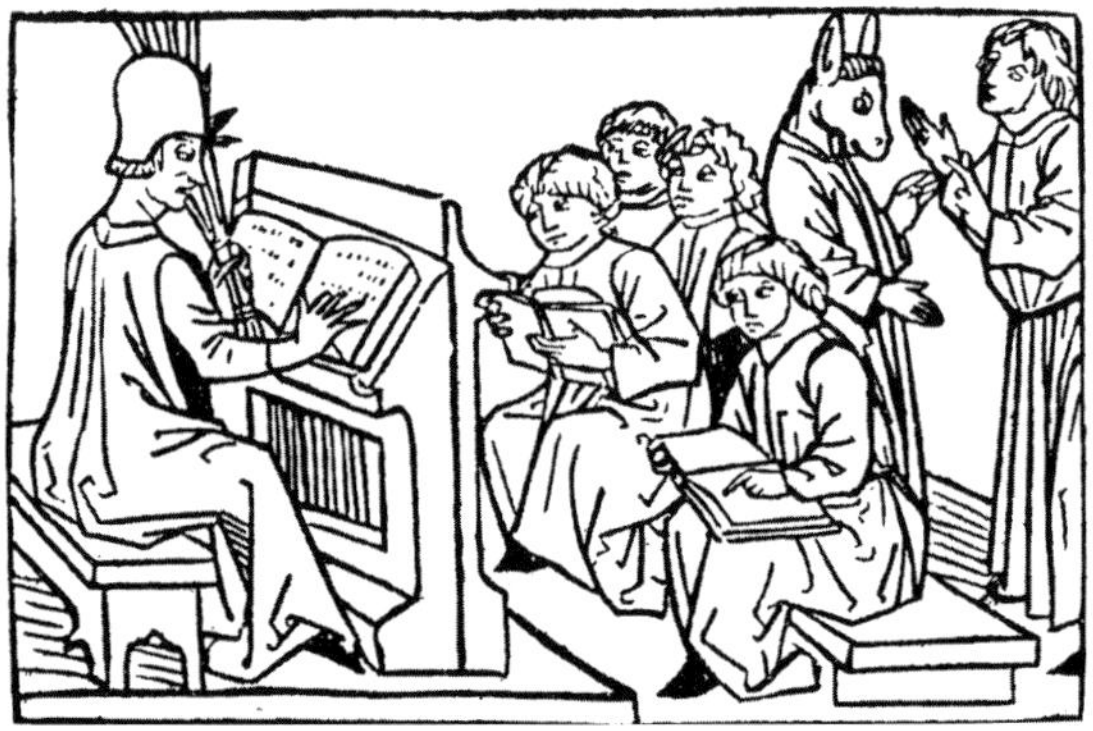

市立学校の授業風景　市の学校（ラテン語学校）は1296年に設立。教師は司祭が務めた。ロバも聞いているのは皮肉か？

学科であった神学の授業はまだ許可されていなかった。

　早世したルドルフ四世の大学設置計画を引き継いで具体化したのは弟のアルブレヒト三世であった。アルブレヒトは、それまで散発的に開始されていた講義などをまとめて一三八四年に包括的な大学規定を定めるとともに、大学独自の教授組織を整備し、その建物を建設した。このアルブレヒトの大学規約は、大学の財政、大学の運営原則、授業体系、学生の義務（服装義務も含む）、授業のあり方、修士号や博士号の試験制度など包括的な規則を含んでおり、それらは基本的には一九世紀の大学改革まで維持されていった。

学生という特権

　こうして生まれた大学は、都市としてのウィーンに新たな意味を与えることになった。やがて神聖ローマ帝国内やハンガリーなどの東方からも多くの学生が集まり始めた。一三七七年から一四五〇年までの間にウィーン大学で学んだ学生は一万九五二六人に及び、彼らは出身地ごとに「アカデミック・ネーション」（オーストリア、ライン、ハンガリー、ザクセンなど）として組織され、彼らは都市ウィーンの重要な構成員としてウィーンに多文化的都市としての性格を与えることとなった。他方で、教皇を頂点とする学問体系を持つ大学の学生たちは、同時にカトリックの教会制度の代弁者あるいはその行動隊擁護者として、その後のウィーンの歴史の中で重要な働きをすることになる。

　およそ一四、五歳に過ぎない学生たちは、大学が独自の規則や裁判を持って彼らを監視したにもかかわらず、彼らの特権的身分を背景に自由勝手な行動に及び、しばしば市民たちと悶着を起こし、彼ら

を訴える市民は後を絶たなかったのが現実である。

　学生たちはブルゼ（ン）と呼ばれる学生寮に暮らしていた（この言葉は学生が払うべき家賃を意味するブルサという言葉から発生し、近代までブルシェンシャフト［学生組織］という言葉の中にも残っている）。そうした学生寮は一三九九年には二軒しかなかったが、学生の増加により一四一三年には二九軒に増えた。学生寮は先輩学生によって管理されていたが、寮によっては学生が勝手に飲み食いしホイリゲのように利用された場合もあったという。

　ウィーンの大学は当時授業料が最も安く、ドイツ語圏からやってくる貧しい学生も多かったので資産のない学生たちは私人の秘書役などを務めて学費を稼いだり、安い救貧施設に暮らす者も多かった。そうした施設は学生寮よりも自由であったため多くの学生がそこに移り、大学当局の批判をまねいていた。

厳しい学生生活

　学生の生活は本来厳しい規則に縛られ、朝は暗いうちに祈禱の鐘で起こされ、朝の祈りが行なわれ、サボった者は食事を減らされた。六時には最初の授業が始まり、遅れた者は罰金ないし禁足、場合によっては卒業を取り消された。学生寮に女性を連れ込んだ者は罰金を科せられ、

シュトゥーベン門近くにできた大学地区図
右側中央の1151番の大学本部を中心に学生寮や教室などが散在した。

アルブレヒトにより建てられた「大学本部」
中央の塔のある建物群が大学本部。

大学本部（左）と授業の様子（右）
1384年のアルブレヒト3世の大学規則の飾り画より。

神学生はそもそも女性と付き合うことが禁止されていた。朝食は九時ないし一〇時で、主食の昼食はおよそ一七時で、学生たちは共同の食堂で食べねばならなかった。お粗末な食堂の料理を嫌い市民の家でごちそうになる学生もいた。学生たちは、夏は二一時、冬は一九時に学生寮に閉じ込められ、それ以降は外出を禁止されていた。飲み屋や格闘クラブ、賭け事に通うことは厳しく禁止されていたが、それらは最も好まれていた。

学生たちは一日に少なくとも一つの授業に出ねばならず、夜には学生寮で復習することが定められていた。授業はラテン語で行なわれたので、ラテン語の習得が不可欠であった。学生が卒業試験を受けられるまでには、神学生は六年間、法学部では三年間の勉強が必要であった。

さらに学びたい者は新旧の聖書の授業聴講を必要とし、さらに三年の学習と試験を受けようやく修士号がもらえた。学芸学部ではさまざまな分野の授業があり、アリストテレスの自然科学や数学、天文学、形而上学、初期の人文学などが講義されていた。他の分野には別の規則があったが、最もお金がかかったのは当時も医学の勉強であった。

学生と市民の争い
学生と手工業者やワイン酒場の雇い人との間の争いは日常茶飯事であった。

大学の講義
教授の憂い顔は今と変わりない？

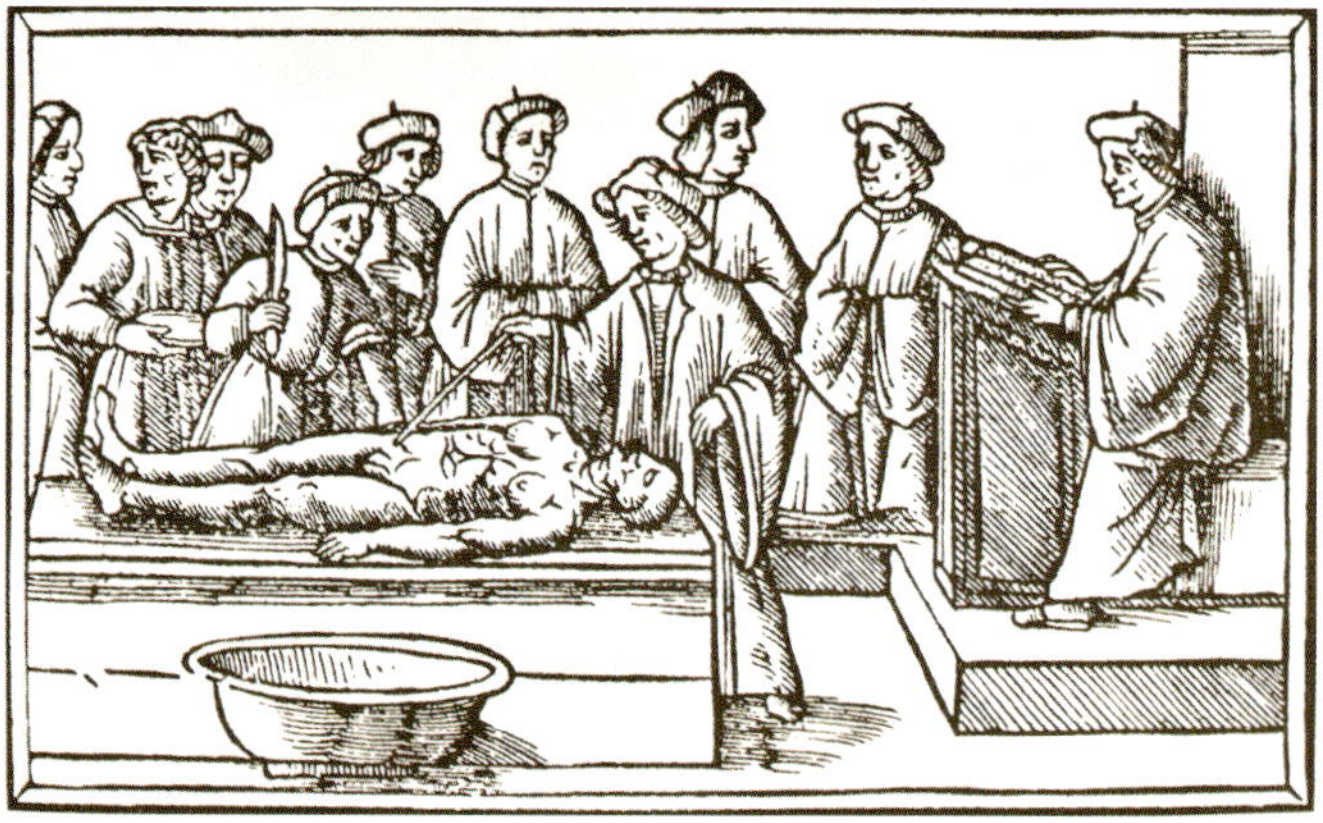

医学部の授業の様子　ウィーンで最初の男性の解剖は、1404年にイタリアのパドヴァの医師ガレアッツォ・ディ・サンタ・ソフィアにより行なわれた。

第二部

混乱するウィーン

第五章 世界帝国の首都へ

フス戦争、ユダヤの追放、ハンガリーの支配

ヤン・フスの火刑

　分裂していたハプスブルク家の支配に妥協が成立し、一四一一年にアルブレヒト五世がウィーンに入りその支配を始めると、「ドイツ王」（＝皇帝。ローマで戴冠を受けると「皇帝」と呼ばれた。のちに同義となる）のジギスムントは自身の二歳の娘エリーザベトとアルブレヒトとを婚約させ、一四二二年に結婚させた。この間にチロルやフォアアールベルクなどの地域を獲得し、オーストリアの東部、シュタイアーマルク、ケルンテンを含めその支配権を拡大していったハプスブルク家は、さらにハンガリー、ボヘミアの両王国の継承権を獲得することになった。一四三八年にアルブレヒトがドイツ王に選ばれると、ハプスブルク家は帝国自体とその東部の重要な二つの王国と一つの公国をあわせ持つことになった。しかし、ボヘミアと関わることによって、アルブレヒトは当時ボヘミアを中心としていたフス派の反乱と関わらなければならないことになった。

　急進的社会革命を説いたヤン・フスが一四一五年にコンスタンツの教会会議の異端審問で火刑に処せられ、その灰がライン川に撒かれてしまうと、ボヘミア王国ではドイツ系ルクセンブルクのジギスムント王に対し、チェコの民族的要素を含んだ社会革命的な運動が起こった。ア

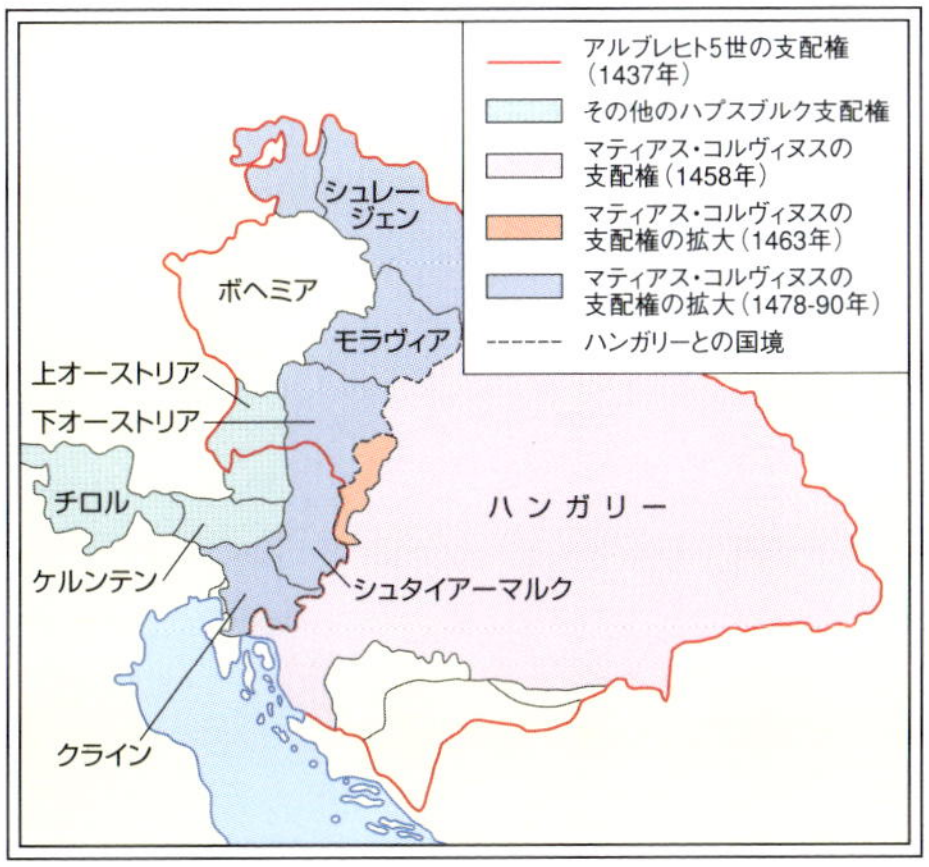

一四三七年のハプスブルク家アルブレヒト（ドイツ王二世）の支配圏

ルブレヒトは、ジギスムントの義理の弟として一四二〇年の鎮圧のためにボヘミア、モラヴィアに出兵したが、南ボヘミアのターボアを中心とした急進派のフス軍は逆に一四二五～三一年にかけてオーストリア領に侵出し、オーストリア軍を破り、ドナウ川の北部の教会、領主の館を破壊し、ウィーンにせまった。ウィーンの町ではターボア門に防衛施設を構築し、それに備えなければならなかった。

ユダヤ財産の剝奪と迫害

　ウィーンでもしばらくの間、フスの同志であったプラハのヒエロニムス（イェロニーム）が説教を行なっていたが、フス戦争の最盛期の一四一九年六月九日に、ウィーン大学神学部の会議で、ユダヤの教えとフス派の教義が似通っているという主張が示され、ユダヤがフス派と協力しているとの非難が起こった。しかしそのことがユダヤ迫害の直接の理由にされた訳ではなく、ユダヤに対する攻撃と迫害が行なわれたのは、アルブレヒト五世が一四二〇年八月にフス戦争に出兵し敗北して帰って来た時にだった。彼はユダヤの隠された財産をゆすり取り、ユダヤに洗礼を強要しようとした。しかし強制洗礼の試みは受け入れられず、一五歳以下の子供を強制隔離し、洗礼してしまおうとする試みもうまくいかなかった。

　アルブレヒトは洗礼を拒否した貧しいユダヤたちを、オールのない小舟に乗せて、ドナウ川に流して追放したが、彼らは下流のハンガリーで保護された。さらにアルブレヒトは、一四二〇年の九月二八日の仮庵の祝いの日に、ユダヤの人々をユダヤ広場のシナゴーグに集め洗礼を強制しようとしたが、ユダヤの人々は、ラビの指導のもとに集団自殺を図った。

　翌年の一四二一年三月一二日には、残っていた大部分が金持ちのユダヤの人たち一一〇人が八六台の荷車に乗せられ、

フスの火刑　フスは1415年にコンスタンツの宗教会議で異端とされ、焚刑に処せられ、その灰はライン川に流された。フスの教えはチェコ民族主義と結びつき、処刑後、皇帝に対するフス派の反乱をまねいた。

1421年のエルドベルクにおけるユダヤの火刑
その論拠は教会の教理に反する儀式殺人などが挙げられていたが、フス派への協力の疑いにもよる。

ユダヤの火刑に関する「ゲゼラ記念碑」
現在のユダヤ広場に残っている。

火刑場のエルドベルクに運ばれ、アルブレヒトの目前で薪の中に閉じ込められ火刑に処せられた。同日に提示された火刑の理由書にはその根拠として、少し前にオーストリアの各地で起こった儀式殺人嫌疑、聖体冒瀆嫌疑による反ユダヤ裁判、特に直近のエンスで起こった聖体冒瀆嫌疑事件が論拠として挙げられていた。当時は、ユダヤの排斥処刑には教会法に基づいた論拠が必要とされ、フス派への協力の疑いだけでは死罪にできなかったのである。

　アルブレヒトはユダヤの財産を手に入れ、彼らの不動産を売却し、対フス戦争の戦費とすることができたが、その後ユダヤ税の収入を失うことになった。「ゲゼラ」（非ユダヤの政権による迫害を意味するヘブライ語）と呼ばれるこのユダヤの追放、火刑の出来事は、現在のウィーンのユダヤ広場の家番号二の建物の正面に見られるイエスの洗礼の石盤（一五〇〇年頃に成立）に記録されている。

　フス戦争自体は、フス運動の急進派が穏健派と教会の連合軍に破れ、一四三六年七月にバーゼル（教会）の教会会議で和平交渉が行なわれ、ようやく終焉した。

ドイツ王アルブレヒト二世死後の争い

　フス戦争を何とか乗り切ったアルブレヒトは、一四三七年にはルクセンブルク家の遺産としてのハンガリー王およびボヘミア王の地位を受け継ぎ、一四三八年〇月にドイツ王（アルブレヒト二世）に選出された。しかしドイツ王アルブレヒト二世は翌年には対オスマン軍との戦いの帰り道で病死してしまう。妊娠中であった王妃のエリーザベトは、その後すぐに王の後継者になりうるラディスラウフを出産したが後継はいずれも認められず、ラディスラウフの後見を巡って混乱と対

フリードリヒ3世
1462年に王宮を取りまき、3カ月間フリードリヒ（図版右）と家族を閉じ込めた市長ホルツァーたちの攻撃（図版上）。

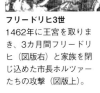

立が生じた。結局、シュタイアーマルク系のハプスブルクからフリードリヒ公がドイツ王となる（四世、一四五二年ローマで戴冠［それはハプスブルク家のドイツ王の最初で最後のローマでの戴冠］、皇帝としてはフリードリヒ三世［以後三世とする］）。ラディスラウフは結局ハンガリーに戻り、王となるが、不明な死を迎える。

　ハプスブルク家の後継と後見をめぐっての対立がさらに続く中で、ウィーンでは市長のヴォルフガング・ホルツァーがフリードリヒ三世の王宮を三カ月間包囲するという事件も起こった。この市長の蜂起は皇帝軍により鎮圧され、首謀者はアム・ホーフ広場で打ち首、市長は四つ裂きの刑に処せられ、その一部が市門に晒されるという結果に終わった。

　その後も、フリードリヒの弟アルブレヒト六世がウィーンに入城支配する時期もあったが、結局、フリードリヒ三世は、アルブレヒトの死（一四六三年）と、この間にハンガリー王、ボヘミア王として認められたラディスラウフの死（一四五七年）を生き延び、一四九三年までその後見支配を維持した。しかし、皇帝としてのフリードリヒ三世は、ウィーンで王宮を包囲された後遺症で、その後ウィーンに留まり居城とすることなく、長くリンツを居城とした。

　ウィーンに対するフリードリヒの貢献は、一四五三年にオーストリアを大公国とし、一四六九年には教皇からウィーンを独自の司教座に格上げする大勅書を得て、パッサウ司教区から独立した地位を獲得したことである。また、フリードリヒ三世が使用した奇妙な暗号AEIOUは様々に解釈され、どれがほんとうであるかは不明であるが、その一解釈「オーストリアは世界を支配するよう定められている」という解釈はやがて実現することになる。

マティアス・コルヴィヌス
皇帝フリードリヒ3世から一時ウィーンの支配権を奪い、ウィーンを支配した。

ハンガリー王の入城

この間に一時行なわれたハンガリー王によるウィーンの支配にも触れておかねばならない。ハンガリーの国王も兼ねていた皇帝アルブレヒト二世の死後、一四五八年にマティアス・コルヴィヌス（一四四三〜九〇）がハンガリー王になると、皇帝フリードリヒ三世はハンガリーの王位を要求し、マティアスは逆に皇帝にハンガリー王としての地位を放棄することを求めて、両者の対立は深刻化していった。マティアスは一四七七年、対オスマン戦争で勇名を馳せた強力な「黒色軍」を率いてウィーンを包囲したが、ウィーンは何とかこれに耐える。

　しかし、一四八三年の二度目の包囲は厳しく、皇帝からは何の援助も受けられなかったウィーンは食糧不足と疫病に悩まされた。また重要な産業であるワイン収穫も遂行できず、厳しい状況に陥った。商業は完全にブロックされ、親皇帝派のウィーンの指導部の商人たちも最終的に町を明け渡すことに同意し、一四八五年六月にマティアス軍はウィーンに入城した。ウィーンの市民たちはハンガリー王によるウィーン経済の再興を期待したが、ウィーンは永年の東西貿易の担い手には復帰できなかった。一四八八年にマティアスはようやく市の特権を再承認したが、ウィーンはハンガリーへの税の支払い者の地位に留まった。マティアスはシュテファン教会の屋根をハンガリーの色に塗り替え、支配を安定化しようと試みたが、一四九〇年に脳梗塞で倒れ、ウィーンは解放された。ウィーンは、フリードリヒの息子のマクシミリアン公の手に預けられ、諸組織は親皇帝市民の手に帰せられた。

デューラー作のマクシミリアン1世の肖像画

マクシミリアンの時代

ブルゴーニュをめぐる紛争

フリードリヒ三世の時代のウィーンは前述のように決して平穏な時代ではなかったが、息子のマクシミリアン（一世）の時代もその間に受けた経済的政治的混乱から十分に立ち直ることはできなかった。しかしマクシミリアンがハプスブルク家の領土を受け継いだ時には、ようやくその領土は内的分裂が淘汰されたものとなっていた。それでもマクシミリアンは最初、オーストリア地域やウィーンとはほとんど関係のない問題に関わらねばならなかった。

一四七七年、マクシミリアンはブルゴーニュの遺産相続人マリアと結婚し、ハプスブルク家は新たに西欧の領土を手に入れ、その後、その「黄金の羊」と呼ばれる豊かな地から重要な経済的文化的利益を享受することができた。しかし、それは同時に、ブルゴーニュの相続権を主張するフランスとの争いを導き出し、その後二〇〇年にわたる対立抗争を生み出すことになった。

マリアとの結婚は幸福なもので、フィ

リップとマルガレーテの二人の子供も生まれた。しかし一四八二年にマリアが落馬による負傷で死亡すると、マクシミリアンは孤立し、ブルゴーニュの領土をめぐっての紛争が生じたのである。

一四八六年にマクシミリアンはドイツ王に選出されたが、二年後にはブリュージュの市民に捕らえられ、一四週間捕虜となった。父親のフリードリヒ三世が彼を救出し、マクシミリアンは財産も軍隊もなしにブルゴーニュを去りインスブルックに居を定めた。

リンツで統治していた父親のフリードリヒ三世が一四九三年に死亡するとマクシミリアンはドイツ王の位を引き継いだが、何の財産もなかったため、戴冠のためにローマに出かけて皇帝になることなど考えられなかった。同年マクシミリアンはもっぱら財政上の理由から、ミラノ公女のビアンカ・マリア・スフォルツァと結婚した。しかし花嫁は結婚式にも参加せず、その後インスブルックの宮廷でマクシミリアンとは離れて生活し、子供もなく一五一一年に三八歳で亡くなった。

マクシミリアンは五〇〇〇人の住民を抱える小都市インスブルックで平和に過ごし、少年合唱隊を持った楽団を組織したり（それはのちにウィーンに移され「ウィーン少年合唱団」となった）、学問や本の出版を奨励し（自らいくつもの本を出版）、画家や絵描きを招いた。また、軍の指導者として近代的兵器の開発にも関心を持ち、重厚な兵器庫をつくらせた。

ウィーン奪還

インスブルックに拠点を持ったマクシミリアンがウィーンの奪還に取り掛かったのは、一四九〇年四月にウィーンを支配していたハンガリー王のマティアスが脳梗塞で急死した後のことであった。マクシミリアンは一隊を率いてハンガリー支配下にあったオーストリアを奪還し、八月一九日には四〇〇〇人の部隊でウィーンに入った。ハンガリー軍はホーフブルク（王宮）に後退したが、マクシミリアンの軍は激しく砲撃して八月末にこれを解放した。

ウィーンに新たな統治の拠点を据えたマクシミリアンはインスブルックの経験に倣い、学問、文化の発展に力を入れ、著名な人文学者コンラード・ツェルティスを招聘し、文芸協会「ドナウ協会」や「ウィーン詩人コロキウム」をつくらせたり、古典的文献の蒐集を行なった。また音楽の分野においては宮廷楽団をつくり、音楽都市ウィーンの基礎を築いた。

しかし都市の行政ならびに経済面においては、以前の繁栄の再興には至らなかった。それどころか、経済的には、ウィーンは一五〇九年に交易上有利な「集積権」を剝奪され、ドナウ川上流のドイツ諸都市（レーゲンスブルクやニュルンベルク、アウクスブルクなど）と対抗できなかった。皇帝のマクシミリアンにとってはドイツ諸都市の利益を優先せざるをえなかった。

一五一五年にマクシミリアンが定めた交易令もウィーンの商人達を保護するものではなかったし、さらに一五一七年に出された新都市条例も、市長や市参事会の選挙に対する領封君主の影響力を強化し、都市市民の自治権を制限するものであった。都市の自治組織と統治者の間にはレギメンター（統治者）と呼ばれる一種の役人が置かれ、日々の雑務をこなし、統治者に報告した。それは一種の独裁者でもあり、常に市民自治組織と問題を起こしたが、統治者は直接の対応をしないで済んだ。マクシミリアンはウィーナーノイシュタットに置かれた裁判権を独占し、それを直接指揮した。

こうして、ハプスブルク家のウィーン

コラム

ハプスブルク家の婚姻政策

マクシミリアン1世とその家族
左からマクシミリアン1世、孫のフェルディナント、カール、息子のフィリップ、妻マリア、養子ラヨシュ。

マクシミリアン1世

歴史的に有名なハプスブルク家の婚姻による領土拡大政策はマクシミリアンによって展開されたといわれ、「他の者は戦争せよ、汝幸いなるオーストリアは結婚するがよい」という言葉が有名である。このフレーズはオヴィディウスのもじりであり、ウィーンを支配したハンガリー王マティアスが言ったといわれる。実際にはそうした婚姻政策はバーベンベルク家が先駆的に実践した領土拡大政策であることは前述したが、マクシミリアンはそれを結果的により大規模に実践したということができる。

その婚姻政策は、自己の財政的理由による二度の結婚を除いて、大きくは二回に分けられる。最初はマクシミリアンの意図によるものではないが、息子のフィリップがスペイン（カスティリアとアラゴンの両カトリック王国）の皇女ファナと結婚し、ファナの兄のファンが妹のマルガレーテと結婚し、ファンと他のスペイン帝国の継承者が死去することによりフィリップとハプスブルク家にスペインの王冠が継承されたのである。もう一つはより身近で意図的なもので、一五一六年の二組の同時結婚式である。それはマクシミリアンがハンガリー・ボヘミアのヤゲウォ家のラヨシュを養子とすることで孫娘のマリアと結婚させ、ヤゲウォ家のアンナを差し当たりはマクシミリアン自身と結婚させ、のちに孫のフェルディナントかカール（結果的に前者）と結婚させ、ハンガリー、ボヘミアの王位を確保するものであった。そのためマクシミリアンは前もって選帝侯などの有力諸侯を集め、彼の意図を承認させるという用意周到さを見せていた。その会議は歴史的には「第一回ウィーン会議」とも呼ばれている。実際、両国王のラヨシュ二世は一五二六年のモハーチの戦いで戦死し、両王国はハプスブルク家が継承することとなった。マクシミリアン自身は一五一九年にインスブルックからの帰り道に死亡、彼自身の望み通りにウィーナーノイシュタットのマリアの棺の中に葬られた。

支配の本格的始まりとされるマクシミリアンの支配は、都市に対する帝国ないし皇帝権の統治を強化し、古典的な市民的自治を制限する絶対主義的都市支配の強化を意味していた。

世界帝国のもとで

失われた市民の自由

マクシミリアンの婚姻政策によって、ハプスブルクの支配はヨーロッパではイベリア半島からイタリア、地中海を通じ、ドイツ、東欧の神聖ローマ帝国にいたる諸地域に広がり、スペインの海外領土も含めた世界帝国となった。そうした中で、ウィーンはどのような都市となっていったのだろうか。

マクシミリアンの後を受け継いだカール五世は世界的規模の大帝国の中で、対フランス政策のブルゴーニュとスペインその他の統治に手がいっぱいであったので、一五二一年、帝国のオーストリアおよび東欧の支配を一九歳の弟のフェルディナント（一世）にまかせることとし、一五二二年にフェルディナントはウィーンにやってきた。都市の自治組織に対する統治者の権限の強化が行なわれていったことは既に述べたが、ウィーンの伝統市民たちは、その体制はマクシミリアンの死去により、終わったと考え、腐敗し、評判の良くなかった統治者たちに対して、マルティン・シーベンビュルガーを先頭に反乱を起こし、彼を市長に選出した。

それに対してオーストリアにやってきたフェルディナントは、まずリンツで約束されたハンガリー女王との結婚式を行ない、オーストリア支配の裁判所のあるウィーナーノイシュタットに赴き、市民代表を呼び出し、忠誠を要求した。そして従わなかったシーベンビュルガーたちを首切りの刑に処した。市民たちは意気消沈し、その後支配者に楯突く者はいなかった。処刑された者とともに「旧き良き」市民的自由も過去のものとなった。

世界帝国の支配者カール5世

カール5世の弟フェルディナント大公
1531年ドイツ王、1556年神聖ローマ帝国皇帝。

帝国支配の下請け都市

その前年に大きな火災に見舞われたウィーンには、一五二六年にフェルディナントの新たな都市条例が与えられたが、それはウィーンを帝国内国家ないし統治区の一都市として、その市民たちを帝国の臣民と位置づけるもので、ウィーン市政府は国家統治者の行政府的役割を担うものに過ぎないとされた。本来の市評議会である「小委員会」は二四人の建物所有者からなり、半数は支配者により任命され、手工業者ははずされていた。手工業者とツンフト（ギルド）の権利は失われた。これまで市民としての権利を持ったことのない「余所者」が裁判を行なった。「大委員会」はすべての階層を網羅する七六人の代表から構成されたが、検事が国の代理として大委員会を監視し、市長よりも大きな権力を持った。市長は最高執行機関の代表者に過ぎなかった。

こうして、一〇〇人からなる行政機関は市長のもとに置かれ、市長は帝国支配に従属し、ウィーンは帝国支配の下請け都市の一つに過ぎないものとなった。そうした市長の地位は一九世紀まで継続する。

市長の処刑
フェルディナント大公はオーストリアの支配者としてやってくると、自らに対抗する市長シーベンビュルガーらをウィーナーノイシュタットで処刑し、ウィーンを支配した。

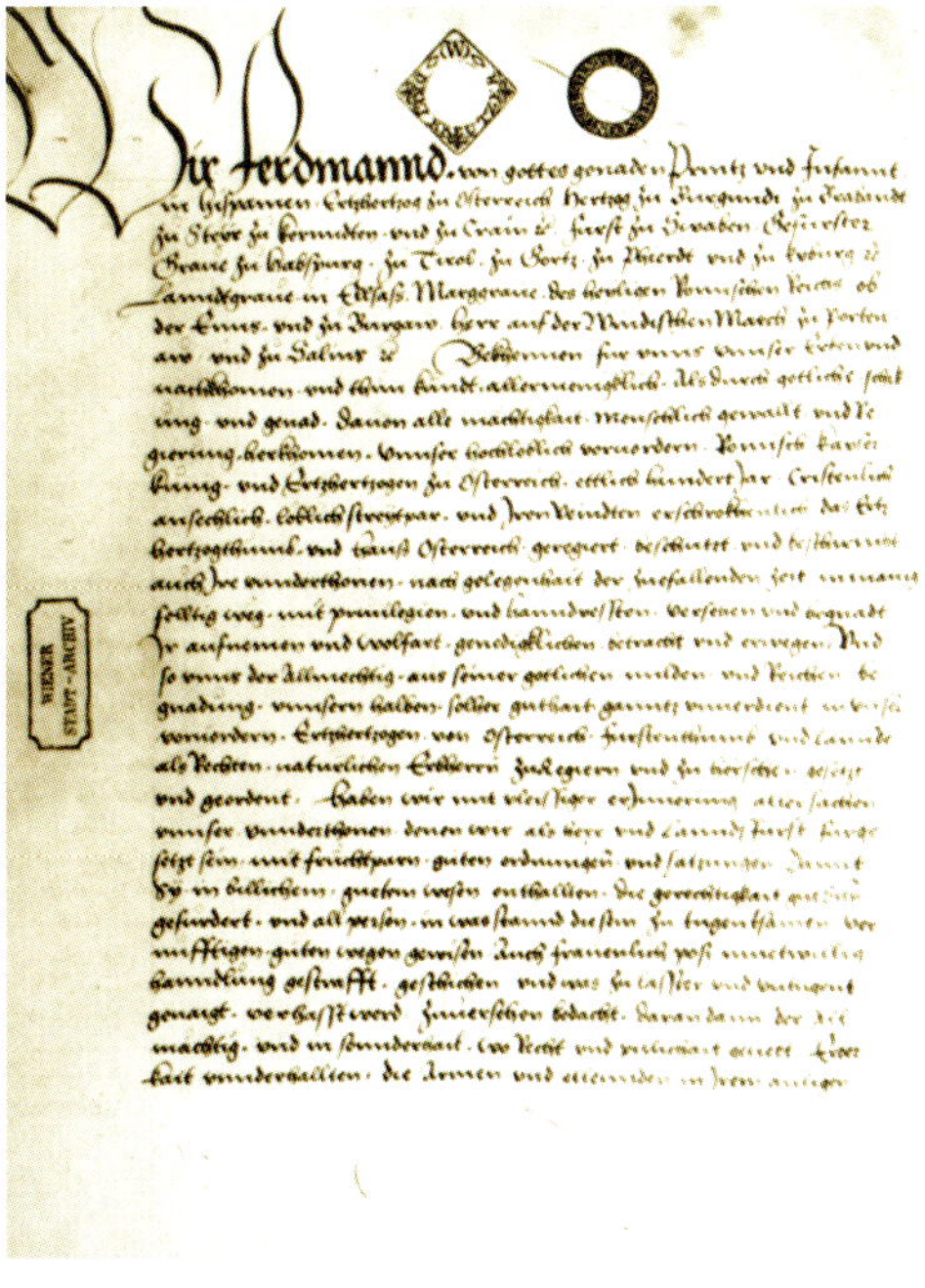

1526年のフェルディナントのウィーン都市条例
ウィーンをハプスブルク家の世界帝国の絶対主義的支配下に置き、その市民を帝国の臣民として支配するものであった。

第六章　宗教紛争とオスマン帝国の脅威

宗教改革

拡大するプロテスタント

世界帝国の東方の半分（オーストリア）を任せられたフェルディナント一世は、ウィーンを拠点に外交的には帝国の東方、ハンガリーに侵出してきたオスマン帝国に対し軍事的に対抗しなければならなかった。また内政的には差し当たり宗教改革に伴うプロテスタントの信仰の拡大に対して対処しなければならなかった。オーストリア大公国の身分制議会の貴族や都市の多くがプロテスタントとなり、スペイン出身でカトリックであったフェルディナントの「密かな反対者」もしくは「公然たる敵対者」であったからである。

一五一七年のマルティン・ルターによる『九五カ条の意見書』によるプロテスタントの新思想は、もともと反カトリックの勢力が強かったオーストリアにおいても急速に支持を得て、住民各層に支持を拡大していったが、最も強い支持を見出したのは貴族層の間であった。

一五二〇年にルターの教えは教皇により批判され破門が言い渡されていたが、一五二二年には既に上オーストリア（ドナウ川支流エンス川より上流のオーストリア）の領主の息子クリストフ・イェルガーがルター派に帰依すると、その両親も巻き込み、あっという間に他の貴族層の間にも広まった。特に当時のグーテンベルクの活版印刷術の発展によりその教義は「動く手紙」（ビラ）として印刷されて拡がり、急速に支持を獲得していった。ウィーンにおいては学生たちがカトリックの大学を去って、北部のヴィッテンベルクの大学に馳せ参じた。ルターの教えは下層の司祭の間にも拡がり、追放されたはずの司祭がシュテファン教会でルターの教えを説くという事件も起きたりした。

フェルディナントは教皇と教会の保護者を自認し、カトリック信仰を守るために先頭に立って新しい教えの浸透を防ぎ、その克服を目指した。しかし、一五二三年のルター派の文書の全面禁止令やウィーンの指導的市民カスパー・タウバーの見せしめ的処刑も効力がなかった。一五二七年の布令は再度ルター派の禁止を命じ、一五三五年にはカトリック側の対抗宣伝として、シュテファン教会で皇帝保護下の聖体拝領行列が大々的に施行されたが、プロテスタントのウィーン市民はそれを沈黙して見守り、一部で妨害するという事態も生じた。

次第に人の訪れが少なくなったカトリック教会を心配したフェルディナントは、一五五一年にイエズス会をウィーンに呼び入れた。イエズス会は子供のための寄宿学校をつくり演劇や説教によるカトリックへの教育を強め、その生徒は三〇〇～四〇〇人に達したという。イエズス会はさらに独自の印刷所を持ち、一般市民向けの新たな教義問答の作成を通じて布教し、特に大学改革を施行し、その影響を強めた。

再洗礼派

ルター派の進出とならんで、オースト

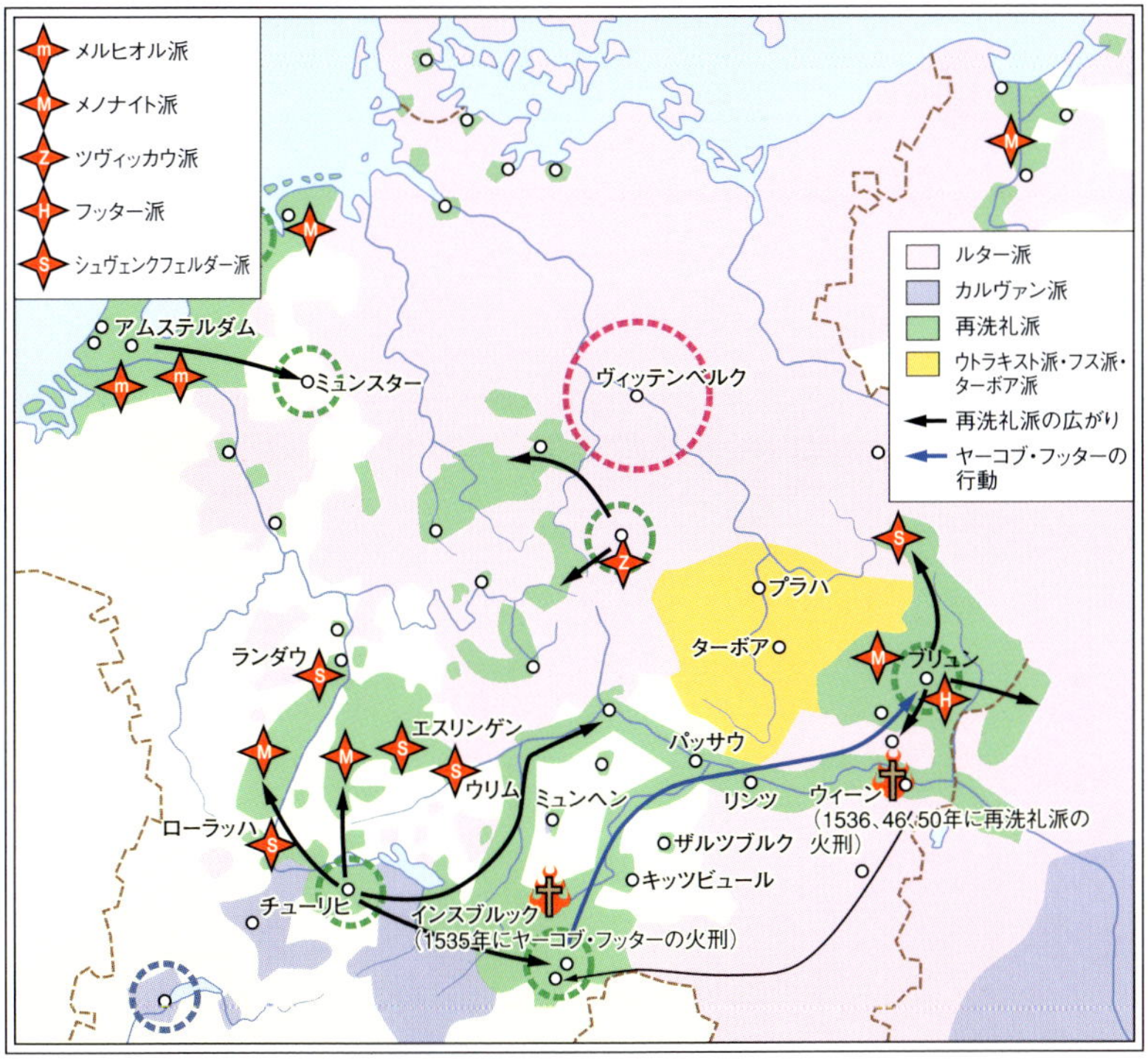

神聖ローマ帝国内の宗教改革諸派の拡がり
地図中の円は、それぞれの派の都市を中心とした影響圏を示す。

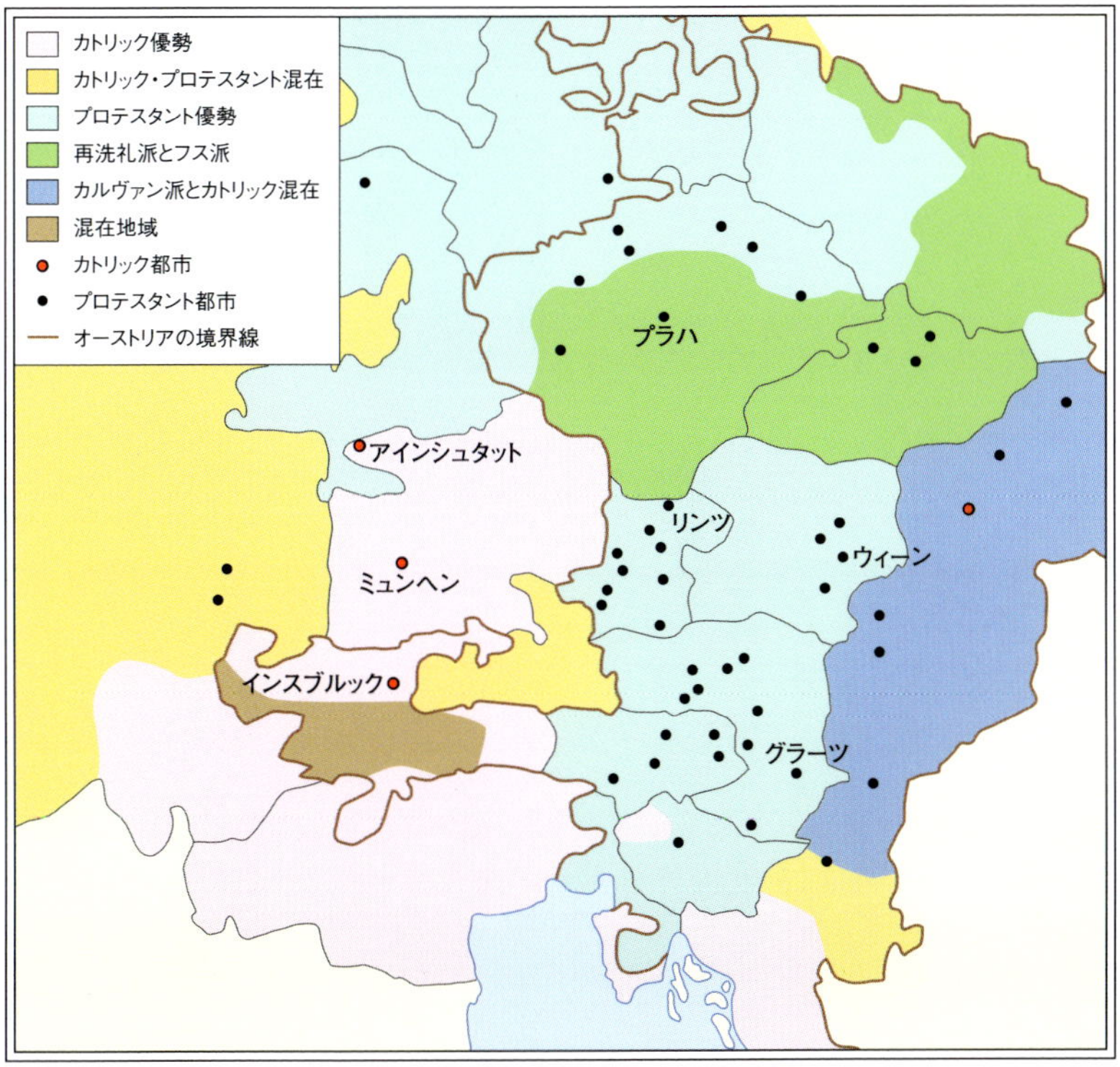

オーストリアにおけるプロテスタントの拡がり

リアやウィーンではスイスのチューリッヒから伝わった再洗礼派も広まっていた。一五二三年のルター派禁止令は同時に、農民の間に広まっていたとされる再洗礼派を禁止するものでもあった。教会ならびに世俗権力の攻撃は、再洗礼派の財産共有の教えに向けられ、それを国家反逆罪とみなした。同派の何人かの指導者はオスマン帝国の宗教的寛容さを称讃していたが、彼らも国家の敵とみなされ攻撃された。オーストリアにおける再洗礼派の指導者は、以前のカトリックの司祭で

チロルや上オーストリアにおける一五二五、二六年の農民蜂起の拡がり
地図上実線の矢印は農民の動きを示す。

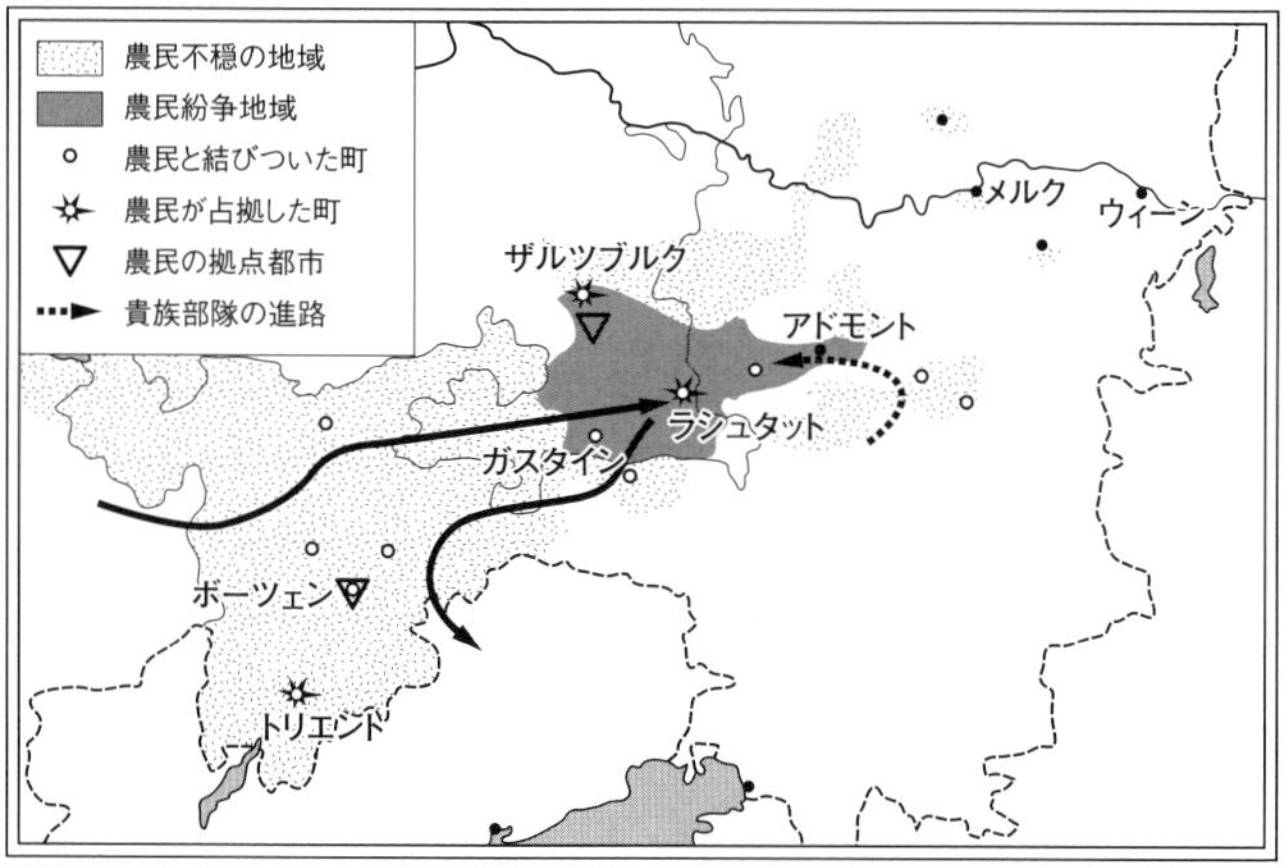

大学教授であったバルタザール・フープマイアーで、その拠点はモラヴィアのニコルスブルク（ミクロフ）に置かれ、彼はそこで二〇〇〇人以上の支持者に洗礼を授けたといわれた。一五二六年にボヘミア、ハンガリーがハプスブルクの支配下に入ると、フープマイアーはウィーンで

再洗礼派の指導者フープマイアー
最も影響力の大きい指導者で、最大の教団を率いていたが、一五二八年に捕まりウィーンで火刑に処せられた。

捕らえられ、一五二八年三月にシュトゥーベン門外で火刑に処せられた。

　チロル出身の再洗礼派のヤーコブ・フーターはその支持者を従えてモラヴィアにやってきたが、その帰途に捕まり、インスブルックで同様に火刑に処せられた。この「フーター兄弟団」は三十年戦争の初めまでモラヴィアに残り、その後ハンガリーやウクライナなどに逃げ、近代まで生き延び、最終的には（一八七四年）アメリカ大陸に移民していった。

　ツヴィングリやカルヴァンの教えもチロルやフォアアールベルクを通じて広まり、オーストリアとウィーンは各宗派の司祭・牧師の「バビロン的混乱」状態にあった。教皇の視察団は、オーストリアのほとんどの貴族がプロテスタントになっているという報告を行なっていた。彼ら貴族領主層は、プロテスタントを主張することによってカトリックの教会財産および修道院を接収することができたのである。それに対してフェルディナントは、対オスマン帝国の戦いに備えて、身分制議会で戦費を承認してもらわねばならず、プロテスタント貴族に大幅に譲歩しなければならないというジレンマを抱えていた。

農民戦争

　宗教改革の影響を受けた農民戦争もオーストリアに広まり、特にチロルにおいてはブリックスの司祭秘書ミヒャエル・ガイスマイアーの指導下の農民運動が、教会支配の十分の一税などに反対し、ブリックスやシュラードミングなどの教会領を支配した。ガイスマイアーは一五二五年に六四カ条の要求をまとめたが、そこにはプロテスタントの説教の自由化と司牧者の選択の自由などの他、教会の世俗的所有地の解放などの社会的要求が含まれていた。農民運動はプロテスタントの貴族支配を支持したため、ハプスブルクのカトリック教会支配に困難をもたら

司祭に「十分の一税」を支払う農民たち　オーストリアの農民たちは、特に教会領における「十分の一税」の支払いに不満を持っていた。

した。そうした状況の中でフェルディナントは対オスマン戦争を遂行しなければならなかった。

対オスマン戦争——第一次ウィーン包囲

オスマン帝国とヨーロッパ

既に一五世紀の終わり頃より、スペインとフランスはイタリアへの影響力をめぐって対立していたが、マクシミリアン一世の時代にハプスブルクがブルゴーニュを領有すると、ハプスブルク家とフランスの対立も大きくなった。特に一五一九年、マクシミリアンの孫のカールがフランス王フランソワ一世を破り皇帝位を獲得すると、その対立は決定的なものとなった。カール五世と弟フェルディナントのハプスブルク家に挟撃されることになったフランスは、オスマン帝国のスルタンの協力に頼る選択を行ない、一五三六年に両国は正式の同盟を結ぶに至る。それはキリスト教国とイスラム教国の最初の協定であり、その後オスマン帝国は南東からバルカンやハンガリーへの侵攻を始めることになる。

しかし、一五二九年のオスマン軍の「第一次ウィーン包囲」の直接的要因は、ハンガリー王位をめぐるフェルディナントとサポヤイの対立から生じた。一五二六年にハンガリー貴族の一部の推薦により王位についたトランシルヴァニア公のサポヤイに対し、王位の継承権を主張するフェルディナントは軍を送り、トカイの近くでこれを破った。ポーランドに逃げたサポヤイは、そこからオスマン帝国のスルタン・スレイマン（一世）に密使を送り援助を乞うた。スルタンはそれに応え、一五二九年九月に三〇万の軍隊（その多くは輜重隊であり実質は一五万という説もある）を率いて、オーフェン（現ブダペストの右岸の城塞都市）を占領し、オーストリアの国境を越えて西に向かい、ウィーンに迫った。オスマン軍はいくつもの先遣隊を送り、ハンガリーやオーストリアの町や村を恐怖に陥れ、九月二四日には主力部隊がウィーンに到着した。

ウィーン攻防戦

ウィーンの町は、急いで城壁や塔を補強し、堀を深く掘り下げたりしたが、まだ防衛施設が貧弱で、多くの市民が子供や女性を連れてウィーンを後にした。フェルディナントと王宮人、また市の指導部も西方に避難した。市委員会の一二人の代表も七人がウィーンを去った。数千の避難民がオスマン軍の遊撃隊の犠牲になった。

三五〇〇人の都市防衛隊のうちウィーンに残ったのは、三〇〇～四〇〇人に過ぎなかった。防衛隊長に任命されたニクラス・サルム伯はドナウに浮かぶ二八隻の船と城外の家々を焼きはらい、ウィーンの森の高台レーオポルトスベルクのバーベンベルクの城にも火をつけ、オスマ

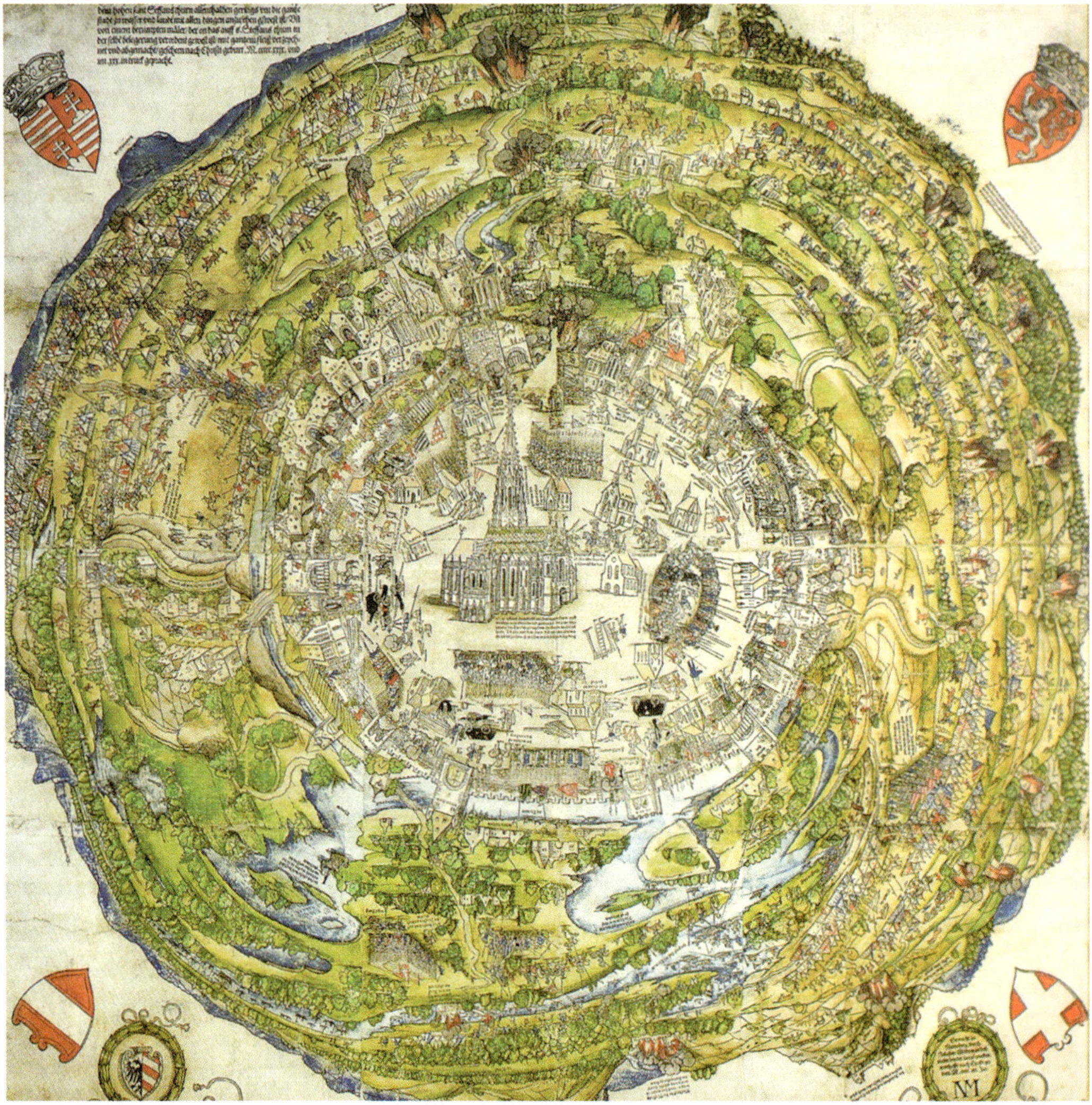

オスマン軍による第１次ウィーン包囲
図版上・1529年のオスマン軍のウィーン包囲をシュテファン教会の塔の上から観察し描写したといわれるユクラス・メルデマンの円形図。図版下・その中央部分拡大図。

ン軍がそれらを利用できないようにした。四日間で八〇〇軒の建物が焼かれたという。

一五〇〇人ほどの防衛部隊が市長のヴォルフガング・トロイのもとで市の防衛にあたり、スペイン人からなる帝国軍とプファルツ伯フィリップの騎馬隊がそれを援護し、総計二万人がサルムの指揮下でウィーンを防衛することになった。

九月二七日から一〇月一四日までの攻防戦は、約八万のオスマン軍やモルダウ、セルビアのキリスト教徒軍、イェニチェリ（オスマン朝のスルタン直属の常備軍団）の攻撃により、圧倒的にオスマン軍有利に進められた。大砲などの飛び道具を持ってこなかったオスマン軍は、塹壕ないし地下壕を掘って前進し、市壁の数カ所を爆破し、町中への突入を試みた。ウィーンの防衛軍は、チロルの炭坑労働者が対抗地下壕を掘り、市民軍は突破口の周りに丸太柵をつくり、イェニチェリの突入を防いだ。

一〇月一四日のオスマン軍の攻撃の翌日、奇妙なことにオスマン軍は撤退を始

スレイマン１世が率いるオスマン軍による第１次ウィーン包囲（1529年）

めた。それまでの攻撃でオスマン軍は既に二万人の犠牲を出し、町中も含めて疫病がはやり始め、冬の訪れも迫っていたのである。多くの物資を残したままオスマン軍は撤退したが、帝国軍は追撃できなかった。帝国軍の傭兵への賃金の支払いが滞り彼らは不満を持っていたし、軍事的にも追撃の余裕がなかった。

要塞都市

城壁の強化

オスマン軍による包囲後のウィーンの都市の状況は悲惨なものであった。ほとんどすべての家々が被害を受け、周囲の町や村は焼かれ、破壊され、人が住めなくなった。ワイン用葡萄園は荒らされ、使い物にならなくなった。しばらくしてようやくゆっくりと一部の住民がウィーンに戻り始めたが、一五四一年にはまだ包囲前の三分の二が戻っていなかった。

残った者と戻った者との対立もあった。道路には避難民や働きどころがない使用人や作男、戦争や事故、病気などによる肢体不自由者が溢れ、彼らを収容することも困難であった。人々の間には宗教熱も高まり、オスマン危機に対する私的な夕べの祈りや救いの行列などが盛んに行なわれ、新たな宗派の拡がりも見られた。それにもかかわらず、一五四一年には再度ペストが流行した。

オスマン軍の攻撃に対して基本的にはバーベンベルク時代の一枚囲いのレンガ防壁のままであった城壁はもはや役に立たないことが明らかとなり、ウィーンは城壁の改修・強化にとりかかった。フェルディナント一世の命令により一五三二年に新城壁の建設が始まった。当時はイタリアの城塞建設技術が優れていたので、一連のイタリア人の城塞技術者が呼ばれ、それとともに、何人かのドイツ人も呼ばれた。その中には、ニュルンベルクの地図作成者として著名なアウグスティン・ヒルシュフォーゲルとボニファス・ヴォルミュートがいた。

彼らは独自の三角測量技術を駆使し、ウィーンの町を正確に測量し、城塞建設の基礎となる地図をつくった。城塞建設を実際に指導したのはヘルメス・シャルラウツアーであり、彼はヒルシュフォーゲルらの測量に基づいてバスタイ（稜堡＝突出堡塁）などの建設を指導した。城塞は一五六〇年頃にほぼ完成し、ウィーンの都市の外観はまさに要塞都市となった。同時に、ウィーンの城塞の管理支配権は、ウィーン市民の手を離れ、皇帝の直接支配下に置かれ、ウィーンは帝国の東南の防衛のための重要な役割を担うことになった。

フェルディナントはさらにウィーンを皇帝居城として相応しいものとするため、

城壁改修の責任者ヘルメス・シャルラウツアー
彼はヒルシュフォーゲルやヴォルミュートの地図を基礎にバスタイを備えた強固な城塞を築いた。さらにシャルラウツアーは武器庫の建設や王宮の増設を請け負い、ウィーンの北側を流れるドナウ川支流の調整も行なった。1540年にはウィーンの市長に選ばれた。

王宮ホーフブルクをルネッサンス様式で拡大した。こうして改造されたウィーンは、外から見れば、帝国の東南の守りとして、強固で威容を誇る要塞都市に変容した。

さらなる都市改造

その他の都市改造も行なわれた。一五四一年のペストの脅威を契機に、王宮とその近くの家々に上水道が備えられ、一五六二年のウィーンの大火の際の消火水不足に啓発され、フェルディナントの息子マクシミリアン（二世）は一五六五年にヘルナルス川からホーアーマルクト（広場）の井戸まで木造ないし鉛管による最初の公的上水道を敷いた。火事の予

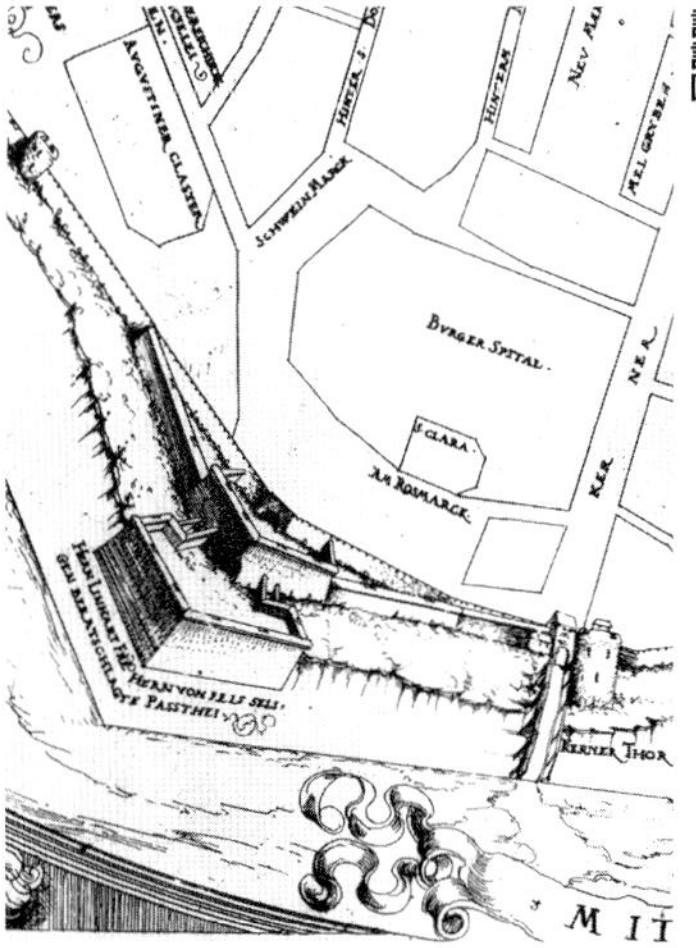

ヒルシュフォーゲルのケルントナー・バスタイ（稜堡）の設計図

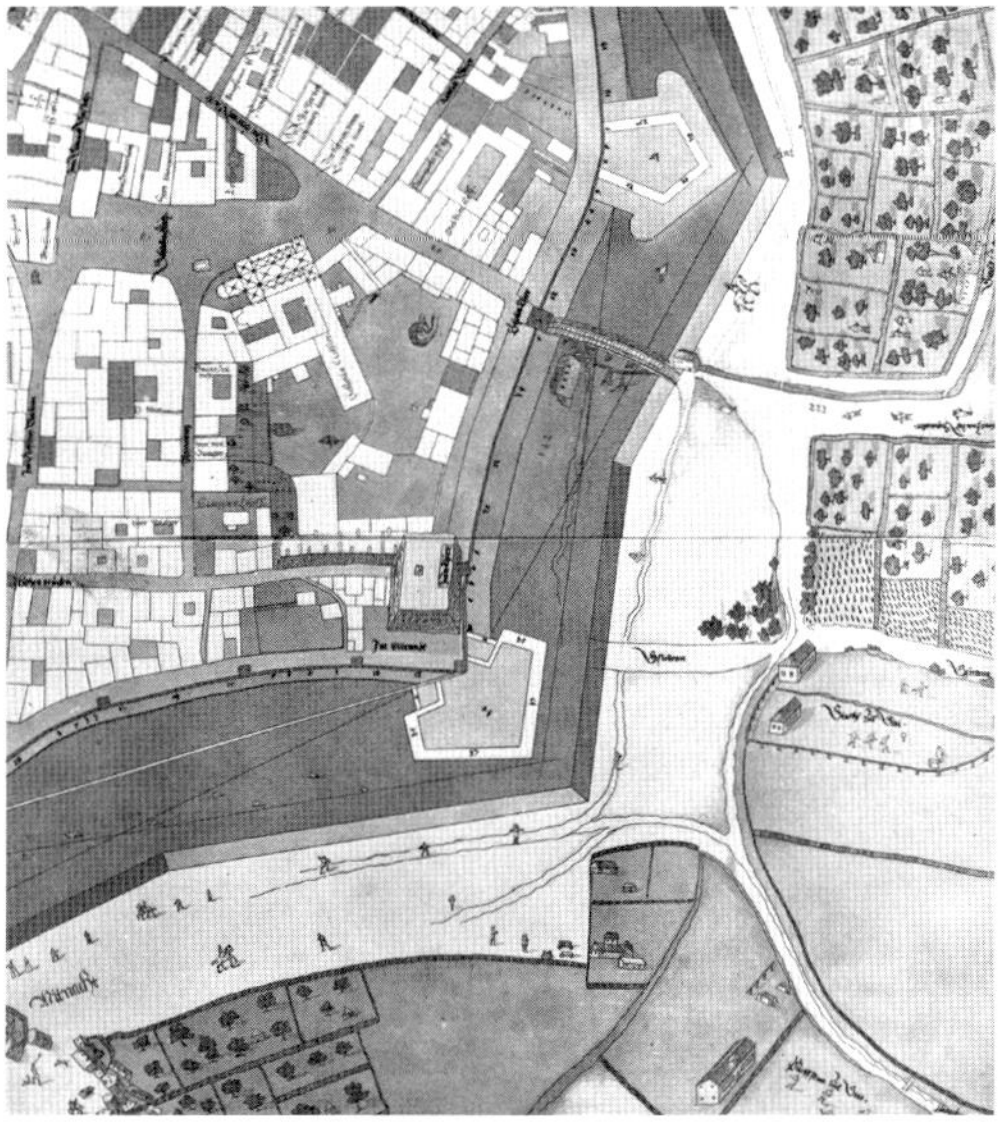

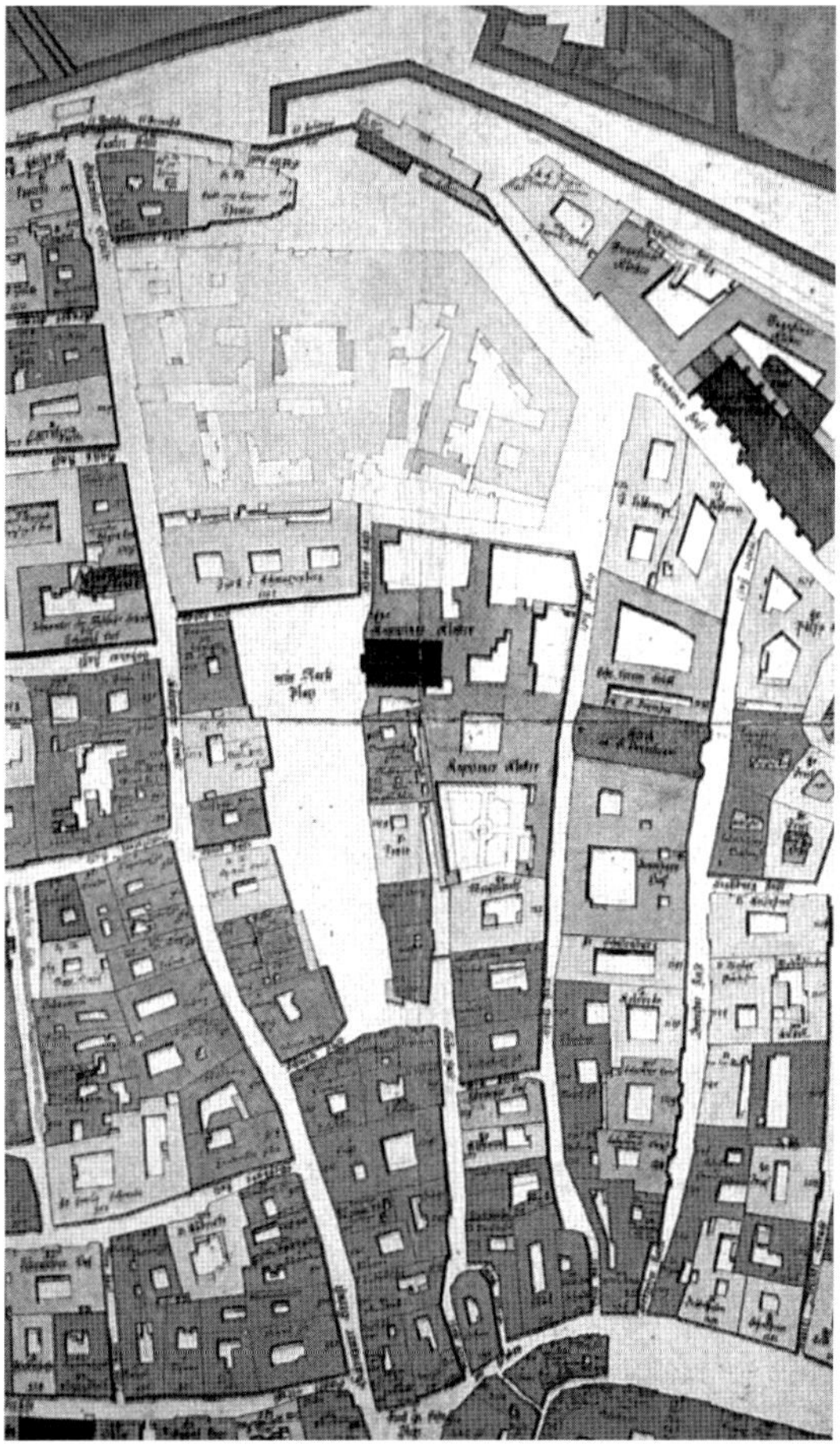

ヴォルミュートの城塞設計図（図版上）および市内測量図（図版右）

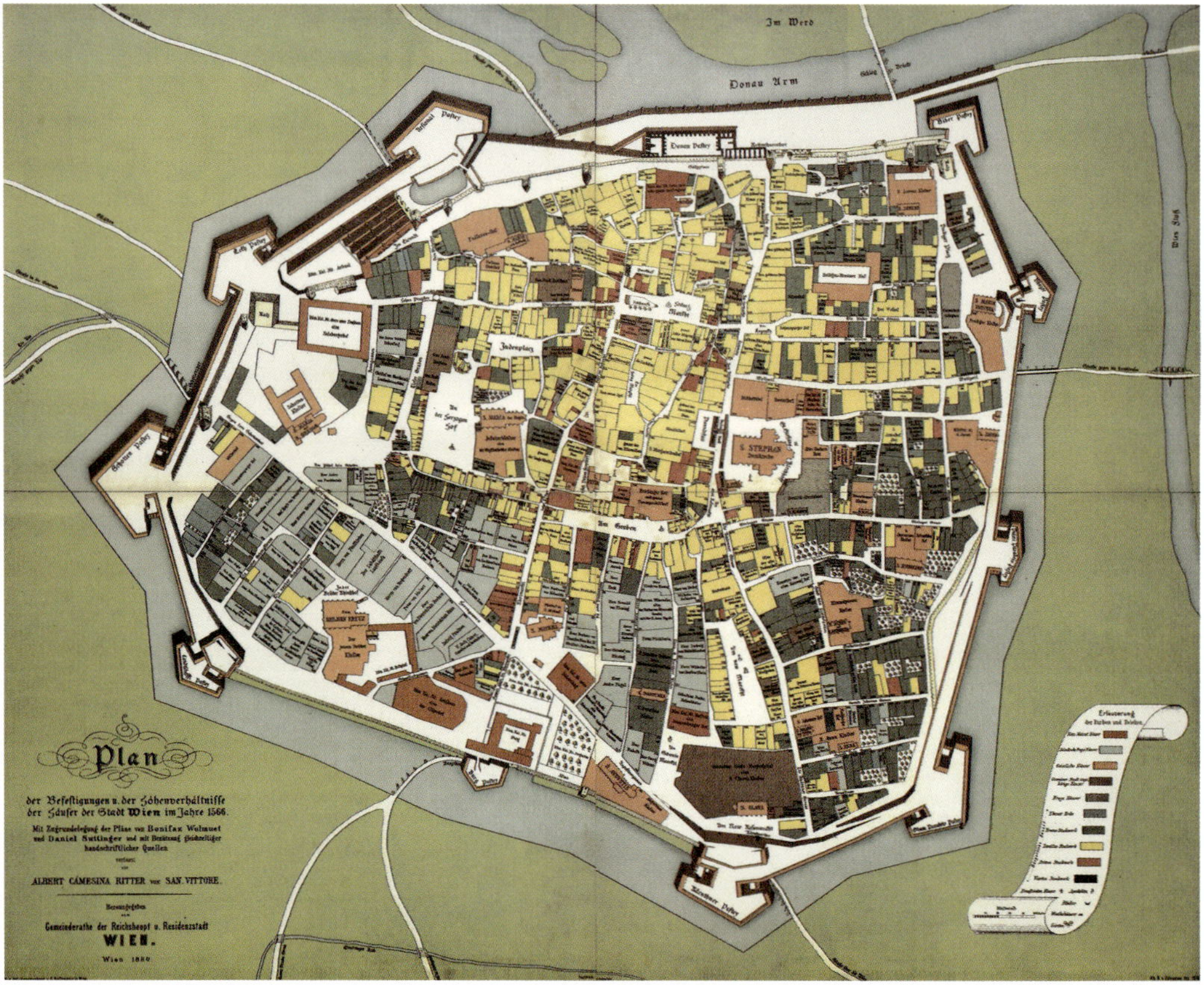

ヴォルミュートの建物分類図

ヴォルミュートはさらに、ウィーンの建造物を所有者（王宮関係、教会関係、貴族所有、市関係など）および大きさと高さ（1・2・3・4階建て）により分類した地図を作成した。それは当時の徴税のために必要な情報であった。

王宮のスイス門の金箔の王のタイトル

ルネッサンス様式の新王宮

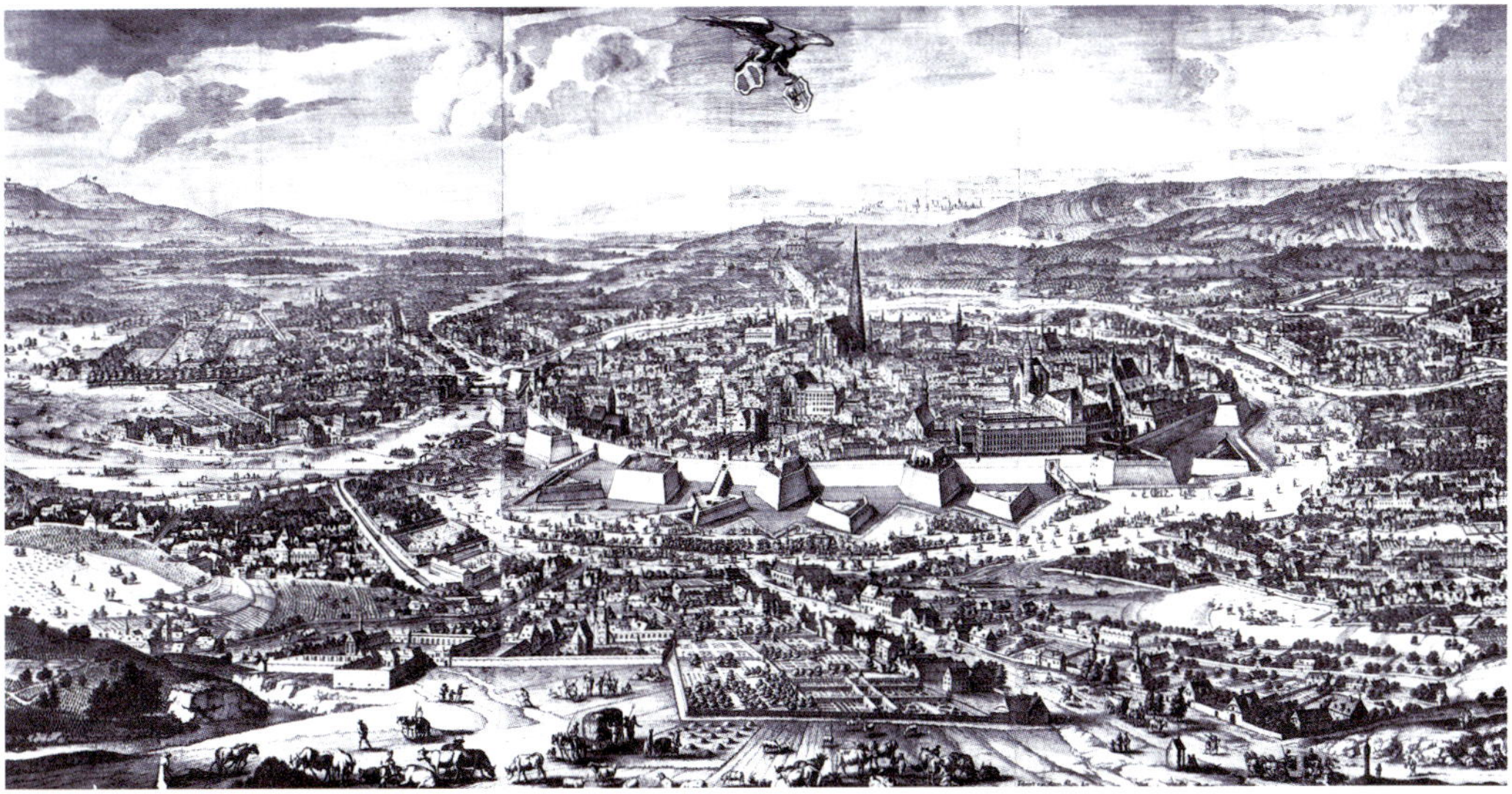

要塞都市ウィーン
図版上・ウィーンの森のカーレンベルクから見たウィーン。要塞都市として城塞やバスタイが強調されている。城塞前には華やかな行列が描かれている。図版下・ドナウ川上空からの想像図。川沿いにはまだバーベンベルク時代の城壁が残されていたことが描かれている。むしろ強調されているのは大きな掘り割りとドナウ川の港の広場と数多くの船およびドナウ対岸の（のちの）レオポルトシュタットの大きな建造物である。

防に対しては、一五二五年に消防体制がつくられた。

またこの時期に（一五六六年）、住居確認のために一〇六五軒の家々に番号が付けられた（最初はリストのみ。やがて番号付き地図がつくられた）。当時市参事会の仕事を請けていたヴォルミュートはウィーンの建造物をその所有者ないし大きさ高さで分類した地図を作成しているが、それは当時の徴税のために必要な情報であった。ただし当時の市の課税法では教会と役人貴族の屋敷には課税されていなかったので、家賃（税）を支払っていたのはその住民の三分の一に過ぎなかった。

対抗宗教改革

アウクスブルクの宗教和議

ハンガリーでの戦争、オスマン帝国軍の第一次ウィーン包囲を何とか乗り切ったフェルディナントだったが、内政的にはまだ大きな問題が残っていた。それはいわゆる「宗教問題」であり、フェルディナントの主要な課題は、帝国やハプスブルク家支配下のオーストリアやウィーンに拡がっていったプロテスタントを抑え、帝国の宗派としてカトリックを再興することであった。

フェルディナントは、オーストリアならびにウィーン支配の開始時に、ウィーンのプロテスタントの反対派市民や貴族を弾圧し、ルター派や再洗礼派を厳しく取り締まり、カトリックの支配権を確立しようと試みたが、対オスマン戦争を遂行するために帝国内のプロテスタント諸侯に譲歩せざるをえなくなり、一五五五年のアウクスブルクの宗教和議を受け入れざるをえなかった。

「領主の信仰がその領国の信仰である」とするその定めは、オーストリアのプロテスタント貴族の勢力を強め、一六世紀の中頃には、領民の四分の三がルター派となったといわれる。しかしそれは同時にフェルディナントがハプスブルクの支配領域にカトリックを強要することを保障するものでもあり、いわば両刃の剣であった。

マクシミリアン二世の宗教対策

フェルディナントは一五五四年に既に、ハプスブルクの領邦を三人の息子に分割統治させ、長男のマクシミリアンにはオーストリア・ドナウ諸領邦とサルツカマーグートの支配権が与えられた。続いてボヘミアとハンガリー両王国の王位継承権が約束され、実際マクシミリアンはフェルディナントの生存中の一五六二／六三年にそれぞれの王位に就いた。さらに一五六二年にはドイツ王にも選出され、一五六四年に皇帝マクシミリアン二世となった。

マクシミリアンはプロテスタントに好意的で、父王の死後にはプロテスタントに改宗してしまうのではないかとみられていた。だがマクシミリアンは政治的理由から一五六二年にカトリックに留まることを表明し、自分は「教皇派でもなければ福音派でもなく、キリスト教徒だ」と述べ、両派の再統一を可能と考えていた。それゆえ彼の宗教政策は温和で、一五七四年にはウィーンでのプロテスタントの公開礼拝を許容した。しかし、一五七六年にマクシミリアンがレーゲンスブルクで死去すると、彼の息子のルドルフ

プロテスタントの「外出」
市内での礼拝を禁止され、ヘルナルスの「別荘礼拝堂」へ向けて行列して「外出」していくプロテスタントの人々。

二世の下で、対抗宗教改革が強化されていくこととなった。

プロテスタントの締め出し

一五七六年マクシミリアンを引き継いだルドルフ二世は、一五七七年に直ちにウィーンにおけるプロテスタントの公の祭式およびプロテスタント学校を禁止し、プロテスタントの説教師トスア・オピッツなどを追放した。私的な家での礼拝をも厳罰をもって禁止し、翌年にはプロテスタントの最後の拠り所であったウィーン郊外のヘルナルスの「別荘礼拝堂」への「外出」さえも厳罰（罰金）をもって禁止した。そのためウィーンのプロテスタントの数は減少し、大学におけるプロテスタント学生も淘汰されていった。危機感を覚えたウィーンのプロテスタントは、一五七九年に王宮に向けて信教の自由を要求する五〇〇〇人の「嵐の請願」を行なったが退けられ、逆にその指導者は追放の憂き目にあった。

ミルク戦争　1578年、カトリックの聖体行列をプロテスタントの市民女性が抗議妨害した。

　それでもウィーンの「隠れプロテスタント」はかなりいたと思われる。当時の市の小委員会ではカトリックが多数であったが、大委員会ではまだプロテスタントが多数を占めていた。そうした中で一五七〇年には聖体行列へのプロテスタントの「邪魔」が入り、一五七八年にも同様に聖体行列がコールマルクトで群衆に襲われ、その際ミルクが流れたことにより「ミルク戦争」と名付けられた。

　ルドルフ二世とウィーンの事実上の統治者大公マティアス（ルドルフの弟、後に皇帝一六一二〜一九）は、一五八〇年にはさらに厳しい処置を講じ、福音派の出版社エリアス・フライタークを閉鎖し、検閲を導入した。それにもかかわらず、対抗宗教改革のバイエルンの監視官の報告によると、プロテスタントの説教師がウィーンにやってきて、宗教改革の影響力は失われていないと報告している。同時にカトリックへの改宗者も増えているとの報告もある。改宗者らは出世主義の貴族であり、「カトリックは宮廷世界への入場券である」と述べていたという。

　しかし一五八五年の皇帝の再カトリック化の布令は強力な影響をもたらした。一二月二二日の規定は、ウィーン市民となれるのは支配者の宗教に従っているものだけであるとされたからである。つまり市民はカトリック教会の証書と聖体拝領を要求され、それ以外の者は市民と認められず、市委員会からプロテスタントは完全に閉め出されたのである。一五八八年にはオーストリアの都市や市場町に改宗のための委員会が設置され、残っていたプロテスタントの礼拝堂は閉鎖された。

再カトリック化政策

　オーストリアおよびウィーンの「再カトリック化」を強力に推し進めたのは、

皇帝ルドルフ二世と大公マティアスの助言者として働いたメルヒオール・クレースル（一五五三～一六三〇）であった。クレースルはもともとウィーンのルター派のパン屋の息子として育ったが、イエズス会のゼミナールで教育を受け、その最初の卒業生としてカトリックの修行を受け、シュテファン教会の首席司祭からウィーン大学の学長となり、大学の指導部をカトリックで固めた。対抗宗教改革を彼の個人的使命と認識し、オーストリアとウィーンの再カトリック化政策を遂行した。

クレースルはカトリックへの信仰を組織するために、一五八七年にマリアツェ

ウィーン市内に導入された修道会の教会
アム・ホーフ広場のイエズス会の教会（図版上）とフランツィスカーナー広場のフランシスコ会の教会。

メルヒオール・クレースル
ウィーンおよびオーストリアの「再カトリック化」のために多くの修道会をウィーンに招聘する「修道会攻勢」を行ない、その強力な権限から「副皇帝」の名をつけられた。

クレースルが仕えた皇帝マティアス
カプツィーナ教会を建て、その地下にハプスブルク家の霊廟をつくらせた。

レへの巡礼を企画し、特にマティアスの下で、オーストリアのいくつかの都市でカトリックの優位を復活させ、その権限の大きさから「副皇帝」と呼ばれた。

ウィーンでは、クレースルは一六〇三〜三八年の間に、特に城外町を中心に数多くの修道会を導入し、一通りではない修道院設立および教会建設ブームを起こした。その手始めはウィーンの市内のフランシスコ派のフランツィスカーナー教会で、後期ゴシックとドイツルネッサンスの混合スタイルで建設された。それに引き続き「慈善兄弟団」（一六一四年、二区）、ドミニコ派（一六三一年、市内）とカプツィン派などの修道会が導入され、市内に教会も建てられた。一六二三年にはカルメリター派とバルナバ会、「裸足のアウグスティーナ」会が導入された。クレースルの死後もドミニコ派教会、黒いスペイン会（一六三三年、アルザーグルント）などに続き、「マリアのしもべ会」（一六三八年、ローサウ）の導入、カプツィーナ教会および霊廟の建設（一六一八年、市内）が行なわれ、最後にショッテン教会の新築で締められた。それら修道会はウィーンの再カトリック化の強力な武器となり、ウィーンの都市の景観も大きく変え、ウィーンは再びカトリックの牙城としての様相をみせることになった。

三十年戦争

戦争の勃発

ルドルフ二世は一五八三年にその居城をプラハに移し、晩年は錬金術や美術品蒐集などの個人的文化活動に集中し、「精神的病い」により、ハプスブルク家の宗主の座を弟のマティアスに任せた。一六一二年にルドルフが死去すると、マティアスは皇帝に選出されウィーンへと帰還した。しかしプラハないしボヘミア王国はプロテスタント的傾向が強く、その領邦議会はクレースルによるカトリック化政策に批判的であった。

①

②

③

ウィーンの城外町に導入された修道会の教会
①ヴィーデンに導入されたパウラーナー修道会の教会、②ローサウに建てられた「マリアのしもべ会」の教会と修道院、③二区のレオポルトシュタットに置かれた「慈善兄弟会」の教会と病院。

それにもかかわらず、一六一七年に、厳格なカトリック教育を受けたフェルディナント大公がボヘミア王に推挙されると、これに反発したプラハの領邦議会は皇帝の代官使節団をフラドチャニ城内の領邦議会場の窓から堀に突き落として、フェルディナントを拒否して独自の王を選出した。これが長い宗教戦争の始まりを誘発したことはよく知られている。

　このいわゆる三十年戦争は、神聖ローマ帝国内にできていた新教徒同盟「ウニオン」（一六〇八年）とバイエルンを中心としたカトリックの連盟「リーガ」（一六〇九年）の対立を背景に、さらに帝国との何らかの利害関係を理由としたいくつかの諸外国（スウェーデン、デンマーク、イングランド、フランスなど）を巻き込んで帝国北部を中心に争われた。長く悲惨な戦争は、ヨーロッパ中部の人口を著しく疲弊減少させてしまった。しかしウィーン自体はその主戦場となることはなく、敵軍に迫られたのは初期と終盤の二回だけで、それほど大きな影響を受けることはなかった。

二度の危機

戦争の発端の「白山の戦い」までは、戦争は皇帝軍とボヘミア貴族軍の戦いであったので、ウィーンも戦闘に巻き込まれそうな危険があった。一六一九年六月に、ボヘミア貴族のマティアス・トゥルンが率いるプロテスタント軍がウィーンの城門にまで迫り、皇帝派の市長モーザーは市民や学生を武装させ、城門にバリケードを築かねばならなかった。宮殿にはプロテスタントの住民が押し掛け、ウィーン滞在中の皇帝フェルディナント二世にプロテスタントの許容を迫った。しかしフェルディナントはそれを拒否し、最終的にはモーザーの機転によって援軍を得て救われた。その功績でモーザーは、のちに騎士の位を与えられた。

　二回目は、一六四五年のトルステンソン指揮下のスウェーデン軍の接近であった。強力であるとの評判のスウェーデン軍がウィーンの北部を脅かしたので、ウィーン人はパニックに陥り、一六歳から六〇歳までの青年男子の五〇〇〇の兵士を召集して、それに備えた。スウェーデン軍は四日間に渡りウィーンを封鎖したが、ハンガリーの援軍がこなかったことにより突入せずにブリュンに引き上げ、皇帝軍は占領された領地をとりかえすことができた。

　一六二〇年の「白山の戦い」で、ボヘミアのプロテスタント貴族軍が敗北したことにより、ボヘミアのみならず、フェルディナント二世支配下の諸領邦における対抗宗教改革は強権をもって実行されることになった。ウィーンでも新たな力

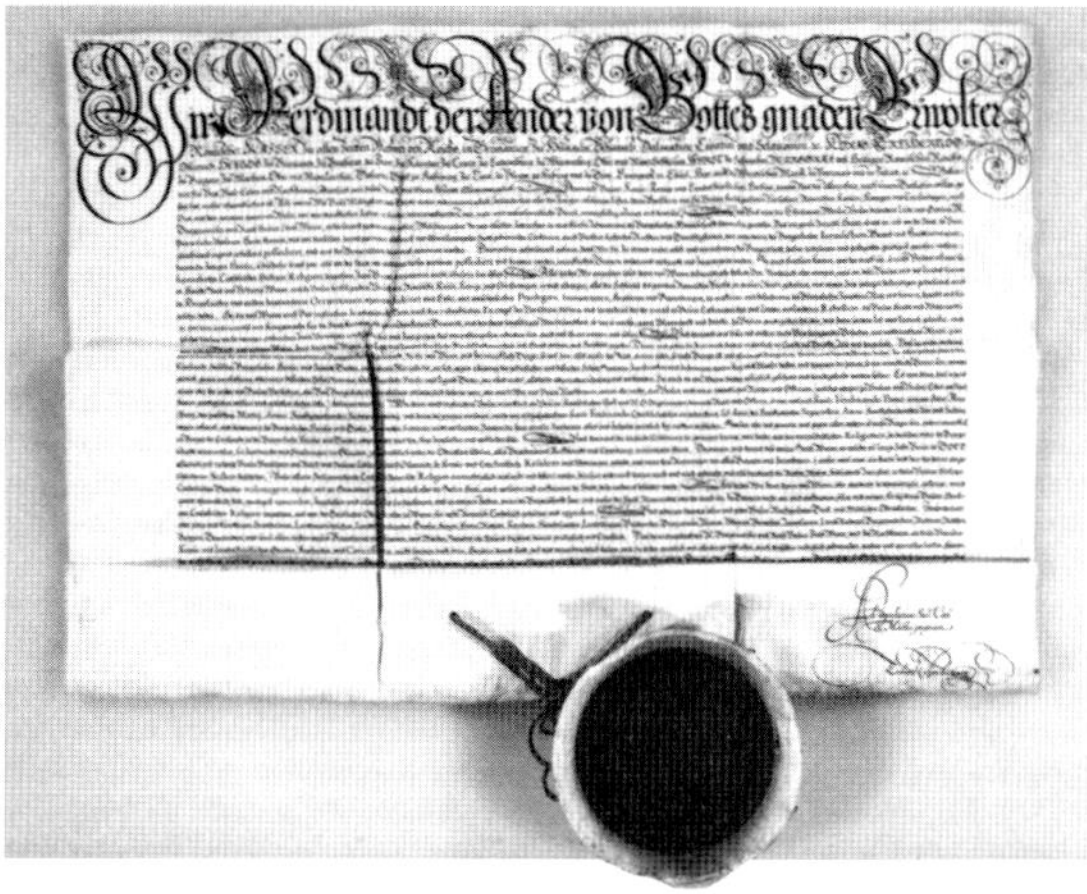

1623年、ウィーン市民に与えられた「了解特権」
強力な再カトリック化が行なわれていくなかでウィーンのプロテスタント市民は、同年国家に5万グルデンを支払い、市民としての家屋所有の特権を確保しようとした。しかし、ウィーン市民として認められたのはカトリックのみであり、結果として、プロテスタント市民は財産の10パーセントを「退去金」として支払い、ウィーンを去らねばならず、大量の市民流出をまねくことになった。

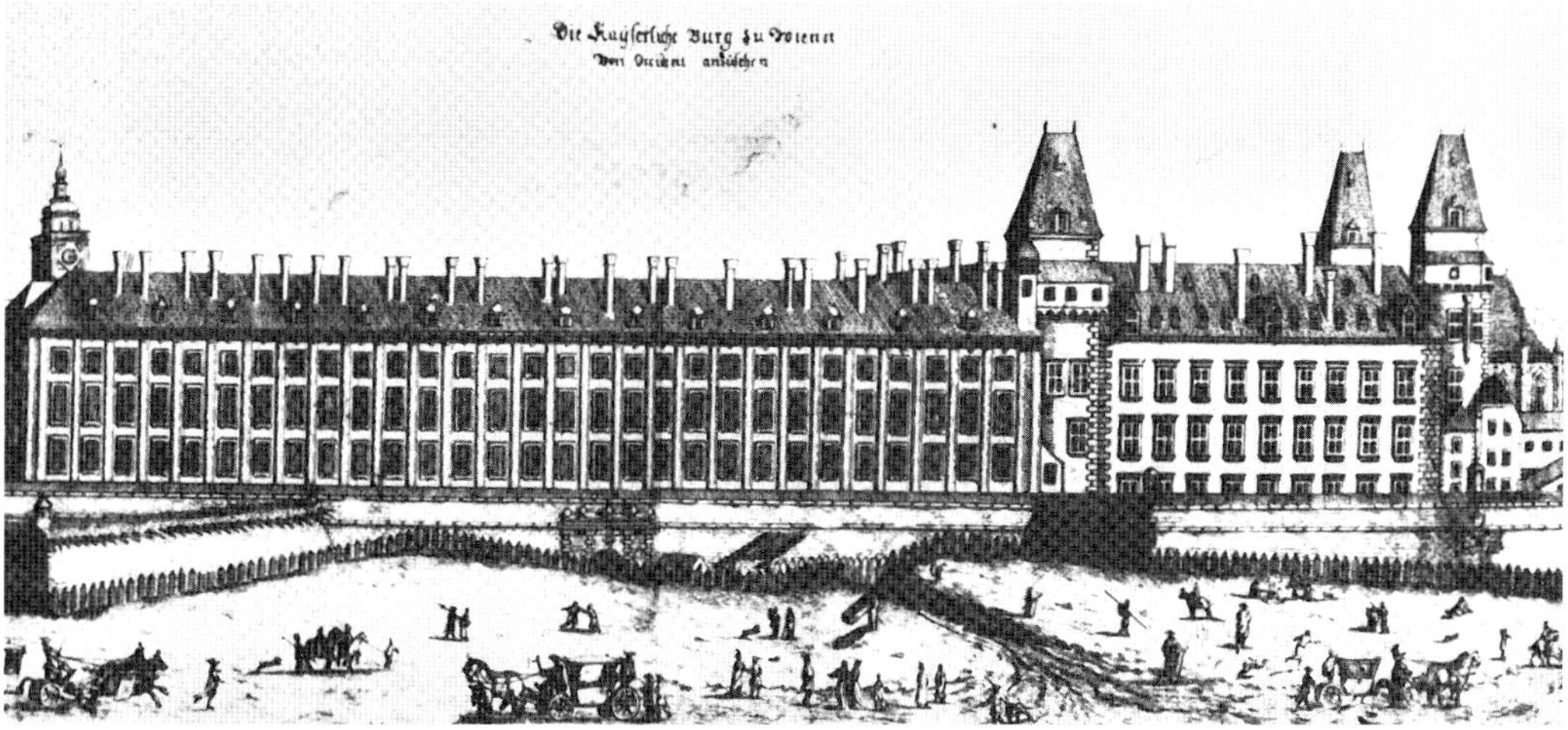

拡大する王宮、威圧的教会（1）
図版上・大きく拡大された王宮。図版下・市民生活の中心となった威圧的なシュテファン教会。

関係が生まれた。一六二三年（七月一八日）に、ウィーンの市民は国家に対し五万グルデンを支払い、いわゆる「了解特権」を得たが、それは城内和平により市民は不動産を持つことができるが、市民であるにはカトリックでなければならなかった。そのため多くのプロテスタントの市民は財産の一〇パーセントを「退去金」として支払いウィーンを去った。一六二四年にはプロテスタントの礼拝への「外出」が改めて禁止され、翌年にはプロテスタントの礼拝そのものが禁止され、「外出」は最終的にできなくなった。

こうして、ウィーンが戦場になることは避けられたが、長く続いた戦争は、ウィーンの経済にも打撃を与えた。ウィーンの後背地は荒れ果て、多くの農民が殺されたので、ウィーンへの食糧供給は滞り、ドナウの交易はほとんど機能停止に陥ってしまった。特にハンガリーとの交易は打撃を受け、最も重要なワイン交易が失われた。

それでも「再カトリック化」は厳格に行なわれ、一六五二年にはオーストリアの各地に「改宗委員会」が設置され、改宗しないものは国を出なければならなかった。それにもかかわらず、いわゆる「隠れプロテスタント」はかなりいたと見られる。「改宗委員会」の仕事は、対オスマン戦争によって妨げられていった。

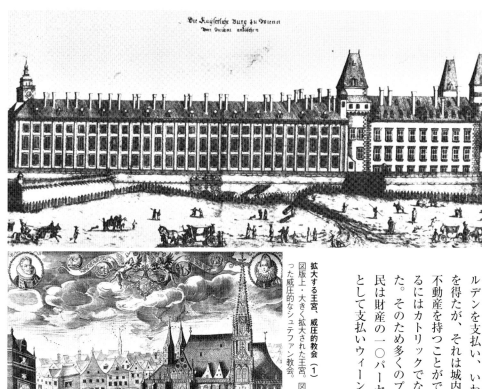

カトリックの勝利

三十年戦争は結果として諸国の疲弊と厭戦気分によって一六四八年のウェストファリア条約により、ヨーロッパ諸国全体に関してはアウクスブルクの和議の再確認およびその決定にカルヴァン派を含むことを認めて終わるが、オーストリアおよびウィーンに関しては決着は曖昧かつ不明確であった。宗派問題に関してはアウクスブルクの和議の適用を認められたのは下オーストリア（ニーダーエスターライヒ）の貴族に対してだけであり、ウィーンに関してはハプスブルクの絶対主義的支配が維持された。宗教面においては原則的にカトリックの信仰を持つ者だけが市民と認められ、カトリックが勝利を収めたとみなすことができる。その後、ヨーゼフ二世の寛容令に至るまでの一五〇年間のカトリックの支配の下に、ウィーンでは外来の特権商人の間でのみプロテスタントが保持された。それでもその数は少なくなかった。

ウィーンの都市としての外観も上記のように、ヨーロッパの東南の防衛都市に相応しく、地図や図版などでも堅固に固められた城壁が強調されると同時に、都市内外に高い尖塔を持つ大きな教会が目立つ都市となった。ハプスブルクの世界帝国の支配下で、都市としてのウィーンはその市民的特性を失い、王宮と軍と教会の支配する帝国都市となっていった。

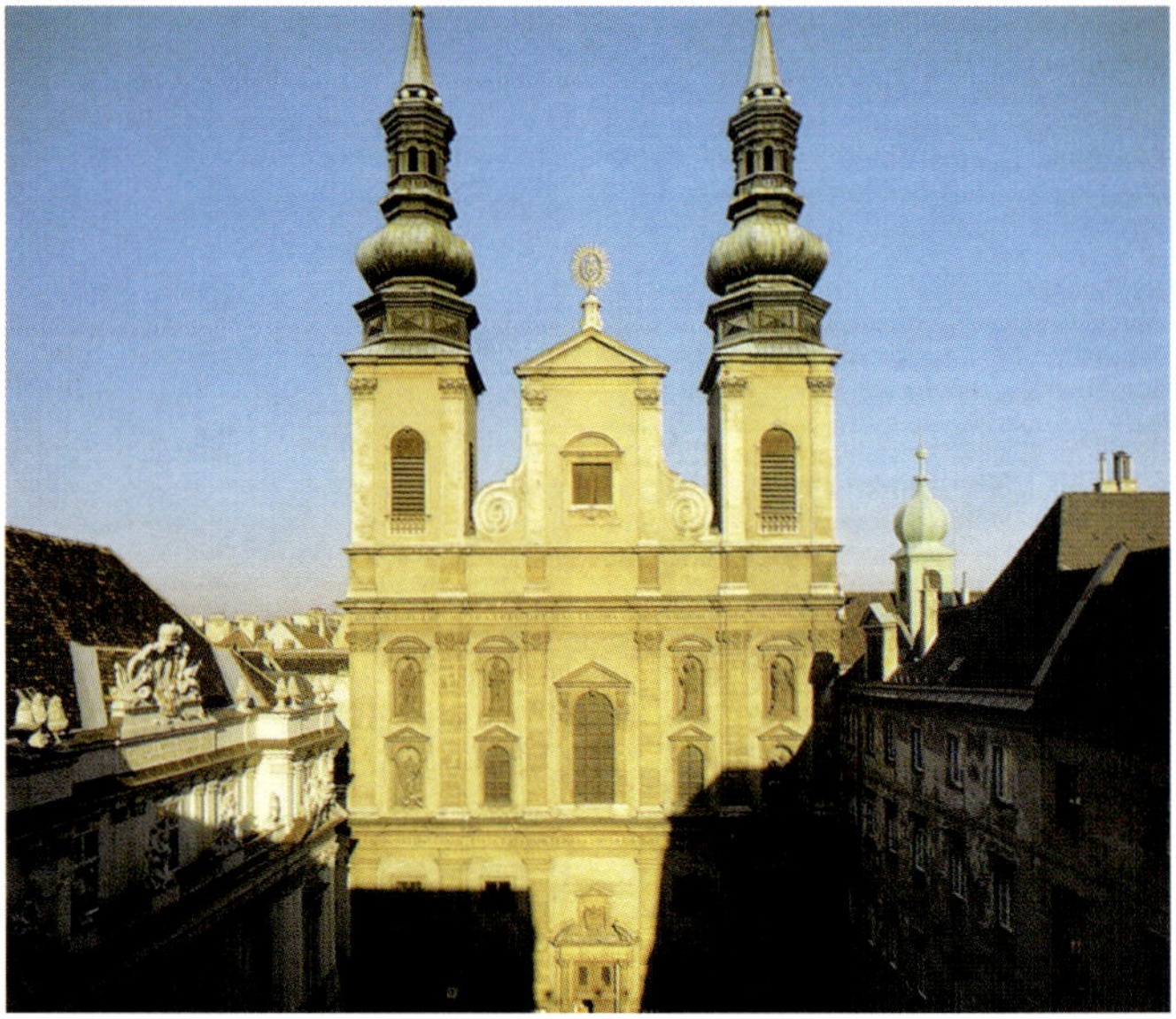

拡大する王宮、威圧的教会（2）
図版上・大学を支配したイエズス会の教会。図版下・南から見たウィーンの正面外観。王宮と教会が目立つ。

第三部 近代への序曲

第七章 ユダヤの追放とペストの流行

ユダヤの「第二のゲットー」とその追放

ウィーンへ戻るユダヤ

一五世紀の前半（一四二一年）にウィーンから追放されたユダヤの住民たちは（第五章参照）、その後ウィーンから遠くない下オーストリアやブルゲンラントの貴族の領土や農村に居住し、荘園や農村の物資を地方の町村に運び市場化する役割を果たしていた。しかし、一六世紀の前半に彼らの共同体的集住が見られたのは、当時ハンガリー王国に属していたエステルハージー公の領土であったブルゲンラントにおいてのみであり、その中心都市であるアイゼンシュタットにおいてもその数は少なかった。

追放されたユダヤが再びウィーンに戻ってくるのにはそれほど長い年月はかからなかった。帰還を推進したのは皇帝であった。既に一四三八年七月一七日に、ゲセラ（ユダヤの迫害）を行なった張本人であるアルブレヒト五世がウィーナーノイシュタット出身のユダヤ、イッサーラインにウィーンへの居住と領土内の自由通行の許可を与え、アルブレヒトの息子のラディスラウスが一人のユダヤ医師にウィーンでの開業を許可した。フリードリヒ三世は、一四五一年に教皇ニコラウス五世からその領土内に再度ユダヤを受け入れる許可を得ていた。それでも、ウィーンにやってくるユダヤの数は多くはなかった。彼らは通常必要時に短い時間滞在するだけであった。

年	家族数	個人数
1571	7	約40
1582	7-10	約40～60
1599	35	約200
1601	14	78
1614	45	約270
1615	50	約300
1632	最低120	最低780
1650／60		最低1250～1500
1670		約2000～3000

ウィーンのユダヤ住民の推定家族数と推定人口（1571～1670年）
出典:Eveline Brugger u.a., Geschichte der Juden in Österreich、Wien 2006.

そうした状況が変化したのはマクシミリアン一世とフェルディナント一世の時代である。両者はその支配領土およびウィーンに滞在ないし居住するユダヤを前提に、一五一一年と一五三六年に彼らの服装規定を定めていたし、一五四三、四四年には「許可状なきユダヤ」の追放令が出された。そうした布令は、ウィーンには既に多くのユダヤが滞留していたことを示すものである。一五七一年にはそうした滞留ユダヤをどこに住まわせるかということが問題になった。キリスト教徒が鍵を管理する家が設けられたりした。

しかし一五七二年にはユダヤは「仇敵オスマン」と直に接触しているという意見により、オーストリアからのユダヤの追放令が出され、「改宗者」だけはこの限りではないという命令が出された。

新たなユダヤ共同体

しかし王宮の財政的逼迫が宗教的懸念に優先し、新たな根本的解決が求められ、徐々にユダヤの居住が認められていった。ルドルフ二世治下の一五八二年に、「宮廷解放ユダヤ」という「宮廷にとって必要なユダヤ」の地位が設定された。それは経済的に有用なユダヤであり、①国や都市の税を免除され、②その物資への関税と通行税も免除され、③宮廷最高指揮者（元帥）の裁判権に従い、④ユダヤの印の着用からも解放され、⑤皇帝支配下の所領への自由な出入りといった特権を有した。ウィーンは一五二六年に皇帝滞在都市となり、既にユダヤの居住権が認められ、彼らの家族や従者、使用人もその枠内に含められていた。こうして、一六世紀の最後の四半世紀時代に、ウィーンには新たなカテゴリーのユダヤ共同体が成立してきたのである。それは後の一

フェルディナント1世のユダヤ条例（1551年）
ユダヤに黄色の輪の印を付けることを要求。右下にその印を具体的に示している。

16世紀ウィーンのオーベレン・ヴェルトにあったユダヤ墓地
現在のセーガッセに残され、最古の墓石年代は1582年と刻まれている。この墓地は、1670年のユダヤの追放後、ウィーン当局との交渉により保存を約束されて、1920年代まで生き延びた。ナチ支配下でもいくつかの墓石が隠され保存され、戦後にもとの位置に戻され、現在も保存されている。

七・一八世紀の貴族化された「宮廷ユダヤ」の先駆となった。

ユダヤとキリスト教徒の居住分離

こうしてシナゴーグや墓地（それは現在のセーガッセに現存。最も古いものは一五八二年）、その他の諸制度を持ったユダヤの共同体の存在は更なるユダヤの結集を生んだ。彼らは「宮廷解放ユダヤ」の商売の手足となって、その諸制度を維持することに貢献し、ウィーンのユダヤ共同体に組み込まれていった。一六〇三年にはファイト・ムンクが「我々解放ユダヤ全体」の代表に任命された。

しかし彼らにも常に追放というダモクレスの剣がぶら下げられていた。ユダヤの流入が増大したことにより、一六一一年九月にはユダヤの追放命令が出されたが、それは皇帝の「解放証明」を持った者、つまり「宮廷ユダヤ」は除外していた。しかし一六四一年九月の追放令はむしろ宮廷解放ユダヤから更なる税を取り立てるためのものであった。解放ユダヤは新たに一万五〇〇〇グルデンを支払い、彼らの解放を維持することができた。

フェルディナント二世の治下においても、国家財政の要因がユダヤ政策を規定していた。一六二〇年に宮廷財務局は担保を保証して一万七〇〇〇グルデンの供出を要求し、圧力としてユダヤのシナゴーグと店舗を閉鎖した。結局両者は担保なしの六五〇〇グルデンの支払いで妥協した。同年宮廷財務局は貨幣鋳造業をユダヤに委嘱し、一六四二年八月にはヴォルツァイレ街にあった皇帝の貨幣鋳造所をユダヤのアウアーバハに委託した。

当時、ユーデンガッセ（ユダヤ街）とザイデンシュテッテンガッセを中心にキリスト教徒の家を借り受けたり、キリスト教徒と同じ家に住んでいたユダヤの居住状況をあらためる要求は緊急なものとなっていった。ユダヤをキリスト教徒と分離居住させるべきとする教会側の要請も強く、一六二四年六月、王宮軍事委員会にユダヤを分離して住まわせる適当な場を探せという要請が行なわれた。そうした要請が軍事委員会によせられたことは、ユダヤからの資金の調達が戦争遂行にとっていかに重要であったかを示すが、その結果選ばれたのは、以前にも候補に挙がったドナウ川支流の向こう側の下ヴェルト（現在のレーオポルトシュタットの一部）であった。一二月、皇帝フェルディナント二世はウィーンのユダヤの保護を引き受け、彼らの独自の生活を保証した。彼ら特権ユダヤはユダヤの印を付けなくてもよかったし、彼らはその店を持っていた市内に自由に出入りすることができた。彼らの裁判権は皇帝軍の元帥の下にあった。

新たなユダヤ居住地区

このように、下ヴェルト地区の新ユダヤ居住地区への解放ユダヤの移住は、もっぱらハプスブルク朝が当時行なっていた戦争政策の財政的問題解決のために行なわれた妥協であるということができる。

移住はウィーンのすべてのユダヤに関わり、一六二五年七月一六日まで続いた。それは歴史的には「第二のゲットー」と呼ばれているが、実際は金持ちの「解放ユダヤ」が住んでいた。

最初は一四軒の建物があり、一六二五年には一五軒、一六二七年には三一軒、一六五二年に九六軒と増え続け、一六六九年には一三二軒の家に一三四六人のユダヤ住民が住んでいた。中心街路は今日のグロース・シュペールガッセであった。

そうしてこの下ヴェルトのユダヤ居住区およびその組織は、ウィーンだけではなく下オーストリア地方のユダヤの中心的存在になっていった。一六四八年には

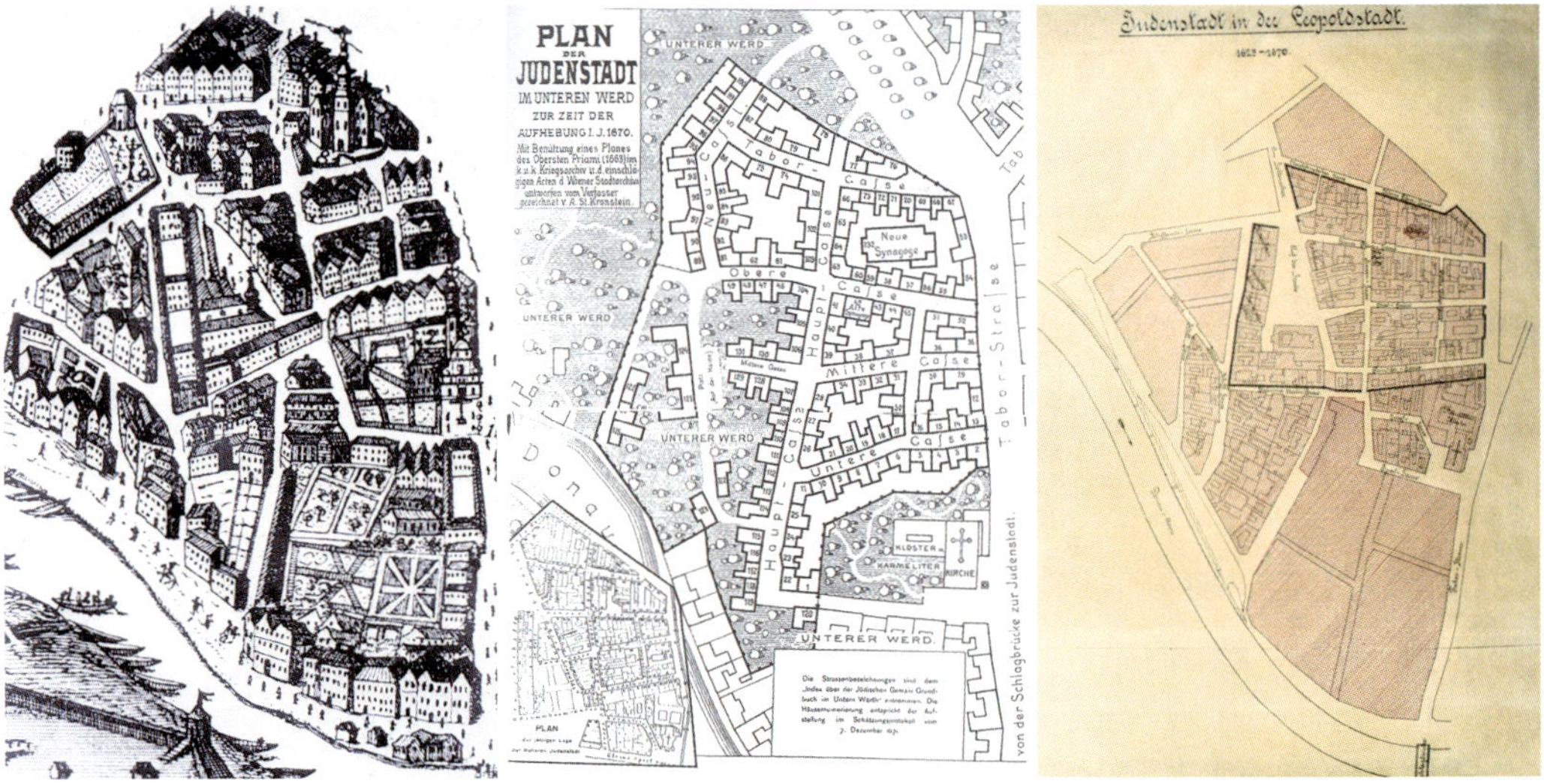

ウンテレン・ヴェルト（下ヴェルト）地区の新ユダヤ居住地区とその地図と立体図
石壁で隔離されていて歴史的に「第2ゲットー」と呼ばれるが、「ゲットー」という名ほどの惨めさはなかった。のちには拡大され、むしろ裕福な生活が保障されていた。図版右から計画図、平面図、立体図。

迫害を受けたウクライナからのユダヤも避難してくるなど、ハプスブルク支配下においては、プラハとともにユダヤの重要な社会的経済的拠点となっていた。

フェルディナント二世は、このユダヤ地区のユダヤ住民に対して強制伝道の義務を課していた。それは毎週のユダヤの安息日の八～九時までの間に隣接する慈善兄弟団教会において行なわれ、二〇〇人の参加が義務づけられていた。その内三分の一が女性、四〇人が若者と規定されていた。説教師はヘブライ語ができるイエズス会の枢機卿クレースルが行なったが、そうした強制伝道の成果はほとんどなかったとされる。しかし強制伝道をめぐってはエンゲルベルク事件のような問題が生じることもあった（六九ページ図版キャプション参照）。

ユダヤ追放要求の激化

下ヴェルトのユダヤ居住地区でのウィーンのユダヤの発展は順調に見えた。しかし、フェルディナント三世（皇帝一六三七～五七）の時に、ウィーンのユダヤの法的状況が一時悪化したことが示すように、その状況は常に緊迫したものであった。一六四九年六月には一人の学生の挑発により、ユダヤ居住地区への民衆の襲撃とユダヤへの暴行が起きた。二年後の一六五一年三月には、ユダヤの女性への銃撃、死亡事件が起きたことで状況は悪化し、ユダヤの追放の要求は強まっていった。特に、教会ないしイエズス会からの圧力は大きくなり、伝道司祭サンタ・クララはユダヤへの侮蔑的発言を繰り返していた。

ウィーナーノイシュタットの司祭コロニッチュの影響により、皇帝レーオポルト一世（一六五八～一七〇五）とその妻マルガリータの反ユダヤ意識とユダヤ嫌悪は強化され、それは結果的にユダヤ居住地区の解散を招いた。特に、一六六八年一月三日に王位継承者が誕生の三カ月後に死亡し、二月一三日には火災により王宮の大部分が焼け落ちるという事件があり、皇女のマルガリータとその取り巻きは、それらはウィーンにユダヤを居住させていることへの神の罰であると考える

エンゲルベルクの「残酷な処刑」
エンゲルベルクの窃盗事件と改宗。彼はプラハのシナゴーグで銀器の窃盗で捕まり、罰を恐れ1636年に改宗を選択し、フランツ・フェルディナント・エンゲルベルクの名でユダヤへの宣教本『カトリックへの入門書』という本を書いた。しかし彼の盗癖は治まらず、皇帝の宝物院からまた貴重な装身具を盗んで捕まり、1642年8月22日にウィーンのフィッシュマルクトでその２人の仲間とともに絞首刑に処せられることになった。洗礼が刑の執行から彼を守ってくれないことを悟ったエンゲルベルクは、刑の執行直前に改宗を撤回し、再びユダヤに戻った。エンゲルベルクが刑執行前に聖餐式のパンを穢したので、住民の不穏が起こり、執行は4日延期され、8月26日に「特別に残酷な形で執行された」（逆さ吊り火刑）という。

ユダヤの追放者皇帝レーオポルト1世（在位1658〜1705）と3人の皇女
左下が皇女マルガリータ。レーオポルト１世は自らも作曲家であり、最初の「バロック皇帝」といわれている。

に至った。さらに近づくオスマン帝国との戦争の気配を背景に、ユダヤが彼らと通じているとの疑いも持たれた。

　結局、一六七〇年二月二七日に、皇帝政府はウィーンと下オーストリアからのユダヤの追放を決断し、翌日にはレーオポルト一世が決定を下した。追放の理由は宗教的な事由から、政治的統治的要因、キリスト教徒との混在流動性の問題など様々な点に言及している。

　具体的には、聖餐式のパンの冒瀆、儀式殺人の嫌疑あるいは井戸への毒物の投入嫌疑など当時のオーストリアで広まっていたユダヤに対する嫌疑、あるいはユダヤはキリスト教徒の子供を強制的に改宗させているという自己の行為の裏返し的発想も挙げられていた。ユダヤの法はキリスト教徒をだまし損害を与えてもよいと規定し、教会からの盗みを行ない、キリスト教を誹謗し冒瀆しているなど、様々な論拠が挙げられていた。同時にユダヤはキリスト教徒の若者を色事でだまし、血の冒瀆を行なっている、彼らは多くの国から追放されているが、それは彼らが統治者に利益をもたらさないからである、ウィーンではユダヤは六〇年前には二軒の家に住むことを許されているだけであったが、今や彼らは三〇〇〇人を数え（この数は公式の発言にあるが、実際にはその半数ぐらいであるとみられている）、キリスト教徒（カトリック）を堕落させ、その敵であるムスリムやスウェーデンに武器を与え、ハプスブルク諸国に敵対して、スパイを働いているなど、ありとあらゆ

ウィーンから追放されたユダヤ
1671年、今回は火刑を免れ、財産を担いだり車に載せてウィーンを去った。一部（金持ちの50家族）はベルリンなどに引き取られ、その他はシュタイアーマルクその他ウィーンの近隣に散在して住んだ。富裕者たちはその後すぐに個別に呼び戻された。

る事由が挙げられていた。
「ユダヤの追放とその商売の禁止によって物価の上昇が起きるだろう。なぜなら商売人はその後、勝手気ままに商品に税をかけるであろうから。それは普通の人々には非常に負担になるであろう」、あるいは「彼らを追放すると、彼らの資本や財産が外国に流れ出てしまう」という皇帝財務部の反対論に対しては、追放前にその財産に十分な税を課し、ほんの少しの財産しか持ち出せないようにすべきであるとする政策が示されていた。それらは、のちにナチが行なったのと同じ論理と政策である。

ユダヤの再受け入れ

一六七〇年二月二八日のユダヤの追放勅令は簡単に、「十分な理由」によりユダヤを例外なく「オーストリア全土から追放する」と命じていたが、「ユダヤの身体と財産を暴力行為によって危険に晒したり損なってはならない」とされた。そのため、今回はユダヤへの暴行や処刑は行なわれず、ユダヤはその財産を馬車などに積み、長い行列をつくってウィーンを去った。

ユダヤ街のシナゴーグは一六七一年九月六日に既に教会に改築され、皇帝の栄誉のために聖レーオポルト教会と名付けられた。それゆえその行政区は現在までレーオポルトシュタットと称する。

退去させられたユダヤには通行証が与えられ、多くの者はドイツ帝国内の他の国家ないしハプスブルク諸邦の他の支配地域ボヘミア、モラヴィア、ハンガリーおよびオスマン帝国の影響下にあったベオグラードなどに避難した。プロイセンの選帝侯フリードリヒ・ヴィルヘルムが五〇家族の金持ちのユダヤをベルリンなどに受け入れた。

ウィーンの町は、皇帝レーオポルト一世のユダヤ税の収入減に対する埋め合わせとして年一万四〇〇〇グルデンの大金を支払う約束であったが、町の組織は支払いをためらい、約束の一部しか支払わなかった。そのため宮廷財務局が一六七三年夏の鑑定書で、財務的理由からウィーンへのユダヤの再受け入れに踏み切ったのも不思議ではなかった。その鑑定書によれば、追放による国家の収入減は年四万グルデンであり、追放以来物価の上昇を招いていると報告され、寛容税の喪失はその消費額を上回るとしていた。

このように、もっぱら宮廷の都合によりウィーンに呼び寄せられた「解放ユダヤ」は、ウィーンの市民のもっぱら経済的対抗者として、あるいは教会、特に対抗宗教改革で力を持ったイエズス会の影響による分離、排除原則の圧力によって、導入後短い期間に追放されてしまった。

しかし、オスマン帝国との戦闘を継続するためには、帝国の軍備を強化せねばならず、宮廷、特にその財務機関はすぐにもユダヤの再導入を主張し、新たな方法として「宮廷ユダヤ」の導入を模索していくことになった。

ペストの流行と「アウグスティン伝説」

ペスト条例と「くちばし医師」

　対抗宗教改革や三十年戦争後の混乱した都市ウィーンの衛生状況は相変わらず悲惨な状況にあり、いつでもペストその他の流行病が蔓延する危険性があった。当時の皇帝の侍従医であったマンナゲッタ（一五八八～一六六六）はそうした状況を改善すべく、同僚のポール・ソルバイト（一六二四～九二）とともに「ペスト条例」を作成し、以下のように命じた。「まず第一に、血や臓物、エビや蝸牛、卵の殻やその他の汚物を道路や広場にまき散らさないよう。同様に、死んだ犬や猫、鶏も道路に投げ捨てずに、それぞれ町の外に持って出るように」と。当時の衛生状況の酷さは推して知るべしであろう。

　そのソルバイトは、既に一六七八年に、ハンガリーでペストが流行り始めた時に警告を発し、医学的予防処置をとることを提案したが、財政的理由からそれは拒否されてしまった。ペストの病が猖獗を極める中で、反宗教改革後のウィーンでは、人々はペストを「神の罰」とみなす聖職者の説教を信じ、祈りと贖罪による救済を求めていたのである。

　皇帝は、宮廷の全員を引き連れ、マリアツェルへ巡礼し、祈りを捧げた後、安全のためにプラハに避難してしまったが、その前に皇帝はソルバイトを全市の衛生指導者に任命していた。彼は二〇人の他の医師たち（彼らはマスクと防護服を着ていたため、「くちばし医師」といわれた）とともにペストの蔓延を食い止めようとし、一定程度貢献したとみられるが、そのうち六人が感染し、命を落とした。

　通りや広場、公園やワイン畑は、病人や死者で一杯で、勇気ある何人かの司祭が彼らにつきそっているだけであった。説教者アブラハム・ア・サンタ・クララ（一六四四～一七〇九）はその贖罪説教で次のように主張していた。「この災害は神の罰である。異端や肉欲を含む犯されたあらゆる罪に対する罰であり、それはカトリック教会のみが許しうるものである」と。

　彼は同時に「罪深い住民」の少なくとも三分の一が犠牲となったウィーンの状況を述べている。「ウィーン全体でまだたった一つの野戦病院しかなかった。墓地はつくられてもすぐに一杯になった。死は通りや広場、家々で猛威をふるい、人々はこのひと月ウィーンの町やその周りで、死者以外のものを運ぶのを見たことがない。死者を持ち込み投げ込み埋葬するだけであった」と。そのために町の若き指導者シュヴァルツェンベルクは追

「ペスト医師」ポール・ソルバイト
彼はペストの流行を予知し、予防を提言したが受け入れられなかった。その流行時にはウィーンの衛生指導者に任命され、町の保健、患者の治療などにあたった。1683年のウィーン包囲の際は、大学軍の指導者として戦闘にも参加した。

ペスト野戦病院
当時のウィーン郊外のアルザーグルントに置かれていた（図版上）。図版左は運ばれるペスト死者。上空に神と天使が描かれている。

『心覚えのウィーン』
説教者サンタ・クララによって書かれた説教書。ペストを「神の罰」と位置づけていた。

放された首切り役人や皮剥ぎだけではなく、牢屋の捕虜までを墓掘りに動員した。ペストが治まったらペストの塔を建てるという皇帝の神への誓約も成果なく、ようやく一六七九年一一月の寒波によって最悪の災害は終わった。それに続く二年間にもペストが再発したため、皇帝レーオポルトは木製の塔を石造に換えて建てることを約束し、ようやく「天罰」は終焉を迎えたとされる。

「愛しのアウグスティン」

ペストの蔓延が終わると、ウィーンには再び多くの人々が帰還し、家々は活気を取り戻し、以前にも増した人口の拡大が見られた。そうした中で「愛しのアウグスティン」の伝説も生まれた。それは以下のような話である。

ペストの流行時には、人々は家に閉じこもり、飲食に出歩くことがなくなった。そのため流しのバグパイプ奏者アウグスティンは客と仕事を失い、一人でワインを飲み続けた。

九月一〇日（ということになっている）の晩にしこたま飲んだアウグスティンは、そのまま通りで寝込んでしまい、ペスト死者と間違えられて車に積まれ、聖ウルリヒ教会のペスト死者の墓に投げ込まれてしまった。数時間後、目を覚ましたアウグスティンは周りの死者を飲み仲間と勘違いし、彼らのためにバグパイプを演奏してやった。それを見た人たちは彼を幽霊と思ったが、翌朝、死体運搬者に笑って引き出された。その後アウグスティンは長生きし、飲み屋などで自分の話を語って聞かせたという。特に「赤い小屋根」（今日の「ギリシャ飲み屋」）は好んでアウグスティンを受け入れ、大いに繁盛したという。そのレストランは今日でもその地下にアウグスティンの席を確保している。

この話は、上記の司祭サンタ・クララがその著作の中で飲酒癖への警告として書いているのであるが、アウグスティンの名は出てこない。その名が出てくるのは、一六九四年のシュレージエン人のある本によるが、それが一六七九年頃にウィーンに実際にいたマルクス・アウグスティンと称する流しのバグパイプ奏者であるかどうかは不明である。それゆえ、伝説では「愛しのアウグスティン」と称され一八〇〇年頃には歌として流布していった。

一九〇八年にその「愛しのアウグスティン」を記念して、ペスト死者の墓のあった七区のノイシュティフト通りの聖ウルリヒ教会にアウグスティン噴水がつくられた。そこのアウグスティンの像は、ナチの時代に盗まれてしまったが、その場にはただちに張り紙が出され、次のような文章が書かれていた。「私は黒死病（ペスト）を生き延びたが、褐色の者たち（ナチ）が私を奪っていった」と。

今日のウィーンでも、この「愛しのアウグスティン」は子供たちの唱歌としてよく歌われ、ウィーンのホームレス自身が組織する著名なホームレス新聞は、『アウグスティン』というタイトルで親しまれている。

なお一七一三年にも、ウィーンはペストの流行に襲われた。皇帝のカール六世は早めに「ペスト対策委員会」を形成したが、一月に既に五二人が被災し、二三人の死者を出した。八、九月にはペストは猖獗を極め、いくつかの「ペスト野戦病院」が設けられ、多くの病人がドナウの湿地帯に隔離された。一〇月に皇帝はシュテファン教会で鎮静の祈願ミサを行ない、カール教会の建設を約束した。秋になり気温が下がるとペストは鎮静化したが、ウィーン（リーニエの内側）で九五六五人が罹患し、その九〇パーセントの八六四四人が死亡した。

グラーベンのペストの塔　皇帝レーオポルト1世により建てられた。

カール教会　1713年のペストの流行時に皇帝カール4世が鎮静の祈願ミサで約束し、1716〜39年に建設された、典型的バロック教会。

第八章 対オスマン戦争と「宮廷ユダヤ」

第二次ウィーン包囲

オスマンの脅威再び

ペストの災害の余韻がまだ残っていた一六八三年、ウィーンにさらに衝撃的で危険な情報がもたらされた。オスマン帝国の宰相カラ・ムスタファが、二〇万の兵を率いて、イスタンブールを出発し（一六八三年三月三一日）、バルカン半島を北上してきたというのである。

オスマン帝国宰相カラ・ムスタファ
一六八三年のウィーンの包囲作戦を指揮し、敗北した。ベオグラードで絞首刑にされ、その頭蓋骨はウィーンに運ばれたといわれるが定かではない。

ハンガリーの反ハプスブルクの貴族たちがオスマン帝国に援助を要請し、フランスのルイ一四世からの秘密裏の要請もあったとみられている。当時フランスはハプスブルクとフランドルやブルゴーニュをめぐって係争中であり、オスマン軍にハプスブルクの背後を突かせようとしたのである。カラ・ムスタファの軍は「黄金のリンゴ」と呼ばれていたウィーンに向けて真っすぐにバルカン半島を北上してきた。当時ハンガリーとの戦争でバルカンに展開していた皇帝軍の将軍ロートリンゲン公カール（五世、皇帝レーオポルト一世の義兄弟）は、大規模な平地戦を行なうには戦力が足りないと見て、北部ハンガリーに後退したが、ペトロネルでは激しい戦いを強いられた。

ウィーンでは籠城戦への備えも十分ではなく、人々はパニックに襲われた。皇帝家族や大部分の貴族たちは包囲以前にドナウ対岸やリンツなどの西方の安全な地域に避難し、三〜六万の市民たちもウィーンを離れた。

ウィーンにはシュタルヘンベルク指揮下に一万人あまりの兵が残され、市長アンドレアス・リーベンベルクの指導下に五〇〇〇人の市民兵も組織され、急いで防衛体制が備えられていった。シュタルヘンベルクは第一次ウィーン包囲の時と同じく、敵の遮蔽可能性を減らすために、皇帝の離宮ファボリーテンを含め、すべての城外町村を焼き払った。住民たちはウィーンに入るか、オスマン軍に殺されるか、奴隷として連れ去られた。

激戦

七月一四日にウィーン包囲は完成し、オスマン軍は市内に大砲を撃ち込むとともに、フランス人の技術者の指導を得て、塹壕を掘って城壁にせまり、城壁を爆破する戦術に訴えた。その戦術は王宮前ブルクバスタイとレーヴェルバスタイに集中して行なわれ、塹壕は王宮地下の台所まで達し、守備隊はそれをようやく追い返し、封鎖したと伝えられているが、事実ではない。

いずれにせよ八月中頃にはウィーンの

オスマン軍陣営からみたウィーン包囲想像図（1793年作）

塹壕が掘られ、大砲が撃ち込まれ町が燃えている。左上が「ヨーロッパ軍」が結集したカーレンベルク（旧名レオポルトスベルク）。既に「ヨーロッパ軍」が駆け下りてきている。

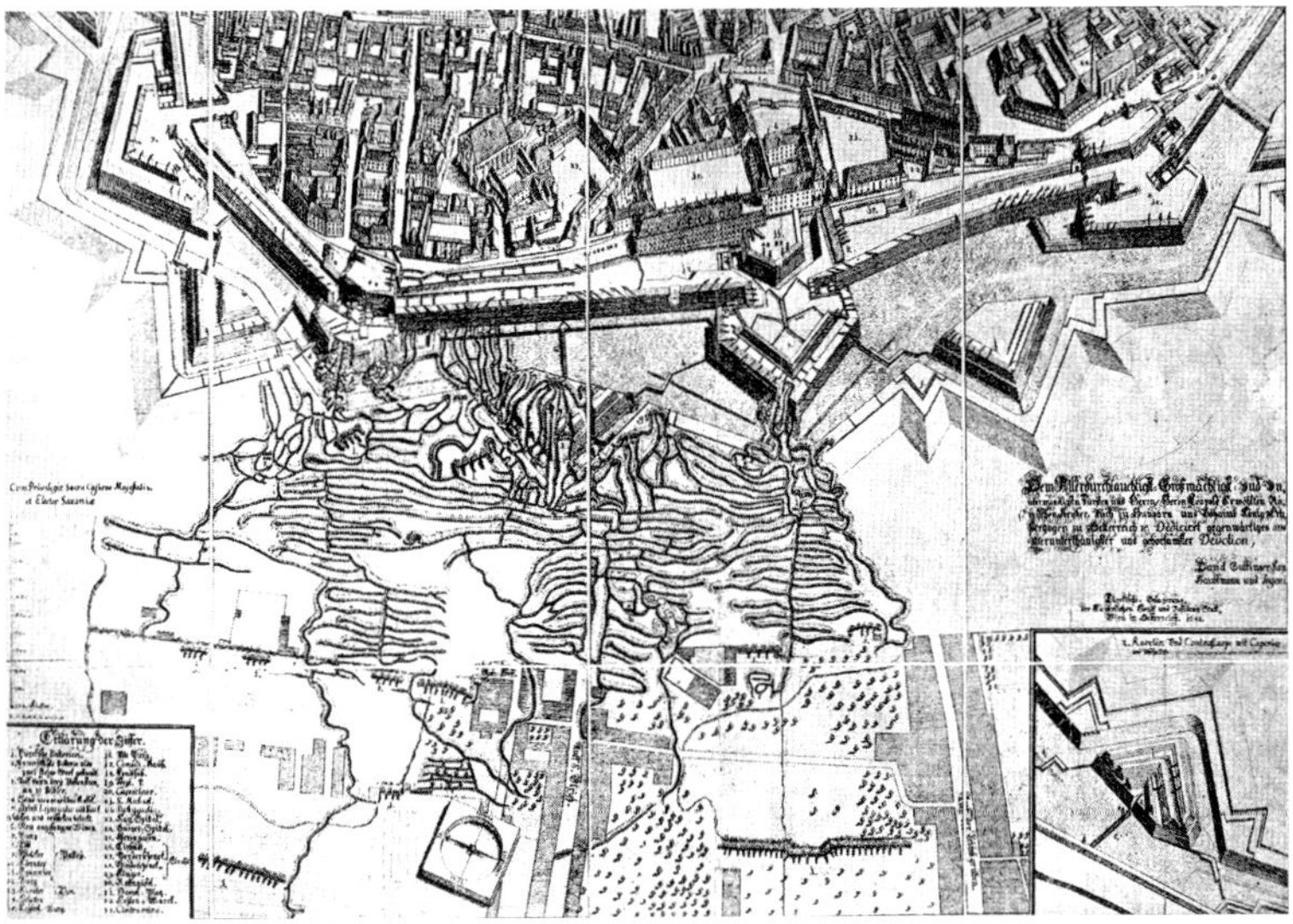

オスマン軍によるウィーン包囲図（1683年）

オスマン軍は、塹壕を掘って城壁に迫り、その一部を掘り崩し、王宮に迫ったが、防衛軍は城壁内に第2防衛壁を設けて対抗した。図の黒い線が塹壕、城壁内の第2防衛壁も見える。この地図の作成者ダニエル・ズッティンガーは、攻防戦の後、現場を保存させて測量し、正確な現場図と模型をつくったが、模型は失われ、地図のみが残された。

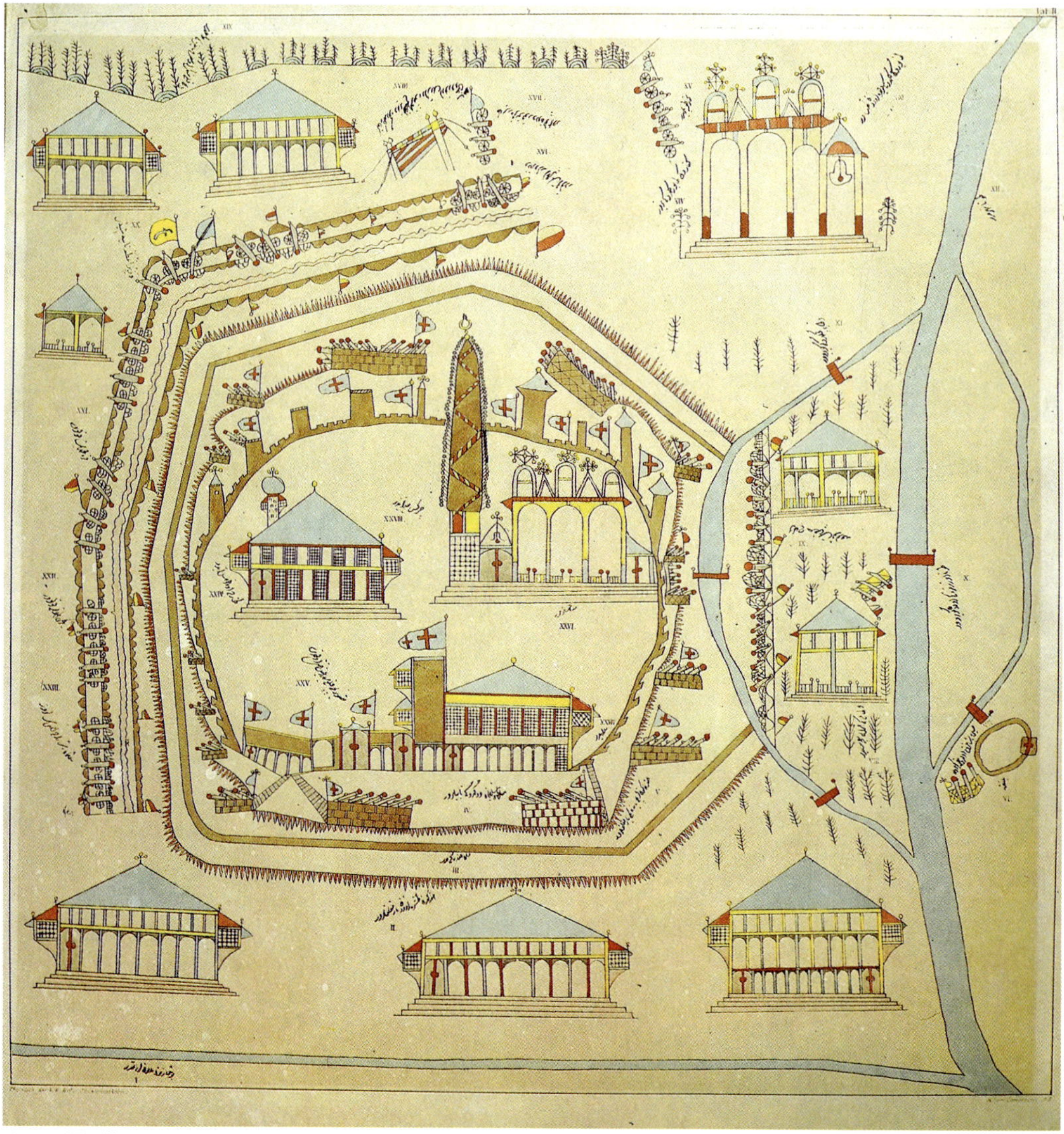

オスマン軍が描いたウィーン包囲図

ウィーン包囲時の城壁をめぐる
激戦図（1683年）

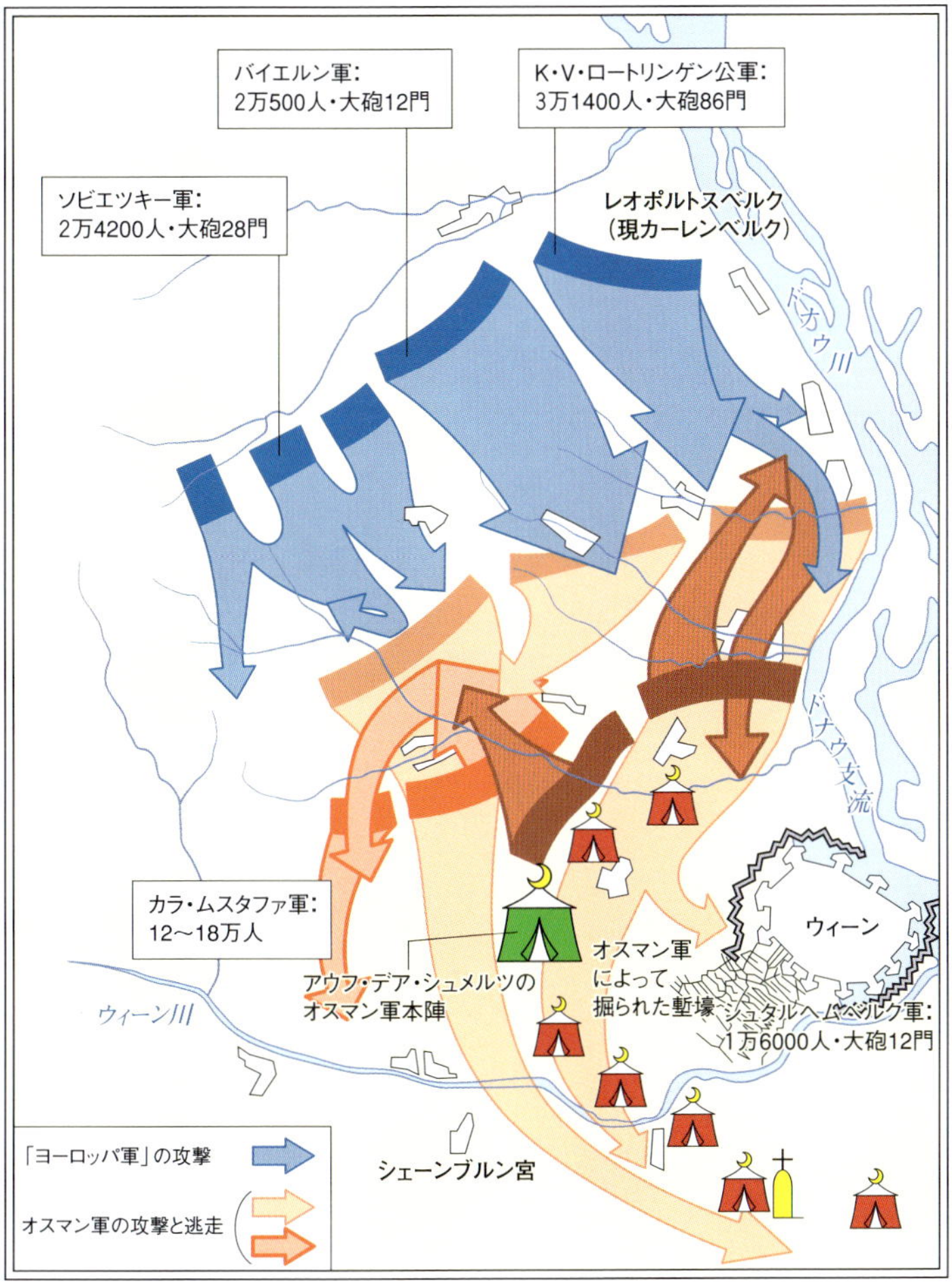

「ヨーロッパ軍」の解放攻撃　オスマン軍の抵抗と逃亡。中央下の緑のテントがアウフ・デア・シュメルツのカラ・ムスタファ本部。オスマン軍のテントは全部で約2万5000張あった。

籠城戦は極めて危機的な状況にあった。食糧は不足し、弾薬は底をつき、その上赤痢が蔓延し、負傷した市長のリーベンベルクも罹患し、死亡した。守備軍は、後方の主力軍に使者を送り援軍を要請していた。ムスリムに変装して使者の役割を果たしたオリエント学者のコルシツキーの話は、コーヒーと結びついた一つの伝説をつくり出した。

　皇帝はヨーロッパの諸国に援軍を要請し、教皇のイノケンティウス一一世も「キリスト教のヨーロッパを守れ！」との檄を発し、スペイン、ポルトガル、サヴォアなどからの資金援助をえた。しかし援軍は帝国内のいくつかの諸侯（ザクセン、バイエルン、シュヴァーベン＝フランケン）から招集できず、最大の援軍はヤン・ソビエスキーのポーランド軍であった。

　強力な武装騎馬隊のポーランド軍はようやく八月三一日に到着し、皇帝はソビエスキーに軍の指揮権を委ねた。九月一二日早朝、ウィーンの森のカーレンベルクに「ヨーロッパ軍」が勢揃いし、司教のミサを受けて、ウィーンの森を駆け下りた。オスマン軍の記録係は次のように記録している。「濃い青銅の甲冑におおわれた異教徒の騎馬隊は隊列をなして、雷雲のように突然現れた」。

　ウィーンの森の斜面のワイン畑は激しい戦闘の場になり、ポーランドの騎兵はオスマン軍狙撃兵の標的となり、かなりの犠牲者が出たが、皇帝軍は防衛線を突破すると、再結集し、城外町サンクト・ウルリッヒ（現七区）にあったカラ・ムスタファの司令部を襲った。ポーランドの騎兵隊は宰相の親衛隊イェニチェリ軍を蹴散らすのに成功し、彼らは逃げ出すしかなく、オスマン軍は総崩れで撤退した。

　戦闘の後に残された戦利品は膨大なもので、三七〇門の大砲、一万五〇〇〇張のテント、一万頭の牛、五〇〇〇頭の駱駝、一万匹の羊、大量の穀物が残されていた。それらは飢餓の状態にあったウィ

解放後のカラ・ムスタファ本陣を視察する皇帝レーオポルト1世

ポーランド王ヤン・ソビエスキー
彼に対する評価はオーストリアではまちまちであるが、ポーランドでは国民的英雄である。

ーンの防衛隊に支給された。残されたコーヒー豆は駱駝の餌とみられたが、オリエント学者コルシツキーにより飲み物と判明した。そのことから彼はウィーンのカフェの創始者とされたが、実際には彼はカフェを創業したことはなく、ウィーンの最初のカフェはアルメニア人のデオダートにより、一六八五年に開業されたという。

皇帝がウィーンに戻り、ソビエスキーを大歓迎で迎えた後、皇帝軍と「ヨーロッパ軍」はオスマン軍の追撃に移った。しかし主としてハンガリーを舞台に行なわれたこの対オスマンの戦いは長い期間に渡るものであったし、その際に戦争指揮の主役はポーランド王ソビエスキーからサヴォア出身のプリンツ・オイゲンと彼の補給役である「宮廷ユダヤ」のサミユエル・オッペンハイマーに移っていった。

プリンツ・オイゲンと「解放戦」

「神聖同盟」

「ウィーン包囲」の解放軍は一〇月終わりには、ハンガリー北東部にあった旧い司教座のグランを取り戻したが、皇帝はむしろ挟撃を回避するためにまずフランス王ルイ一四世との和平条約を結び、対オスマン戦争を継続するためにポーランドおよびヴェネツィアと「神聖同盟」を結んだ。カラ・ムスタファはベオグラードに後退したが、そこにスルタンから絹のスカーフが送られてきた。それは敗戦の責任によりカラ・ムスタファを処刑せよという命令であり、カラ・ムスタファは絞首刑に処せられた。

解放軍の最初の攻撃はオスマン軍が占拠するブダとペストに向けられたが、奪還は成功せず、一六八五年に重要な要塞ノイホイセルを奪取するに留まった。しかし今や「神聖同盟」にはプロイセンのブランデンブルク公が加わっており、後にはロシアも加わった。ブダとペストは一六八六年秋には奪還されたが、町は廃墟と化していた。

皇帝連合軍は、さらにモハーチ近郊のハルサン城を占拠し、一六八八年九月にはバイエルン軍を中心にオスマン軍の拠点であるベオグラードを征服した。そこで兵士たちが墓を暴いてカラ・ムスタファの頭蓋骨を見つけ、のちにそれはウィーンにもたらされ、最終的にはウィーンの歴史博物館に納められているとされるが、真偽の程は不明である。

オーストリアの英雄

　しかし、オスマン軍はなお力を保持し、講和条約を拒否し、一六九〇年にはベオグラードを奪還した。その頃に軍事的手腕を発揮し、皇帝軍の対オスマン戦争の軍事指導を引き受けたのがプリンツ・オイゲンであった。

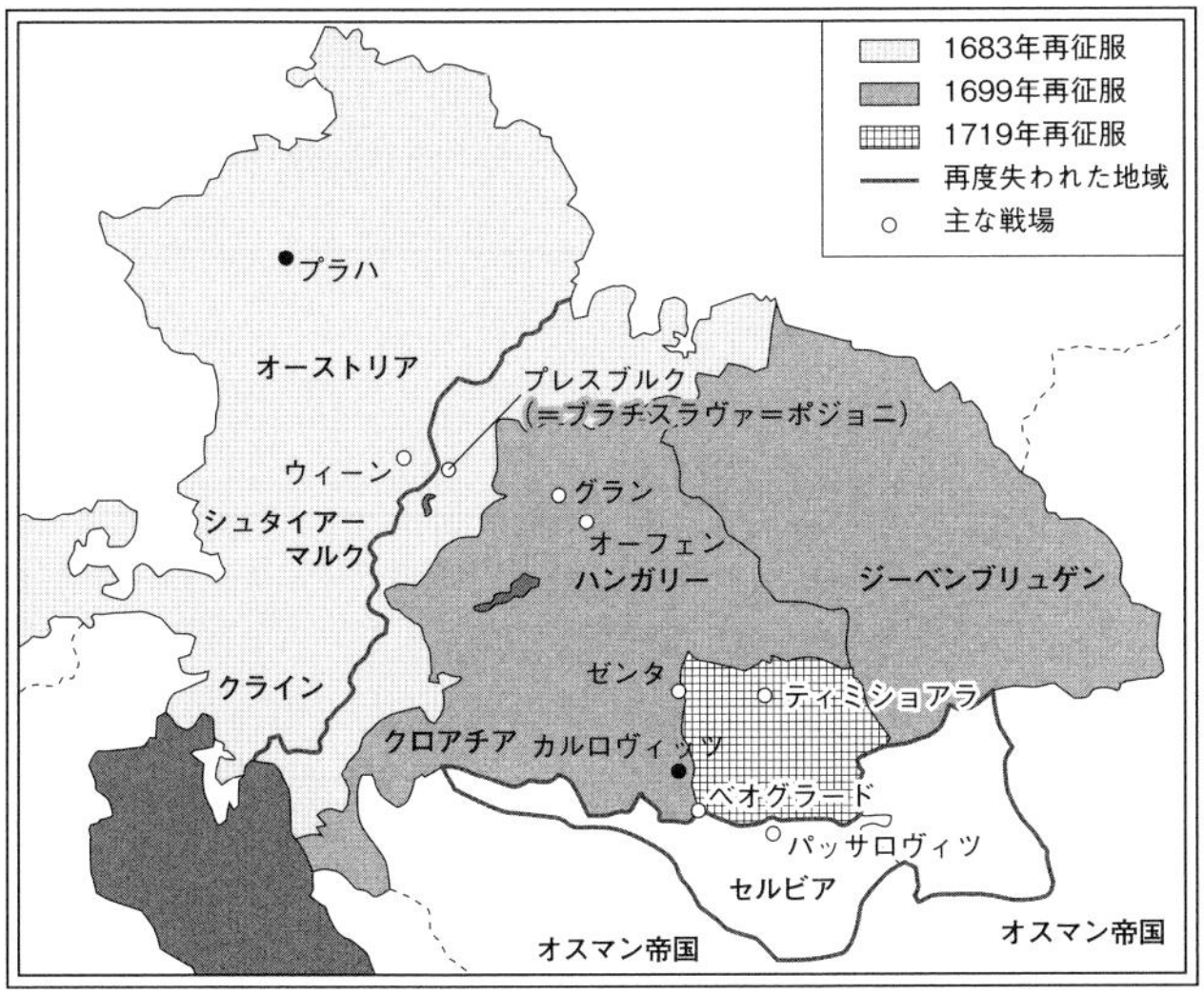

対オスマン戦争で解放されたハンガリー領

　プリンツ・オイゲンはフランスのサヴォアの貴族の出身で、フランスで軍務に就くことを拒否されたため、すでに一六八三年に、二〇歳の若さで皇帝の対オスマン戦争に参画し、ウィーン解放にも参戦していた。その後ハンガリーでブダの解放に参加し、その指導力を評価され、一六九三年には元帥となり、一六九七年には対オスマン戦争の総指揮官に任命されたのである。

　プリンツ・オイゲンは、モハーチの戦闘などでその才能を発揮し、一六九七年のゼンタの戦いで大きな勝利を収め、一六九九年のカルロヴィッツの和約によってバルカンにおけるオスマン勢力の優位を覆した。その後イタリアでの対フランス戦争にも勝利し、スペイン継承戦争にも参戦した。

　結局プリンツ・オイゲンはレーオポルト一世、ヨーゼフ一世、カール六世の三代の皇帝に仕え、オーストリアの最も著名な将軍として名を残すことになる。その功績によりオイゲンはウィーンに宮殿と郊外に夏の離宮ベルヴェデーレ（「美しい眺め」を意味する）を建てることを許されたが、彼はその建築にバロック様式を採用し、ウィーンのバロック時代を先導した。また彼は書籍蒐集家で、イスラム圏からの数多くの本を蒐集し、それらは現在、ウィーンの国立図書館のプルンクザール（ヨーゼフ広場）に納められている。現在の新王宮前の英雄広場には彼の巨大な騎馬像が残されている。

　しかしながら、対オスマン戦争においてこのような輝かしい成果を挙げたプリンツ・オイゲンも、「宮廷ユダヤ」のサミュエル・オッペンハイマー（一六三〇〜一七〇三）の支援なしには、その追撃戦を続けることはできなかったといわれている。

「宮廷ユダヤ」オッペンハイマー

「宮廷ユダヤ」とは何か

　一六七〇年のウィーンからのユダヤの追放は、宮廷およびウィーン市の財政に多大な欠損をもたらした。そうした状況が生じることは追放以前に宮廷の財務局が指摘していたことであったが、イエズス会と教会、商業市民の要求に押し切られてしまった感がある。

　宮廷財務局は、一六七三年夏には既に

プリンツ・オイゲンの冬宮の内部

プリンツ・オイゲンの夏の離宮ベルヴェデーレ
1721～24年に建てられたバロック様式の宮殿と庭。

財政的見地から、ウィーンに再びユダヤを受け入れるべきであるとの意見書を出している。その意見書によれば、ユダヤの追放による税の欠損は四万グルデンにおよび、追放後は物価が騰貴したとされる。商人たちは追放によりユダヤとの競争を心配することなく、ユダヤ税の欠損を取り戻そうと物価を高騰させたと報告されている。ウィーン大学も三つの宗教的論理を挙げて、財務局の意見書に賛意を示した。こうして、ユダヤ追放の三年後には既にウィーンにユダヤが再び導入された。

しかしウィーン市当局も関わりを持っ

プリンツ・オイゲン　サヴォアの貴族であったが、フランス王ルイ14世の軍隊に加わることを拒否されて、皇帝レーオポルト1世のウィーン解放軍に加わった。将校に取り立てられ、ウィーン解放後のハンガリーでの「解放戦争」でその才能を発揮し、3代に渡る皇帝に仕え、オーストリアの歴史上最も名を知られた将軍となった。ウィーンの英雄広場に大きな騎馬像が見られる。

た以前の「宮廷解放ユダヤ」とは異なり、今回は宮廷が個別のユダヤに対して、宮廷の財務役人として個人的に特別な許可を与えると限定され、当時も歴史的にも「宮廷ユダヤ」という名称で呼ばれる。彼らは基本的には皇帝の恣意により期間も限定され、膨大な滞在金（保護金）を支払うことによって宮廷（皇帝）の保護下に置かれ、市内に居住し、帝国内を自由に通行することができた。

そうした「宮廷ユダヤ」は、三十年戦争時代にはヨーロッパの各国の王や公が採用しており、一種制度化され黙認されていたやり方であった。最も著名なのはヴュルテンベルク公カール・アレクサンダーに仕え、悲劇的結末を迎えたヨーゼフ・ズュース・オッペンハイマー（通称「ユダヤ・ズュース」）である。最も典型的で大規模な活動を行なったのはウィーンのサミュエル・オッペンハイマーである。

「宮廷ユダヤ」サミュエル・オッペンハイマー
プリンツ・オイゲンの対オスマン「解放戦争」を金融的財政的に支えた。肖像画の下部に火薬樽、武器が描かれている事が彼の役割を示している。

「ひとりで一つの国庫」

オッペンハイマーは、一六三〇年にハイデルベルクに生まれ、最初はプファルツ選帝侯の財務局員ないし管財人であったが、一六七二年に初めてレーオポルト一世の皇帝軍への供給を引き受け、一六七四年にはオーストリア軍への物資供給責任者となり戦争仲買人の地位を獲得した。一六七七年には皇帝軍の供給係となり、一六八三年のウィーン包囲の際にも、解放軍の食糧および武器供給を引き受けた。プリンツ・オイゲンの戦争にも財政的援助を与え、ハプスブルクの支配権を超えた巨大な借款信用体制ならびに諸物資取引関係を築き上げた。「彼個人がひとりで一つの国庫を形成し、彼がウィーンにいることは国家の必要不可欠事項である」といわれた。

彼の物資供給網はドイツ諸地域、ハンガリー、スイス、イタリアからオランダやロシア、ポーランドからバルカン諸地域などヨーロッパ全体を覆い、その取り引きはユダヤの同僚のみではなく、キリスト教徒の貴族や商人を含んでいた。具体的には火薬類はオランダ、ポーランド、ハンガリー、ロシア、ボヘミア、モラヴィア、シュレージエン、スロヴェニアなどから、武器はシュタイアーマルク、ケルンテン、クラインなどから、布類はオランダから、ウールはボヘミアから、乗馬靴はクレムジールから、馬と筏はザルツブルクとバイエルンから、穀物、小麦はオーストリア、バンベルク、ヴュルツブルク、マインツ、トリーアから、ワインはライン、ネッカー、モーゼルから、牛やその他の動物はハンガリーやジーベンビュルゲンなどから調達していたという記録があり、それらの物資調達情報はロンドン、アムステルダム、ヴェネツィア、ブダなどの親戚関係からのものであった。

彼には大きな力を持った敵対者もいた。皇帝に影響力を持った枢機卿コロニッチュらの教会勢力であり、その影響力によって、オッペンハイマーは、一六九七年のゼンタの勝利の際に、息子と財政係と共に逮捕され、彼の事務所が閉鎖されるという事件が起こった。彼が同僚のヴェルトハイマーを暗殺しようとしたという嫌疑であった。しかし彼の逮捕により、皇帝軍の供給がストップしただけではなく、ヨーロッパ中の経済交流、信用取り引きが麻痺したため、各地から苦情が集まり、一カ月後に彼らは釈放され事務所も再開された。さらに、一七〇〇年の七月にはウィーンのバウエルン広場のオッペンハイマーの家が市民により襲撃され、略奪されるという事件も起こった。直ちにプリンツ・オイゲンが介入し、その首謀者は首つり刑にされてしまったが、それらの事件はウィーン市内におけるオッペンハイマーの政治的社会的位置を示しているものであった。プリンツ・オイゲンは、歴史的にもウィーンおよびオーストリアの偉大な英雄と評価されているが、オッペンハイマーはウィーン史やハプスブルクの歴史の中で表立って言及されることなく、むしろ陰の悪役の地位を押しつけられているといってよい。

ユダヤ社会層の形成

一七〇三年にサミュエル・オッペンハイマーが突然死ぬと、皇帝の財政と信用は重大な危機に陥り、オッペンハイマーの息子や妻にはそれに対処する力はなく、家族は一七二三年にウィーンから追放されてしまう。オッペンハイマーの役割をようやく引き継いだのは彼の甥のサムソン・ヴェルトハイマー（一六五八〜一七二四）であった。

ヴェルトハイマーは一六五八年にヴォルムスに生まれ、父親がユダヤ共同体の指導者であったので、彼自身もユダヤ教の教育を受け敬虔なラビとなったが、同時に銀行家となり、ウィーン包囲の翌年の一六八四年にオッペンハイマーの従者としてウィーンにやってきて、もっぱら銀行業で彼を助けた。オッペンハイマーの死後に皇帝の財務係となったが、ヴェルトハイマーはマインツやトリーア、ザクセン、プファルツの選帝侯などとも取り引きを継続し、皇帝との取り引きとのバランスをとっていた。さらに彼は、一六九三年に、ハンガリーの大貴族エステルハージー公により容認された七つのユダヤ共同体の中心地であるアイゼンシュタットの名誉ラビに任命され、そこに屋敷を与えられ、ラビとしての活動にも熱心に取り組んだ。一七〇〇年にアイゼンメンガーの悪名高きユダヤ攻撃の書『発見されたユダヤ教』が発行されることが明らかになると、ヴェルトハイマーは皇帝レーオポルト一世に同書を差し押さえることを要求し、皇帝は、同書の発行を差し止め、鑑定に出す命令を出した。

ヨーゼフ一世（皇帝一七〇五〜四〇）からカール六世（皇帝一七一一〜四〇）の時代にオーストリアのユダヤの状況が悪化し、殺人やポグロムが起こり、一七一五年の復活祭に儀式殺人嫌疑の事件が起きた時も、ヴェルトハイマーの介入でウィーンでは暴動は起こらなかった。さらに、一七二一〜二二年にはヴェルトハイマーはバビロニア・タルムードをフランクフルトで印刷させ、それはその後、ヨーロッパにおける同書の発行の基礎になった。

こうしたオッペンハイマーとヴェルトハイマーの活動は、彼らに対する宮廷の個人的保護によって支えられていたので、家族や後継者たちは、自分たちの地位や財産を自ら戦いとらねばならなかった。しかしこうした「宮廷ユダヤ」の周りには、その親戚、商売上の友人、使用人たちが多数集まり、二人の「仕事」を援助し助けていたことも確かであり、彼らの中には何とか特権や保護を獲得した者も出てくる。その数は戦争が長引くにつれて増え続け、いわゆるウィーンの「宮廷ユダヤ」層を形成していくことになる。

さらに保護状なしにウィーンに滞在するものも少なくはなかった。一六九九年のある司令は「保護状を持たないでうろついている男女のユダヤ」について報告し、「彼らのための食堂さえある」と書いている。実際ユダヤの商売人たちは、国家とウィーン市の財政に少なからず貢献していた。一六九八年から一七〇九年までの戦争の時代に、ウィーンのユダヤは帝国に対して七八〇〇万グルデンの資金を用立て、年ごとの寛容税は六〇〇〇グルデンに及んだ。一七〇八年には人頭税も導入された。人頭税は一七一五年には廃止され、各家族がそれぞれに税を払うこととなった。

しかし「宮廷ユダヤ」の重要性は、住民の敵対感と共存していた。そしてその敵対感の存在は、ユダヤ税の増額徴収の根拠とされ、一七〇四年には、キリスト教徒の商人が圧迫的競争を受けているとの理由から、ユダヤに二〇万五〇〇〇グルデンもの強制貸付金を要求し、一七〇五年のヨーゼフ一世のフランクフルトでの戴冠の費用として二〇万グルデンが、一七一一年のカール六世の戴冠時には一四万八〇〇〇グルデンの寄付が求められ、一七一七年の対オスマン戦争では一二三万七〇〇〇グルデン、一七二七年にはさらに軍事税として六〇万グルデンが取り立てられた。

こうして、対オスマン戦争を梃子として成立した「宮廷ユダヤ」を中心にして、ウィーンにはしだいに多くのユダヤが流入定着し、共同体（教団）の形成は許されてはいなかったが、彼らを中心に「ウィーンのユダヤ」と呼ばれる一つの社会層が形成されていった。

サムソン・ヴェルトハイマー
最初オッペンハイマーの下で働き、彼を継いで「宮廷ユダヤ」の長を務めるが、オッペンハイマーと異なり、他の国王、公にも仕え、戦争には加担せず、ラビとしてユダヤの保護にも尽力した。

第四部 近代のウィーン

第九章 バロックと啓蒙の都市

リーニエの成立

拡大する都市

対オスマン戦争における勝利はウィーンという都市の景観とその性格を大きく変えることになった。「異教徒」の外敵オスマンに対する勝利は、皇帝の独自の成果とされ、それは皇帝への神のご加護のおかげであるとみなされ、それを取り持ったのはカトリック教会に他ならないという位置づけが与えられたのである。ウィーン包囲からの解放、その後のハンガリーでの軍事的勝利、特に一六八六年のペスト（ブダペスト）の解放は、それまで一世紀半に渡りウィーンを圧迫していた政治的軍事的圧力だけではなく、経済的社会的圧力を取り除き、ウィーンに新しい発展の契機を与えることになった。

その変化の第一は、都市ウィーンの領域的拡大である。これまで都市ウィーンの基本はその城壁の内部に限定され、その外側は、城外町村（フォアオルトないしフォアシュタット＝「城壁の前の町村」を意味

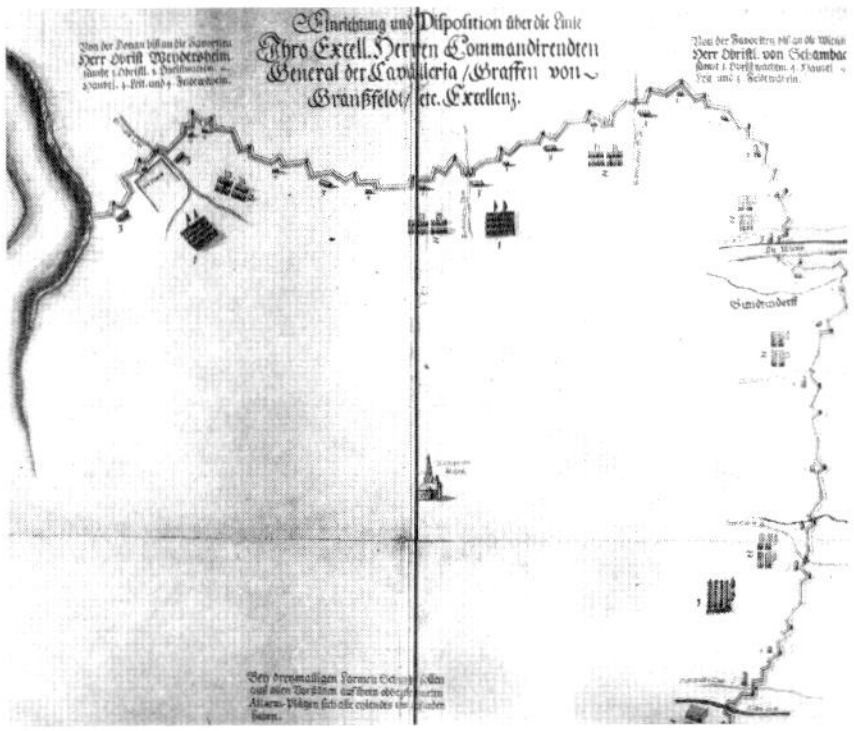

リーニエ（外柵）の計画図

プリンツ・オイゲンも参加して開かれた「宮廷防衛委員会」で議論された決定に基づいて作成された。その解説には以下のように書かれている。「1704年1月16日、次第に強まっているハンガリーの反乱故に、王宮から１つの指令が出され、ウィーンの城塞を改善するだけではなく、ウィーンのすべての城外町村を取り巻く新しいリーニエ（外柵）をつくれという。そのためにはウィーンのすべての住民がその財産に応じてそれを担わなければならない。そのリーニエは1704年7月には完成させねばならない。それは12シュー（昔の単位で１シュー＝約30cm）の高さで堀は9シューの深さを持ち、防御柵で囲まれ、堅固な堡塁を備えなければならない」。

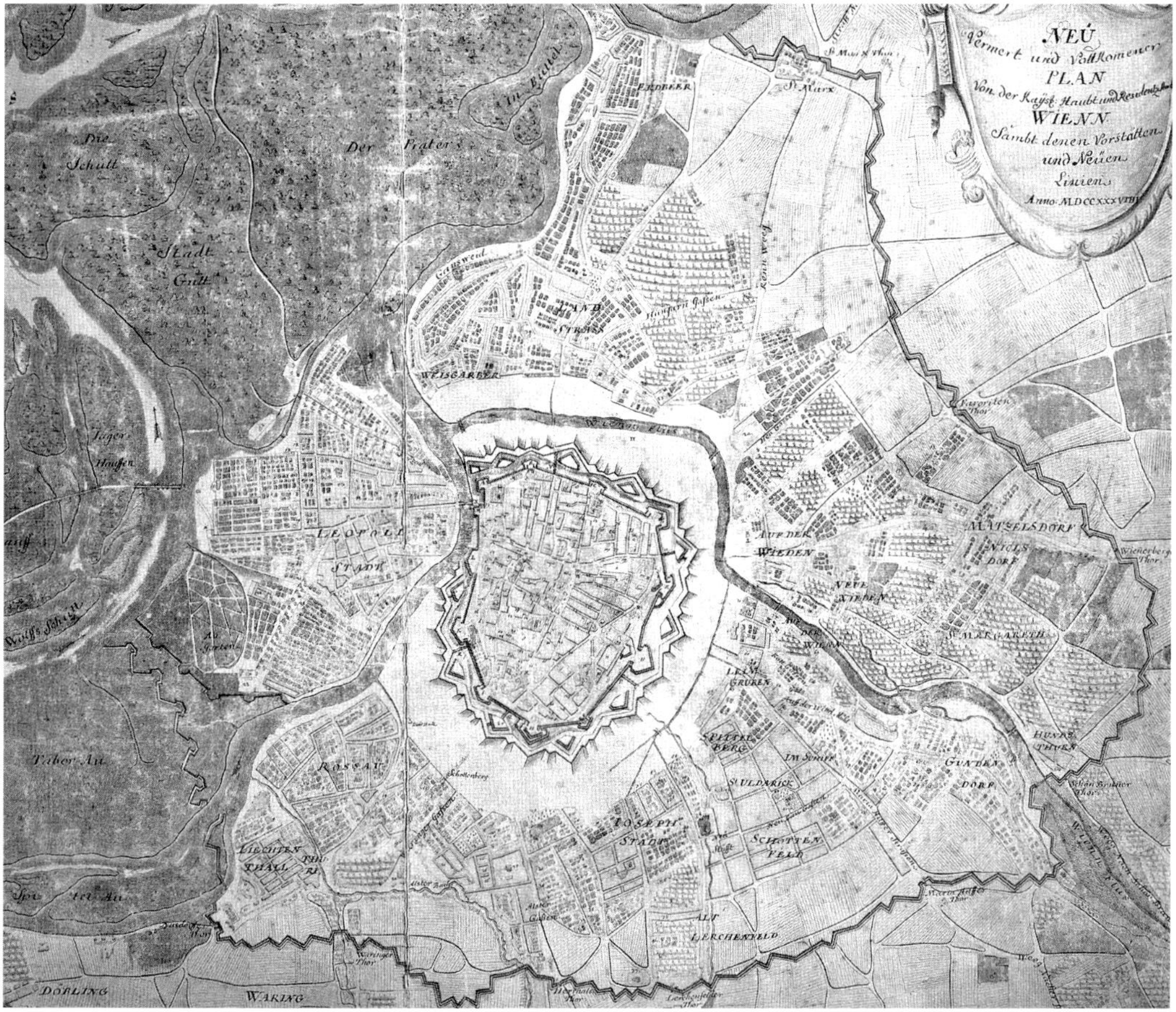

リーニエを含んだウィーン全体図
ライヘンベルガーによる1739年の着色地図。リーニエが軍隊の展開のために、建物のない外側につくられたことがわかる。

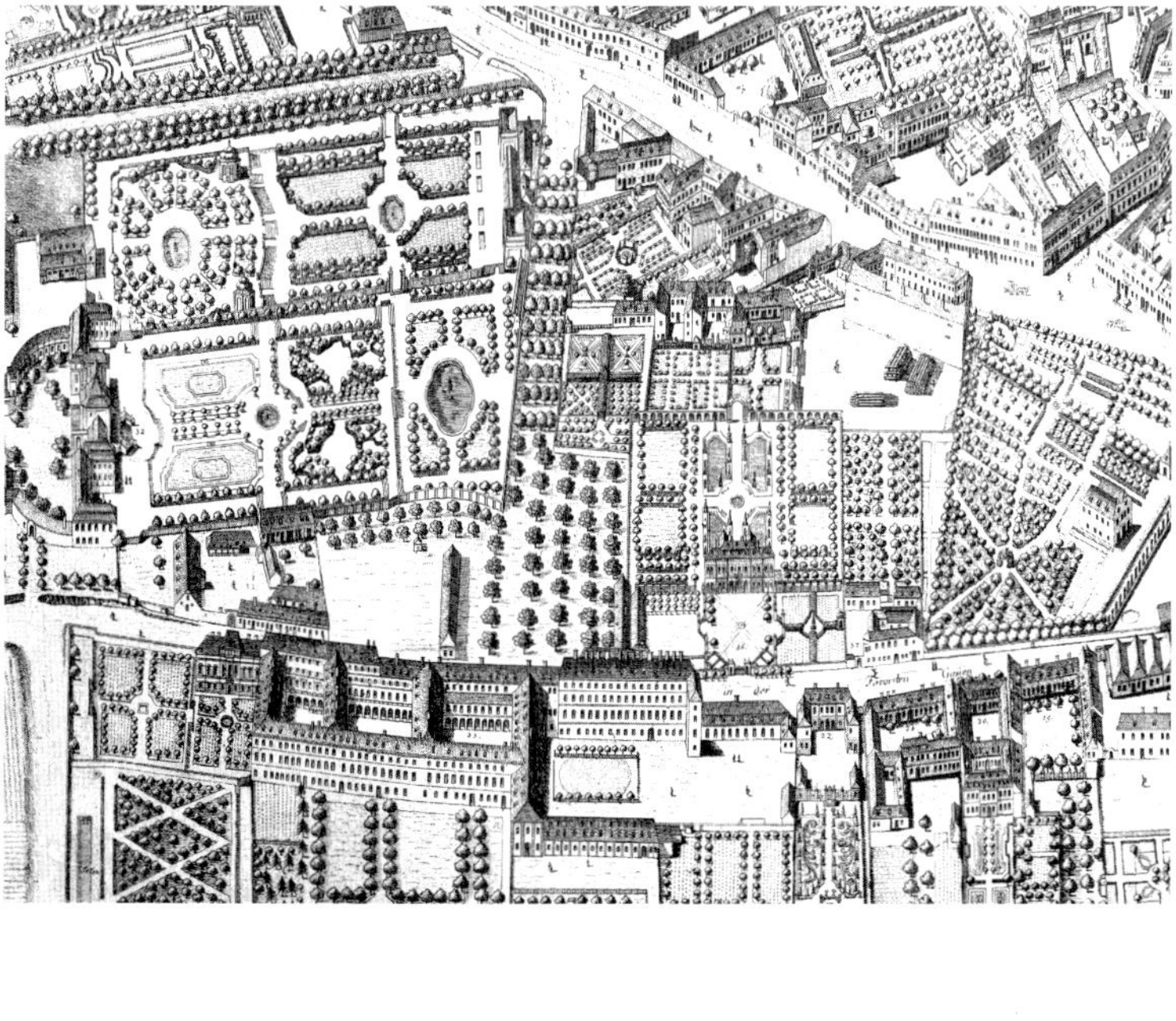

ウィーン郊外地区の景観
リーニエの成立は、城外町村の姿と景観を大きく変えていった。庭園を備えた多くの宮殿が造られ、大きな貴族の館も建てられていった。図はヴィーデン地区の一部であるが城外町村地区の景観は一変したといってよい。

した）として、行政的にも、経済的にもそして軍事的にも都市ウィーンの補完的位置しか与えられていなかった。ウィーン包囲の時には、ウィーンの防衛のために焼き払われた。

「第二次ウィーン包囲」後の一七〇三年一二月に皇帝レーオポルト一世は、再び反ハプスブルク的姿勢を見せたハンガリーの貴族達の反乱に備えるために、プリンツ・オイゲンを議長にした宮廷防衛委員会を緊急に召集し、城壁の外側に城外町村を取り込んだもう一つの防衛施設をつくることを決定し、直ちに工事が始められた。そのために一般堡塁税が課せられ、一八歳から六〇歳までのすべての住民が堡塁建設に従事するか代替人を出さねばならなかった。

そうして日に約一〇〇〇人の労働で、一七〇四年七月にはサンクト・マルクスのドナウ沿岸からリーヒテンシュタット城外町までの全長一三キロの不規則な半円形の土塁が完成した。土塁は約三・五メートルの高さと、同じ幅を持ち、三メートルほどの堀を備えていた。その完成以前の一七〇四年六月には、四〇〇〇人のハンガリー軍がウィーンに押し寄せたが、急造の防衛線はこれを撃退することができ、その有効性が証明された。完成後、主要な通りには門と国の役所の建物が敷設され、これまで城壁の門にあった役所は今や土塁に移され通行税ないし入荷税（消費税）が徴収された。その役所を人々は「リーニエ（外柵）」と呼び、この土塁自体もそう呼ばれた。都市ウィーンの経済圏はリーニエにまで拡大されていったのである。それはやがて警察権、行政権にまで及んでいく。

バロック芸術の開花

こうしてハプスブルクの皇帝権とカトリックを統一した「安全なウィーン」という思想と体制を目に見える形で表現していったのは、拡大されたリーニエ内に建設されていった数多くのバロック様式の王侯貴族の館群と教会であった。シュヴァルツェンベルク宮殿、リヒテンシュタイン宮、そしてプリンツ・オイゲンの夏宮ベルヴェデーレなどが、その宮殿はもとより、バロック庭園を競い合っていた。その他にもカール六世の死（一七四〇年）に至るまでに城壁外に建てられた宮殿や館は四〇〇にも上ったといわれ、城壁内でもプリンツ・オイゲンの冬宮や現在国立図書館の一部を構成しているヨ

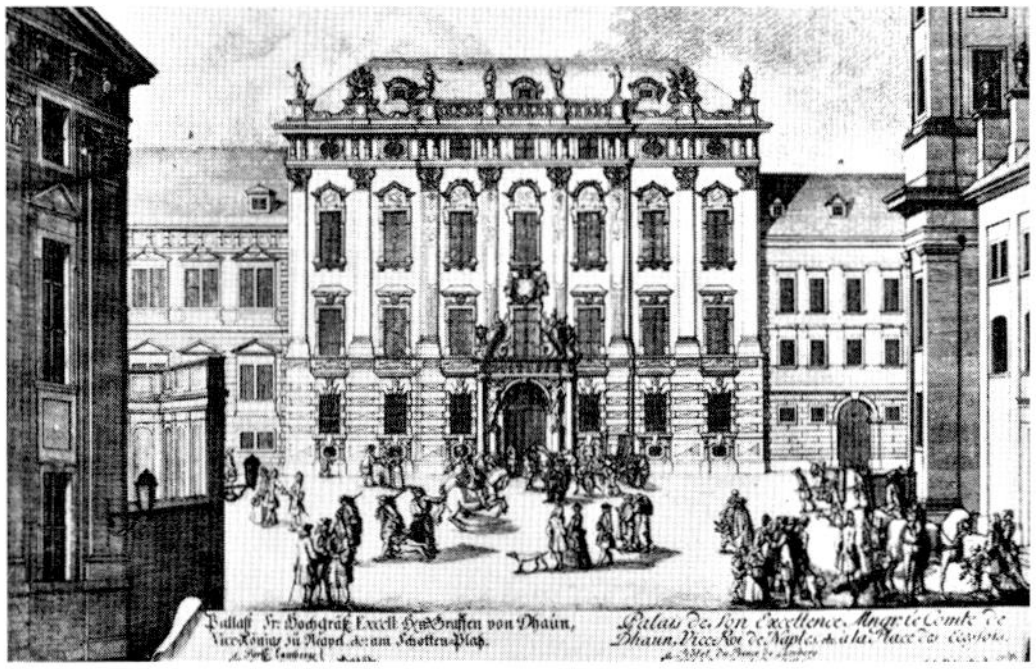

フライウング広場のダウン宮
現キンスキー宮。市内の典型的なバロック宮殿。

王宮図書館（プルンクザール）とヨーゼフ広場
城壁内にも威圧的なバロック建築が増えていった。ヨーゼフ広場と王宮図書館（現国立図書館分館）はその典型。図書館にはプリンツ・オイゲンの蒐集した地中海およびイスラム圏からの貴重な文献が納められた。

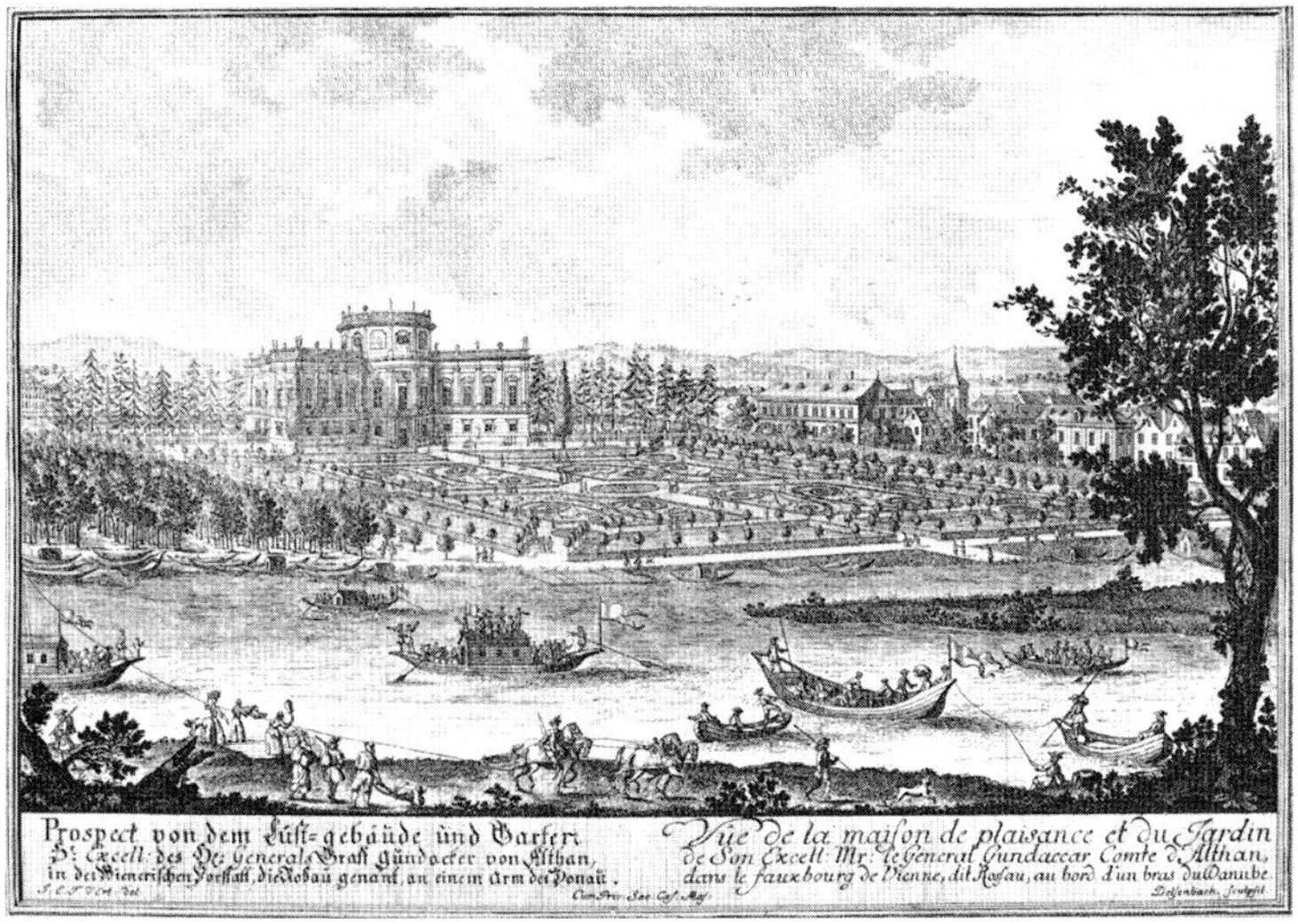

アルタン伯爵の郊外宮殿とドナウ支流に続く庭園
1693年にヨハン・ベルンハルト・フィッシャー・フォン・エルラッハ（図版上）により建てられた。

ーゼフ広場のプルンクザール（旧王宮図書館）がバロック建築の代表作品とみなされている。城壁内外の諸教会も、既に一六九九年に完成したピアリステン教会、ペストの鎮静化に感謝して建てられたカール教会がバロックの壮麗さを競っていたし、対抗宗教改革時代の修道院のバロック化なども行なわれた。

「歪んだ真珠」を意味するポルトガル語であるバロックは、イタリアを経由してドイツ語圏に入ってきたので、イタリアのバロック建築家やその影響を受けたドイツやオーストリアの建築家が多くの宮殿の建設にかかわっていた。中でも有名なのはシェーンブルン宮の設計や王宮図書館の建設を手がけたJ・B・フィッシャー・フォン・エルラッハやシュヴァルツェンベルク宮殿やシェーンブルン宮殿、ベルヴェデーレ宮殿などを手掛けたヨーハン・ルーカス・フォン・ヒルデブラントなどである。

しかしバロックは建築だけではなく、様々な芸術分野で展開された。数多くの宮殿の建設は前述のような庭園芸術や噴水芸術だけではなく、絵画や彫刻にもバロック様式を採用していった。ノイマルクトの噴水を手掛けたG・R・ドナー、

旧市庁舎

旧大学講堂
現オーストリア科学アカデミー。当時唯一のロココ様式。

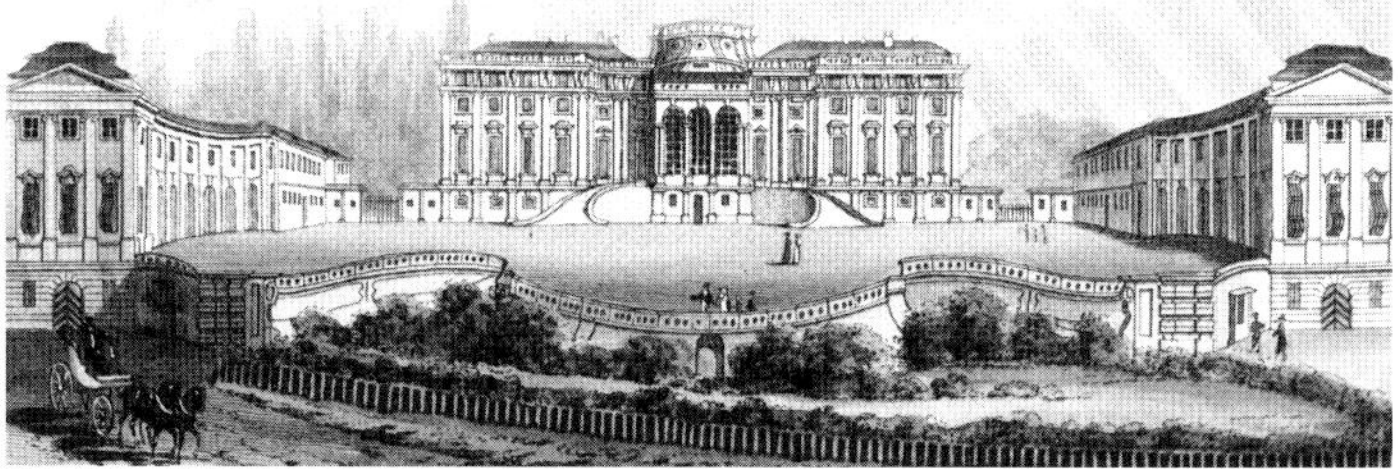

規模を縮小されて完成したシェーンブルンの夏宮（図版上）とシュヴァルツェンベルク宮（図版下）

庭園芸術のＬ・マッティーリ、彫刻家のＢ・ペルモーザー、フレスコ画のＪ・Ｍ・ロットマイアーなどが知られている。

さらにバロックは音楽やオペラの分野にも影響を与え、ハイドン、グルック、モーツァルトなどの名手を生み出しただけではなく、特にこの時代には総合芸術としてのオペラや芝居が急速に広まった。

そうして、一八世紀のウィーンは華美なバロック建築に彩られた華麗な王都としての外観を見せていくこととなった。

好景気とマニュファクチュアの設立

住民の生活にも大きな変化があった。一六八七年一〇月にはウィーンの中心部のドロテーア街にウィーン最初の街灯一七基が下げられ、一六八八年六月には全市に照明が行き渡った。そのことにより住民の生活行動には大きな変化がもたらされた。それまでウィーンでも、夜の泥棒、喧嘩、殺人などが頻発していたが、人々は夜でも出歩き、カフェやレストラン、芝居や遊び場に出入りするようになり、年寄りや女性用の駕籠屋やフィアカー（二頭立てタクシー馬車）もできる。ヨーロッパ最初の職業消防団が設立され、郵便制度がウィーンに導入されたのもこの頃である。

政治的にも軍事的にもヨーロッパの東方の最重要都市としての地位を獲得したウィーンは、好景気と都市の拡大による建築ブームも伴って、その人口を急増させていった。一七〇〇年頃には約八〇〇〇〇人であった人口は、一七九〇年にはリーニエ内の人口を含んで約二〇万人に急増した。しかし好景気はその上層部にのみ当てはまり、手工業者や下級官吏などの広い下層の住民たちにとっては物価の上昇および家賃の高騰によって、その生活はむしろ苦しくなっていったといわれる。

カール六世（皇帝一七一一～四〇）の経済政策は一貫せず、国家経済政策の不足は、大規模営業者と手工業ギルドおよび遠隔貿易業者の間に争いを招いた。奢侈品や必需品の需要は十分に満たされず、新たに多くの手工業とともに、マニュファクチュアが設立されていった。しかし、マニュファクチュアに対する抵抗は大きく、結局妥協的にマニュファクチュアは手工業やギルドや同業組合（ツンフト）に関わらない分野に限定され、その設立も計画的に整理されなかった。特にリーニエ内の城外町では工場が住宅地と入り交じってつくられていき、都市構造に混乱を招いた。マニュファクチュアの工場は、一七〇〇年と一七三二年製糸業、一七一八年陶器業などで成立したが、新たな社会的な対立が生じ、例えば一七二二年には製靴工の反乱が起こったりした。

一八世紀のウィーンの経済的指導力は、製造業よりもむしろ卸業者やユダヤ金融

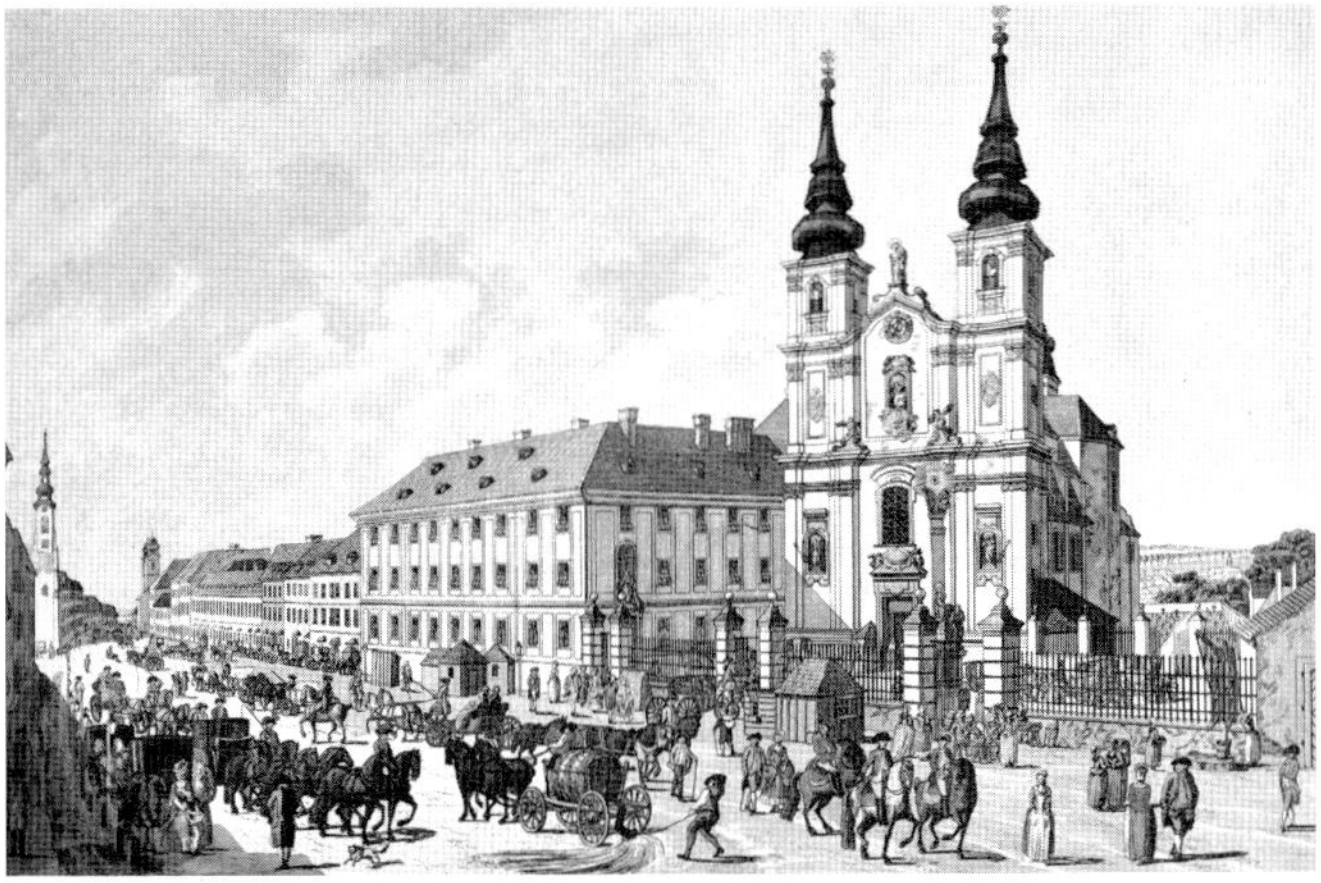

西へと続くマリアヒルフ通りのにぎわい
通りの名の由来のマリアヒルフ教会もバロック建築であるが、大通りでの市民や庶民の生活も変わっていった。乗り合い馬車やフィアカーが見られる。

①

②

③

バロックのウィーンの市民・庶民生活（1）
①当時の市内区の中心通りトッフラウベンのシェーンブルンナーハウス前。物運びの人々、路上清掃者、郵便馬車とならんで、散歩する上級市民婦人やいくつかの店屋が見られる。②フィッシュホーフの一般的な街路の様子。屋台の店と手工業者（煙突掃除、家具屋、牛乳売り、出前など）が見られる。③フィアカー、駕籠舁き、飲み屋などが見られる。

④

①

②

③

バロックのウィーンの市民・庶民生活（2）
①ボヘミアに向かうターボア通りの様子。荷運び用の大型馬車、頭に載せたり、背負って荷を運ぶ者など。②アルザー通りのにぎわい。馬車による輸送、手工業者が見られる。③フライウングの野外劇場。④駕籠舁き。

郵便制度の導入
1772年に西欧都市で行なわれていた郵便制度が導入された。まだ、城外町は家番号が表示されていなかったので、城内町に限られていた。

業者の手中にあった。一七〇三年にはようやくウィーンの最初の公的銀行としてデル・ジロ銀行が設立され、一七〇五年にはウィーン市銀行となり、それはウィーンの金融状況に一応の安定感を与えた。

マリア・テレージアの時代

スペイン継承戦争

マリア・テレージアの時代に絶対主義体制はその最初の形成を見せるが、マリア・テレージアがその支配権を確立するまでには、ハプスブルク家は大きな試練を乗り越えなければならなかった。

その第一はスペイン継承戦争であった。ハプスブルク系スペイン王のカルロス二世は病気で子供がなく、一七〇〇年に死去すると、その継承をめぐってフランスとの戦争が起こり、大西洋交易権をめぐってイングランドが介入して長い戦争となった。さしあたりフェルディナント系のレーオポルトの第二子カール（カルロス三世、のちの皇帝カール六世）がスペイン王と認められたが、戦争と取り引きは続き、最後はユトレヒト条約とラシュタットの和約によりスペイン王はフランス王ルイ一四世の孫のフェリペ（五世）に決まり、本来のハプスブルク領は皇帝ヨーゼフ一世（一六七八〜一七一一）が治めることとなった。

上層市民
1766年ヨーゼフ2世により開放された皇帝狩猟場プラーターを散歩する上層市民。

国事詔書

一七一一年のヨーゼフ一世の死により、弟のカール六世は本来のハプスブルクの家領を治めるためにウィーンにやってきた。スペイン領土からはオーストリア領ベルギーと少々のイタリア領のみを受け継いだ。カールはウィーンでもスペインの習慣を維持し、人員も多くがスペイン人であり、スペイン的宮廷セレモニーを継続した。そのため、ウィーンの王宮およびその周りには、スペイン的要素が混在することになった。

さらにハプスブルク家にも継承をめぐる問題が起こってきた。ヨーゼフ一世は二人の娘しか残さなかったので、ハプスブルクの男性の系譜は断絶する危険に晒されていた。皇帝カール六世は男性の後継を望んだが男子に恵まれず、万一のことに備え一七一三年にハプスブルク家の家憲として、男系がいない場合には女性の後継を認め、「最後の皇帝の長女」を後継とするという「プラグマティッシュサンクツィオーン（国事詔書）」を定め、それをオーストリアの身分制議会だけではなく、ヨーロッパの諸侯にも認めることを要求した。プロイセンやバイエルンも差し当たりそれを法的には認めた。

オーストリア継承戦争

しかし、一七四〇年に皇帝カール六世が世を去った時にはそうした承認がまったくの空約束であることが判明した。下オーストリアの議会もマリア・テレージアの継承を認めずその継承を不法行為とみなし、バイエルンのカール・アルブレヒトの後継を支持した。しかし、ハンガリー王を受け継いだマリア・テレージアが一七四一年三月に息子を授かると、状況は変わった。

特にハンガリーは、その赤子を抱いてウィーンから逃げるようにブラティスラヴァに登場したマリア・テレージアを断固として支持し、夏にはウィーンもフランスとバイエルンの攻撃に対して町を防衛した。その間、一七四二年に皇帝およびボヘミア王となっていたカール・アルブレヒトが死去すると、マリア・テレージアはプラハを奪還し、そこでボヘミア王として戴冠した。それに続いて夫のフランツ・シュテファンが一七四五年に皇帝に選出され（フランツ一世）、ハプスブルク家は皇帝位を取り戻すことができた。

戴冠が行なわれたフランクフルトから両者がウィーンに戻ると、人々は歓呼をもって彼らの帰還を祝い、全教会が鐘を鳴らし、町には三日間火がともされ、人々にはパンと肉が配られ、グラーベンの噴水からは赤と白のワインが噴き上げられたという。そしてマリア・テレージアはハプスブルク家の継承者としてウィーンに受け入れられた。

マリア・テレージアの改革

オーストリア継承戦争の後、マリア・テレージアはハプスブルク家の諸領を統一支配するために改革に着手する。そのため彼女は身分制議会との協力のもとでの、中央集権的な統一権力と官僚体制を持つ近代的国家の確立を志向した。新たな「ハプスブルク帝国」には統一的政治支配、行政制度、司法、教育などが必要であり、ウィーンはその中心的役割を担うものと位置づけられた。

ハプスブルク家領の統治者マリア・テレージアと夫のフランツ・シュテファン
マリア・テレージアはオーストリア大公、ハンガリー王、ボヘミア王などを兼任した。在位1740〜80年。フランツは神聖ローマ帝国皇帝フランツ1世として在位1745〜65年。

一七六一年には枢密院が設立され、（ハンガリー王権を例外に）国家のすべての行政機関がウィーンに集中されていった。ウィーンは、新たにハプスブルク帝国の首都としての役割と、神聖ローマ帝国の皇帝居城としての意味をあわせ持つことになった。

マリア・テレージアが最も力を入れた改革は教育体制であった。国家教育施設の転換に伴い、一七四五年からオランダの医師ファン・シュヴィーテンを呼び、ウィーン大学の医学部の統一を行ない、著名な医師を集め医学部病院を設立した。法学に関しては拷問廃止を実現させたゾンネンフェルスの下での法学部の確立が行なわれた。大学改革に続き学校改革も行なわれ、イエズス会が支配していた中等教育からは、その影響力が排除された。

一七五三年には新たな都市土地台帳もつくられ、一七五四年には国民統合と課税のために、最初の国勢調査が行なわれた（一七五七年説もある）。当時のウィーンと城外町の人口は一万七五四六〇人であった。

マリア・テレージア時代の都市建築は、父親の時代から見れば質素で、彼女の好みの建築家ニコラウス・パカッシーの作品によって彩られている。彼は貴族的学校テレジウムを建て、現図書館を含めたヨーゼフ広場を改造し、シェーンブルン宮殿の最初の大規模な設計を改め、小規模な今日の姿で完成させた。

芸術と文化は五〇〜六〇年代にバロック様式にフランスの影響を加え、新たな高揚期を迎える。それには夫のフランツ・シュテファンの影響が大きかった。彼は

マリア・テレージアの教育改革
マリア・テレージアは教育制度の改革に力を入れ、イエズス会の教育支配を廃し、1771年、「普通小学校」制度を導入した（図版上）。また孤児院制度も受け継いだ。図版下は孤児院の子供の祝祭行列。

故郷のロートリンゲンから多くの芸術家を連れてきて、一七四五年に皇帝となった後にも宮廷に多くのフランスの啓蒙主義者やフリーメイソンを集めた。一七六九年にマリア・テレージアはJ・D・フーバーとJ・A・ナーゲルに、ウィーン城壁内と城外町を一緒にした地図をつくらせ、その統一性を強調した。しかし実際には城外町と市内の住民の対立は大きく、官僚たちの城外町に対する政治的、法的経済的偏見も大きく、マニュファクチュアで働く労働者への恐れは特に強く、しばしば警察や軍隊による彼らの弾圧が行なわれた。マリア・テレージアはそのことを背景に兵舎の拡張を指示し、それはヨーゼフ二世の時代まで続いた。彼の時代は兵舎の拡大が最も大きく行なわれた時期でもあった。

一七四八年のアーヘンの和約後、ウィーンは経済的な再興をみせた。繊維業などの大きなマニュファクチュアの工場ができたことは前述したが、新たに遠隔地との商業路が開発され、ブリュン、プラハ、ハンガリー、トリエステ、リンツとウィーンが陸上で結ばれるようになった。それらにより地上路による交易が活発化し、ウィーンにはドナウ川に加えて陸路による人々の流入も盛んになり人口は増大し、人口は一七七七年には二〇万を超え、ウィーンはロンドン、パリ、ナポリに次ぎ、ヨーロッパ四番目の大都市となった。

マリア・テレージアとその家族統治者
右端が共同統治者ヨーゼフ（2世。ドイツ王・皇帝在位1764～90年）

マリア・テレージアから贈られた制服を着たモーツァルト

マリア・テレージアの侍医ファン・シュヴィーテン
ウィーンに最初の医学校をつくり、ウィーンの医学教育に貢献した。

宰相カウニッツ

平和的発展は一七五六年に突然打ち切られた。プロイセンのフリードリヒ二世が前触れもなく突然シュレージエンの再占領を始めたのである（「七年戦争」）。マリア・テレージアはフランスおよびロシアとの条約を結び、プロイセンを孤立化させることに成功したが、戦争は高くつき損害も大きかった。それはフベルトゥスブルクの和約で終わった。

マリア・テレージアは注意深く育てら

宰相カウニッツ
マリア・テレージア時代の宰相。反プロイセンの姿勢から永年の反フランスの姿勢を改め、1756年にハプスブルクとフランスの同盟を成立させた(「外交革命」)。国内の諸改革も推進し、ヨーゼフ2世の改革も支えた。

れたが、統治者としての教育は受けていなかったし、彼女の夫のフランツ・シュテファンも同様であったため、彼に政治や戦争の助言を期待することはできなかった。しかしシュテファンは優れた経済人であったので、家政や帝国の歳費に関しては彼の指示に従うことができたし、フリーメイソンとして、彼は多くの優れた助言者を獲得できた。シュテファンは自然科学者としての仕事に集中し、彼の仕事や蒐集を基礎に、自然史博物館やシェーンブルン動物園ができた。彼は共同統治者ではあったが、ハプスブルク領の問題にはほとんど口を挟まず、自分の皇帝宮殿で帝国に関する自分の仕事に没頭していたので、マリア・テレージアは別の助言者を必要としていた。

マリア・テレージアの最良の助言者はW・A・カウニッツ（一七一一～九四）だった。彼は一七五三年に帝国の宰相となり、反プロイセンの外交により永年の仇敵であったフランスとの和解という外交の大転回を主導し、その後ヨーゼフ二世、レーオポルト二世にも仕えた。彼は徹底した啓蒙主義者であり外交に加え多くの内政的改革も主導した。洗礼を受けたユダヤのヨーゼフ・ゾンネンフェルス（彼の父親はブランデンブルクの州ラビであった）は、一七六三年に官房学の教授となり、重商主義的な政策を指導した。

ヨーゼフ二世の改革

「啓蒙的絶対主義」

一七八〇年にマリア・テレージアが死去し、それまではハプスブルク家支配圏の共同統治者であったヨーゼフ二世（皇帝としての在位は一七六五～九〇）の支配が始まる。ヨーゼフの時代にはフランスからの文化的影響に加えてイングランドからの啓蒙主義の影響が強まった。それはカウニッツらに支持され、オーストリア独自の発展を見せ、ヨーゼフ二世の「啓蒙的絶対主義」の政治、行政、学問、教育、技術につながっていった。企業家や手工業者の自由裁量、法の前の平等、社会的上昇の可能性、刑法の人道主義、教会の影響力の削減などとともにウィーンの都市自治の抑圧もいわゆるヨーゼフ主義の中心課題であった。

ヨーゼフ二世の改革は二つの基本思想に支えられていた。すなわち、国家と啓蒙主義の全能への信仰であり、それらに基づき改革は性急に行なわれた。

「寛容令」

最も力を入れた重要な改革は教会政策であり、ヨーゼフは、教会は国家に奉仕すべきものとして、理性の名による宗派への介入を試みた。彼の目標は、ハプスブルクの領域においてはローマ教皇ではなくヨーゼフ自らを長とする国民教会の設立であった。そこでは聖職者を含むすべての国民が国家に忠誠を誓うものであらねばならず、そのためにはあらゆる宗派を許容しようと考えた。

その第一歩は一七八一年（一〇月一三日）の「寛容令」であり、それはプロテスタントの諸宗派に活動の自由を許した。寛容令が出されると、対抗宗教改革による弾圧や追放にもかかわらず、オーストリアにはいかに多くのプロテスタントが残り、彼らの伝統を守っていたかがはっきりした。ウィーンでは一八世紀以来公的には禁止されたルター派の礼拝は、デンマークやスウェーデンなどのいわゆる大使（館）礼拝堂で行なわれていた。それらに参加することは、警察などのスパイにより監視されていたので危険な行為であったが、多くの市民が参加していた。

寛容令が発布されると、ルター派の教会は、ドロテーア通りにあって廃棄されていた教会の一部を使用し、その他の改革派教会は、隣の王妃修道会を教会として改築して使用した。しかし、彼らは財政的には問題を抱えていた。カトリックに対してミサの代金を支払わねばならなかったからである。

また寛容令と共に、貴族の農民に対する農奴制が廃止され（一七八一年にベーメン、メーレンに、翌年オーストリアに適用）一般土地税が導入され、貴族もその土地への税の支払いが定められた。

ヨーゼフは同年（一七八一年）一一月二九日の勅令で、その領土内における瞑想修道会および修道院の廃止を命じた。彼らは住民の指導や教育あるいはカリタスなどの福祉活動を行なっておらず、「役に立たない」と判断されたのである。この勅令によりオーストリア領およびハンガリー領域で廃止された修道院の数は七〇〇以上を数え、全修道院の三分の一に及んだ。廃止された修道院の財産は国の宗教財団に集められ、新たな教会や教育施設の建設、カリタスの福祉活動に使われた。一七八三年には、リンツとサンクトペルテンに司教座を設置し、ローマ支配下のパッサウの司教区の支配を廃止した。そしてすべての住民はそれぞれの教区の支配下に置かれ、教会記録簿が整備された。

こうした修道院の廃止や宗派の自由化は、カトリック教会には大きな痛手であり、当時の教皇ピウス六世は危機感を覚え、一七八二年に枢機卿たちの反対を押し切って、ヨーゼフ二世と直接対峙するためにウィーンへの旅行を企てた。それに対してヨーゼフは、ウィーンでの教皇の行動に一切口を出さず、その行事にも顔を出さなかった。復活祭の日曜日には、教皇の説教に推定六万人の人々が集まったといわれるが、皇帝との話し合いは成果なく、分裂を回避するためのいくつかの確認が行なわれただけで、教皇は四月二二日にウィーンを去った。しかし翌年一七八三年のクリスマスに、ヨーゼフ二世は何の前触れもなく教皇を訪ね、彼と会談した。今回は一、二の問題で一致し、教皇は体面を保つことができたが、皇帝もその改革を少々修正するだけで、何も失うものはなかった。断絶はかろうじて免れた。

寛容令はユダヤ教にも拡大され、一七八二年一月二日には「ユダヤの寛容に関する布令」が出された。それは、イーディッシュ語を話すユダヤの臣民には、帳簿や教育などにおいて公用言語のドイツ語に対応することを求め、官吏によってドイツ語の苗字が与えられ、大学への入学が許され、ユダヤの印の着用も廃止するものであった。また、ユダヤには商業の他にマニュファクチュアの経営や農業を営むことが許されたが、ガリツィアで行なわれた彼らの農業への転換政策は失敗に帰した。

いわゆる「宮廷ユダヤ」は、オッペンハイマー家やヴェルトハイマー家のように相互に姻戚関係を結びヨーロッパ規模での金融や商業網を維持していたが、ウィーンでは一七八四年までシナゴーグの建設は許されず、礼拝は個人宅で行なわれていた。ユダヤのゲマインデ（共同体組織）の結成が許されたのは一八四八年になってからのことである。なお、ドイツ語が公用言語とされたのは一七八四年

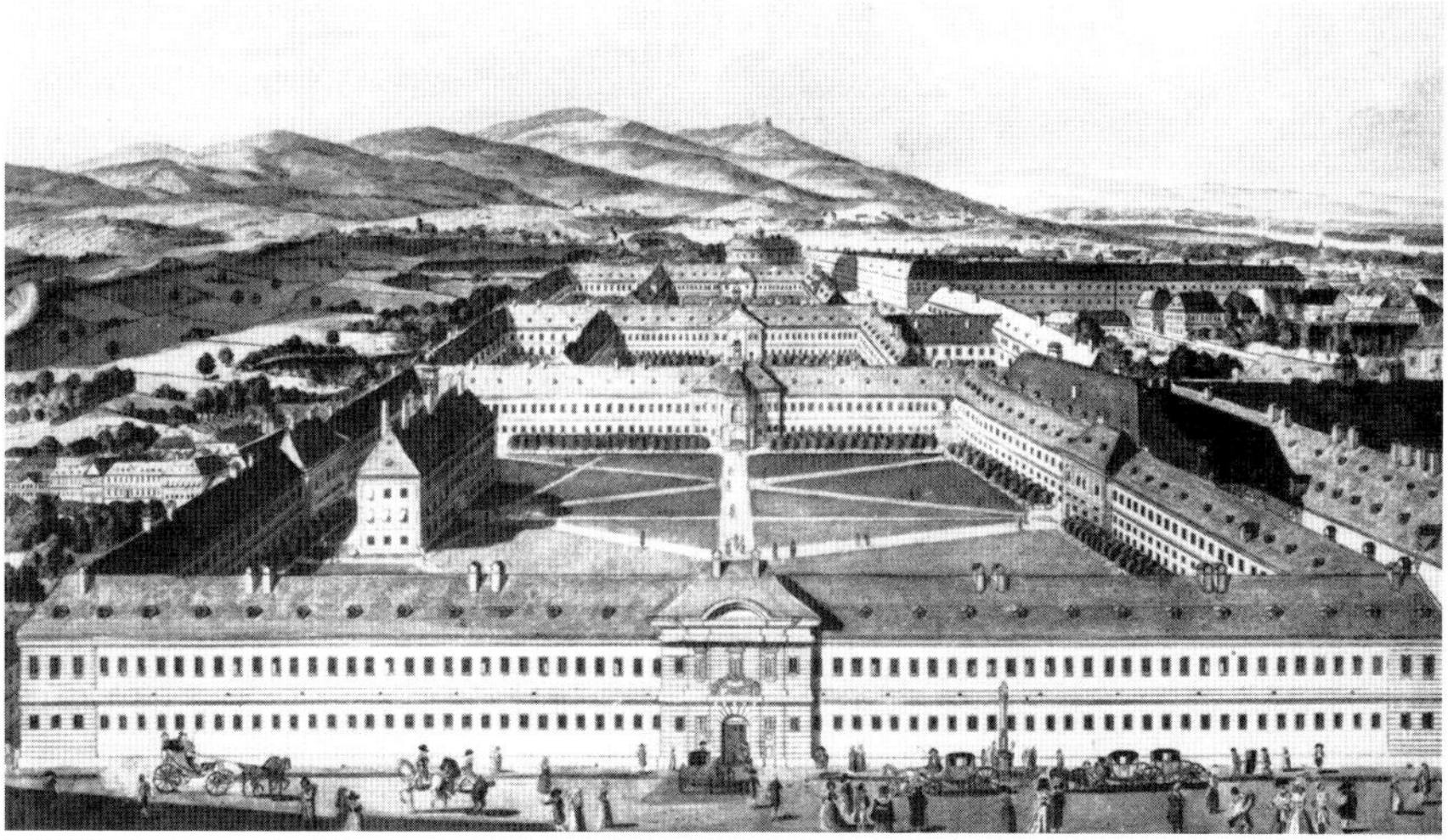

総合病院AKH　ヨーゼフ2世の命により1784年に開設された。収入のない者は無料で受け入れられた。

のことで、その適用はハンガリーを含めていたが、ハンガリーでは結局実現しなかった。

中央集権国家の首都へ

以上見たようにヨーゼフ二世の諸改革の、主要なものはハプスブルク家の支配領全体に関わるものであったが、その改革は首都とされるウィーンにも及んだ。ウィーンを帝国の中央集権的体制に組み込むために、ウィーンの自治体制に制限を加えた。まず裁判制度においては首都と地方政府を結ぶ役割を果たすために、ウィーンに作業委員会を設置、一七八二年には警察庁を設置、警察制度の中央集権化を図った。

一七八三年には市長ヘールの支持を得て市庁改革を行ない、ウィーンを中央政府による支配体制の中に組み込んだ。翌年の一七八四年には大規模な医療体制として総合病院ＡＫＨを設置、一七八五年には軍医教育の改革にも着手し、兵舎の建設を含めて帝国の軍事体制の強化改変を行なった。

文化面では王宮劇場（ブルク劇場）をドイツ国民劇場に改編（一七七六年）、一七八〇年代にはレオポルト劇場、ヨーゼフシュタット劇場の建設が行なわれ、それらはオペラ、演劇の新たな展開に寄与していくことになる。他方、一七六六年には、皇帝の狩猟場であったプラーターが市民に開放され、続いて一七七五年にはアウガルテンも開放された。それらはウィーン市民の祭典や娯楽の場としてその後の市民生活に重要な役割を果たしていった。

また、ヨーゼフは市民生活の現実問題にも介入した。一七八四年にリーニエ内のすべての墓地が廃止され、その後埋葬は布袋に入れ、カートン（箱）に納めて行なわねばならないとされた。それはもっぱら衛生上の問題であり、埋葬費用を低くおさえることも意図されていたが、カトリック住民の間では評判が悪く、実際にはあまり実施されなかった。啓蒙思想により住民の意識や風習を変えることは難しかったのである。

ハプスブルク家領内外の貴族層の抵抗は強く、改革は遅々として進まず、ヨーゼフ二世の死により改革は終焉を迎えたが、その改革は帝国を大きく変革し、中央集権的体制の一部に組み込まれたウィーンも、中央集権国家の首都としての機能を持つことになった。

第一〇章 二つの革命の間

フランス革命とウィーン会議

支配体制の反動化

ヨーゼフ二世の死去から一八四八年革命の間のウィーンは、政治的、経済的あるいは社会的転換においてこれまでにない大きな変化を見せた時代であり、それは一般的には絶対君主的封建体制から自由主義的市民の時代への転換期と位置づけられる。この間にいわば「近代ウィーン」の成立の基礎がつくられたと言ってよい。

しかしこの時代の始まりはフランス革命の影響を受け、むしろ帝国の支配体制の反動強化が見られた。ヨーゼフ二世の死後、皇帝レーオポルト二世（在位一七九〇～九二）は、ヨーゼフの改革の一部を撤回し、一七九〇年の検閲法により一連の警察支配体制を確立したが、その後継者のフランツ二世（在位一七九二～一八〇六）は、そうした転換をウィーンにも当てはめ、それを強力に推し進めた。

フランツ二世は、ヨーゼフ二世の改革を実現して市議会改編を行なった市長のヘールに命じ、特に経済に関連する統制を強化した。明らかにフランス革命の圧力とウィーンでのジャコバン主義の活動への警戒から、ウィーンに新たな工場をつくることを禁止し、それはリーニエの外（郊外町村）でも制限された。プロレタリア的な民衆の集結を恐れてのことであるが、それは経済に影響して、成長の停滞を招いただけでなく、ウィーンの都市としての発展や社会的空間的人口構成にも影響を与えた。建設の制限が、住居の減少、住宅不足、家賃の高騰を招き、リーニエ内の人口は増えず、リーニエの外の郊外町村の低水準の家々に貧しい人々が集まるという現象が生じた。

「オーストリア帝国」の誕生

革命が進展し、ナポレオンのブリュメール一八日のクーデターで総統政治が始まり、一八〇四年にナポレオンが皇帝の位につくと、その大部分をナポレオンに占領ないし彼の支配下に置かれていた神聖ローマ帝国は、その実態も意味もなくなり、名実共に崩壊した。神聖ローマ帝国の皇帝の位にあったフランツはその皇帝位を放棄し、ナポレオンに対抗してハプスブルクの領有地域を統一した「オーストリア帝国」の皇帝フランツ一世（一八〇四～三五）を名乗った。神聖ローマ帝国は一八〇六年に正式に廃止が宣言されるが、そのことによってウィーンは改めて「オーストリア帝国」の首都の地位を担うことになった。

対ナポレオン

ナポレオンと長い間対決していたフランツ二世は、イタリアなど様々なところで戦闘を続けたが、ウィーン自体も一八〇五～〇六年と一八〇九年の二度に渡りフランス軍の占領下に置かれた。

一回目の占領は奇妙な方法で行なわれた。ウィーンに迫ったフランス軍から白旗を掲げた三人の将校が北のターボア橋に現れ、オーストリア軍の指揮官に既に休戦協定が締結されたと説得した。フラ

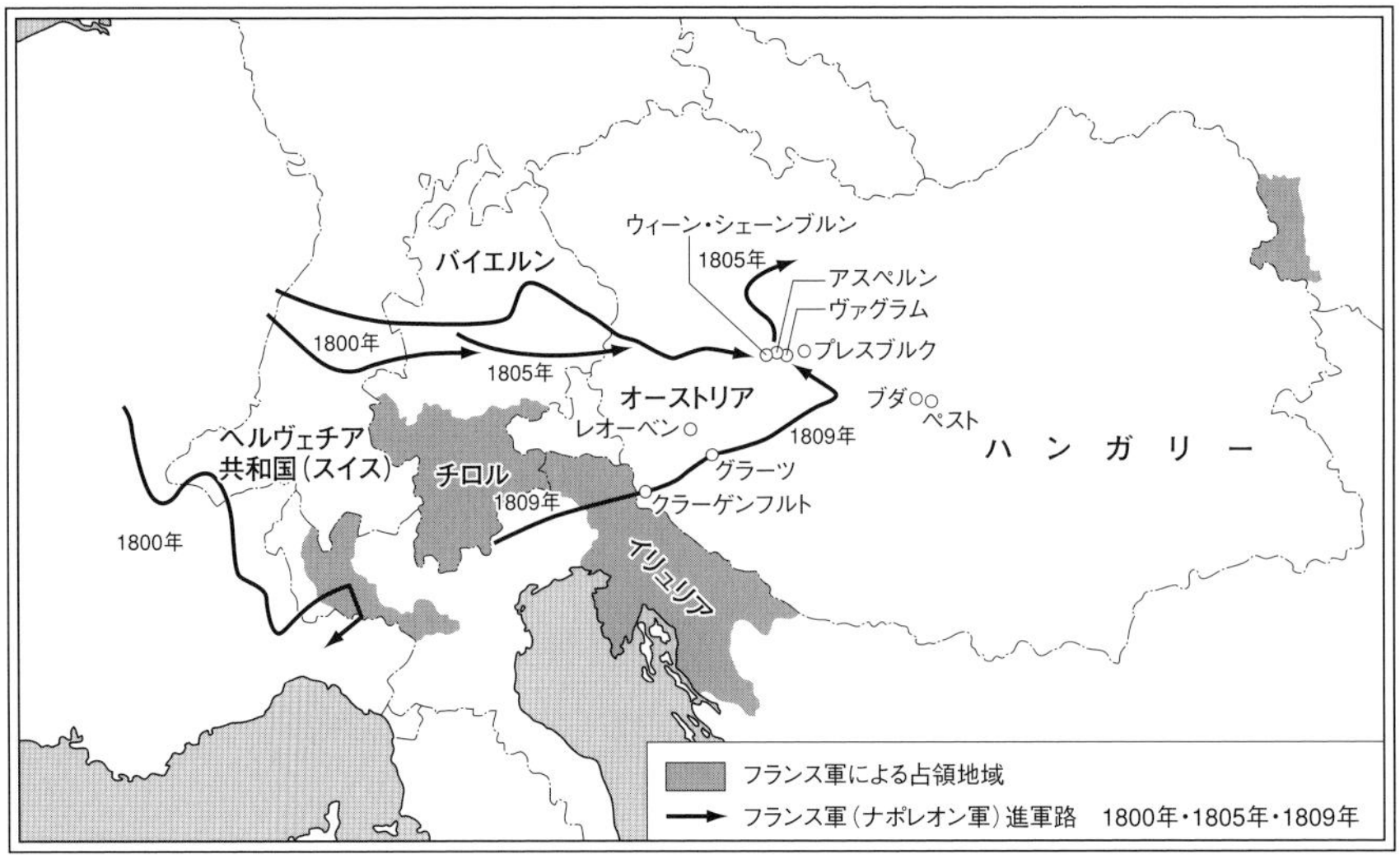

ナポレオンの戦争とオーストリア、ウィーン
フランス革命は大陸では特にドイツ・オーストリアが主要な敵であった。フランス王家がハプスブルクと親密な関係を持っていたからである。特にナポレオンは最大の敵をハプスブルク家とみて、数度に渡りオーストリアないしウィーンを攻めた。特に1805年と1809年にウィーンに入城し、ハプスブルク帝国を屈服させた。

ンス軍は抵抗もなくウィーンに入城し、住民は恐れることなく珍しげにフランス軍を迎えた。ナポレオンは数日シェーンブルン宮殿に留まっただけで、条約締結のためすぐにプレスブルク（現ブラティスラヴァ）に引き上げた。

二回目の占領はまったく異なり、フランス軍はヴァグラムでオーストリア軍に唯一の敗北を喫した後、ウィーンの町を砲撃し、入城を果たした。ナポレオンは約五カ月、シェーンブルンの皇帝フランツ一世の居室に留まり、演劇を楽しんだり、四〇歳の誕生日を祝ったりした。フランス軍の閲兵やパレードには多くの市民が押し掛け、「恐るべきコルシカ人」を見物にきた。ナポレオン暗殺の試みもあったが、問題は少なかった。フランス軍はハイドンに対しては敬意を表し、彼の家に衛兵を配置し、五月三一日にハイドンが亡くなると、その葬式にも衛兵を派遣した。六月一五日にはショッテン教会でのモーツァルトのレクイエムの演奏にも立ち会い、ハイドンの死を悼んだという。そして一〇月一四日には、シェーンブルンの宮殿でナポレオンとオーストリアの間の和平条約が締結されたが、そ

ナポレオンのウィーン入城
1805年のナポレオン軍のウィーン入城は平和裏に行なわれた。ウィーンに迫ったフランス軍から白旗を掲げた3人の将校がターボア橋に現れ、オーストリア軍に「既に休戦協定が締結された」と説明し、フランス軍は抵抗なしにウィーンに入城した。ウィーンの住民は恐れることなく珍しげに仏軍を迎えた。ナポレオンは数日シェーンブルン宮に留まった後、条約締結のためプレスブルク（現ブラティスラヴァ）に引き揚げた。

ナポレオン軍のウィーン占拠
1809年のナポレオン軍のウィーン占拠は、5月11日夜、警告なしの砲撃によって始まった。その後のヴァグラムの戦い（5月21～22日）でオーストリア軍は一時的勝利を得たが、10月14日に締結されたシェーンブルンの講和条約はオーストリアに厳しいものであった。

れはオーストリアがナポレオンに大きく譲歩したものであった。

メッテルニヒの登場

一八〇九年にフランツ一世はメッテルニヒ（一七七三〜一八五九）を外務大臣として採用、ナポレオンに対して新たな外交政策を展開していく。メッテルニヒはナポレオンと皇帝の娘のマリー・ルイーゼの結婚を成立させ、両国の関係に新しい道を開いた。

爆破された王宮前の城塞
1809年、フランス占領軍の引き上げの際に爆破された。破壊されたブルクバスタイは改修しても意味をなさないと考えられ、王宮前の新たな整備を行なうことが決められ、王宮前広場や公園などが整備され、のちのウィーンの改修整備の端緒となった。

しかし戦争は続き、対ナポレオン戦争と対英封鎖政策は、ウィーンの町にも大きな影響を与えた。特に経済的には対英封鎖は輸出の停滞を招き、インフレや物価騰貴、税金高騰を併発し、住民諸層に大きな打撃となった。下層民は生存限界を下回る状況に置かれ、それは中間層や下級官吏にまで及んだ。国家の財政不足はウィーンの町の資本不足と結びついていた。

オーストリアの戦争を経済的に支えていたのはウィーンに集中していた強力なユダヤの銀行であった。ロートシルト（ロスチャイルド）やアルンシュタイン、エスケレス、フリース、ガイミラーなどが、マリア・テレージアが開いた証券取引所を中心に、政府の戦争公債を引き受けただけでなく、私的な交易や遠隔地貿易などの資金を提供していた。そうした銀行家の力は経済界に大きな比重を占めていただけではなく、外交にも大きな影響を与えていた。当時のウィーンにおいては、多くのユダヤサロンが成立していて、そこには政治、経済の有力者が顔を揃え影響力を行使していただけではなく、芸術、音楽、文学、劇場の有名人が集まり、経済的かつ文化的刺激を与えていた。

しかしながら、対ナポレオン戦争の終わり頃には、オーストリアの財政状況は極端に悪化し、一八一一年の皇帝の財政勅書は国家財政の破綻を表明するものであった。大量にばらまかれた銀行券は量的にも統制できないものとなり、必然的に「ウィーン紙幣」に組み換えられねばならなかった。そうした混乱は、ウィーン会議後の一八一六年、「特権国立銀行」の成立、銀貨通貨への再転換と「会議銀貨」の鋳造によってようやく解消できた。

ウィーン会議

ライプツィヒの諸国民戦争（一八一三年一〇月）においてナポレオンが敗北し、パリまで進軍した諸国民軍はナポレオン体制を崩壊させた。フランスは王政を復活させ、パリで第一次講和条約が結ばれ、その後のヨーロッパの体制に関してはウィーンで改めて会議が開かれることが決められた。

一八一四年九月から一八一五年六月まで開催された会議には、ヨーロッパの主要大国や中小諸国、いくつかの大都市の代表が参加したが、「会議は踊る、されど進まず」といわれたように、連日のよ

メッテルニヒとウィーン会議（1814年）
ラインラントの貴族の出自であるメッテルニヒ（図版下）は、1809年にフランツ皇帝の外務大臣となって手腕を発揮し、1810年、ナポレオンとフランツ２世の皇女マリー・ルイーゼとを結婚させ、同年に宰相となるとナポレオンのロシア遠征にも協力した。しかしその敗北後には態度を一変させて1813年にはロシア、プロイセンと結び、同年10月のライプツィヒの戦いでナポレオン軍を破った。パリまで進軍した同盟軍は第１次の講和会議を開き、メッテルニヒと皇帝フランツはナポレオンに寛大であった。ブルボン朝の復活によるフランス支配が決められ、ナポレオンはエルバ島に流された。そしてヨーロッパの体制を話し合うために、ウィーンで会議が開かれることが決められた。ウィーン会議（図版上）はメッテルニヒの主導で、王朝の復古体制が決定され、神聖ローマ帝国は各領封国家の同盟である「ドイツ同盟」に再編された。同盟議会はフランクフルトに置かれたが、それを主導したのはメッテルニヒのウィーンであった。

うに華やかな舞踏会が行なわれ、実質的会議は、大国間の取り引き的話し合いで行なわれた。

それゆえに会議は長引き、いわゆるウィーンの最終議定書が採択されたのは、ワーテルローの戦いでナポレオンの敗北が決定的となる九日前の最終全体会議においてであった。それはヨーロッパの五大国（イングランド、フランス、プロイセン、オーストリア、ロシア）の均衡を維持しようとするものであった。ドイツに関しては「ドイツ同盟」（「ドイツ連邦」。ドイツ語の意味でもその体制の実態においてもドイツ諸国の同盟であるので「ドイツ同盟」とする）規定を決定し、スイスの中立を認め、奴隷制の廃止を宣言するものであった。

続いて一八一五年九月二六日に締結された「神聖同盟」はキリスト教に基づくプロイセン、オーストリア、ロシアの支配者同盟であり、諸民族の革命的友愛に対抗するものと位置づけられた。この同盟にはイングランドと教皇国家を除くすべてのヨーロッパ諸国が参加し、その後三〇年、ヨーロッパ内の諸紛争を外交的に解決することに寄与することになった。それは実質的には革命的、自由主義的あるいは民族的諸運動は、それぞれの国家で内政的に鎮圧すべきとするものであった。それでもそのことは、市民権思想が広がり、国民的独立運動が広がり、時には革命としてあるいは戦争として広がることを阻止できなかった。

都市としてのウィーンはその後、政治的にはそうした体制の中心として機能し、いわば復古の象徴的存在とみなされていくことになる。

メッテルニヒの時代

城壁が分ける社会階層

ウィーン会議の後の時代は、その時代を支配した「メッテルニヒの時代」とも、その時代を終わらせた一八四八年の三月革命の前の時代として「三月前期」とも、その時代の市民の生活や文化の特徴から「ビーダーマイアーの時代」とも呼ばれる。

いずれにせよ、この時代のウィーンは復古体制維持のために、警察体制、検閲体制が強化された首都であり、その頂点にはメッテルニヒと警察長官としてのヨーゼフ・セドルニツキィ伯爵が立っていた。

　ナポレオン戦争後の都市ウィーンでは、フランス軍が撤退の時に爆破していった王宮前の城壁ブルクバスタイをどうするかが問題だった。復旧しても防衛施設としては意味をなさないことがはっきりしていたので、結局王宮の前を少し広げ、公園を二つ（王宮公園ブルクガルテンと国民公園フォルクスガルテン）つくり、象徴的なブルク門をつくり、王宮前を広場として市民にも解放した。一八一七年には旧来のバスタイ（稜堡）および城壁の上の空間に樹を植え、市民に散歩道（プロムナード）として開放した。その後バスタイは、城外区を見下ろし、優越感を味わえる場所として、城壁内市民の好みの散歩道となった。城壁はいまや貴族的城内市民と庶民的城外市民の意識をはっきりと分ける社会的役割を果たしていくようになった。

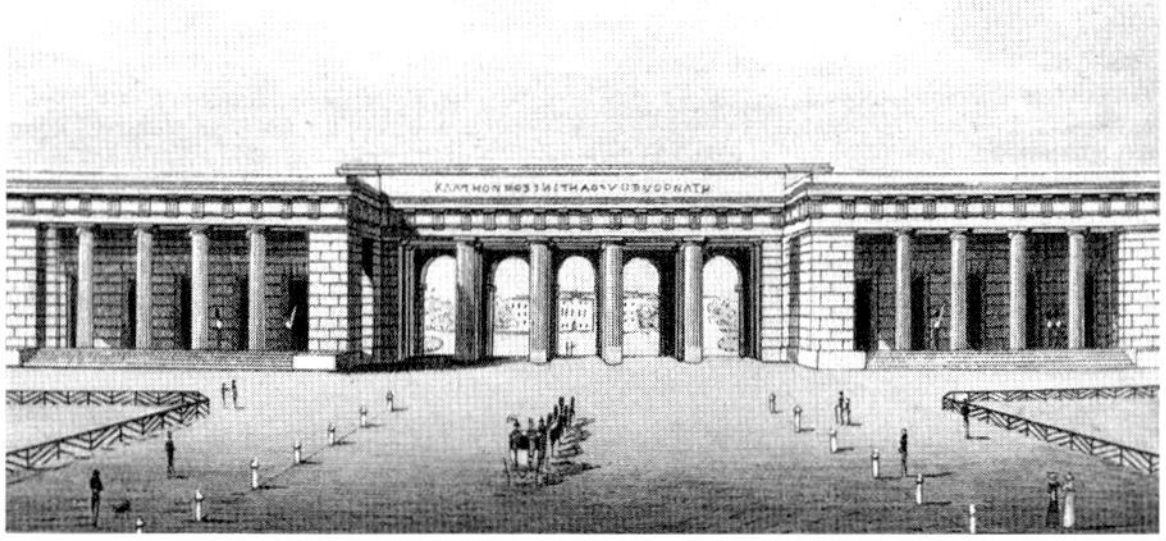

新しいブルク門
フランス軍が爆破していった王宮前の城塞は復活されることなく、閲兵場となり、その東西に王宮公園と市民公園が設けられた。ブルク門だけが元の位置より外側に新たにつくられ、のちにリングシュトラーセに結びつけられた。

ビーダーマイアー文化

　バスタイのプロムナードからの眺めは、市内の市民たちに自然の中での楽しみへの願望を掻き立て、特に金持ちの貴族や市民たちは、王族たちを模倣し郊外に別荘を建て、夏には馬車を仕立てて家族と緑の中での生活やワインを楽しむようになっていった。それは中流の市民の中にも広がり、ウィーンの市内と郊外を結ぶ乗り合い馬車や特別のルートを結ぶ大型馬車などが、稼業として登場してきた。そうした雰囲気は、「三月前期」の市民の政治意識からの隔離と「ビーダーマイアー」的生活意識を助長していった。

　政治から隔離され、西欧的な資本主義的経済発展からも取り残されたウィーンの市民は、つましい小市民的な私生活の中に自らの文化を見出そうとし、これがビーダーマイアー文化と呼ばれた。歌唱協会（コーラスグループ）や「シューベルト協会」がつくられ、フランツ・シューベルトの歌曲やヨーゼフ・ランナーのワルツが好まれ、小規模の舞踏会、家庭音楽会が流行した。著名な「楽友協会」が生まれたのもこの頃である（一八一二年）。

開放されたバスタイ　防壁としてはほとんど意味のなくなったバスタイには樹木が植えられ、1817年には市民の散歩道として開放され、市内の多くの上層市民たちにとっては格好の保養の場となった。そこからは300mの緑の斜堤の向こうに城外区の建物を見下ろすことができ、その向こうにはウィーンの森がながめられた。

都市民の階層化
図版右上・市内区の上層市民の家庭。図版左上・上層市民の散歩。図版下・市外区の屋根裏アパートに住む下層市民。

馬車輸送の活発化
都市としての拡大によって、人々の輸送手段として、馬車の利用が活発化していった。最初は市内の貴族や上層市民の個人的馬車であったものが、次第にタクシー馬車（フィアカー）あるいは乗り合い馬車として経営されるようになっていった。

下層民の生活
図版上・修道院の扶助スープを受ける下層民の家族。図版右・街路の舗装工事に働く非熟練の労働者。図版下・幼児労働も増加し、問題になってきた。

ピクニックや野外パーティー、親しい友人たちの小さな夜会も流行した。

そうした家庭的な個人的な生活に合わせた家具や絵画、食器、グラスなどとその模様のスタイルは（例えばミニアチュールや花模様）、のちにビーダーマイアー様式として位置付けられたが、それはこの時代のウィーンの市民たちの社会生活を反映していたのである。

同時にビーダーマイアーの時代は、ウィーン古典派のベートーヴェンやフランツ・シューベルトに数多くの作品を生み出させたばかりか、ヨーゼフ・ランナーやヨハン・シュトラウス父にウィーナーワルツを書かせる土壌をつくり出した。「テアター・アン・デア・ウィーン」では、ベートーヴェンのオペラ『フィデリオ』の初演が行なわれ、ブルク劇場では若きグリルパルツァーのドラマが演じられ、ヨーゼフシュタットやレーオポルトシュタットの劇場では、ライムントやネストロイの演劇が市民を喜ばせていた。

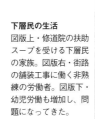

都市生活の変化

市内の建築も、パルフィー宮殿や前述の劇場など、この時代のものが数多くあるが、一八三〇年代には城外区の都市化

ドナウ川の洪水
1830年2月28日、大量の氷の固まりがドナウ川を堰き止め、ウィーンの郊外町が洪水に見舞われた。図版左はドナウ川の氷洪水の様子。図版右は郊外町イェーガーツァイレの洪水で、皇帝の兄弟フランツ・カールが救援に向かい、食糧などを届けた様子を示す。洪水は3月1日まで続いた。洪水などを予防するためのドナウ川の調整は最終的には19世紀の後半まで持ち越すことになった。

も始まり、銀行や商業センターも出現した。そのため農地は激減し、中庭に手工業の作業所を持った住宅兼用の家々が無計画に発展していった。さらにリーニエの外では、いくつもの工場が建設され、ここでは居住と工場の分離は行なわれていたが、「労働者兵舎」がより酷い住環境をつくり出していった。

住宅建築においてもロマン主義的歴史主義の時代から技術建築の時代に移り始め、ビーダーマイアー的個人住宅に代わり集合住宅的住居が建てられ、初期の工場主の豪華な住宅も現れる。デーブリングのヴィラ、アルトハーバーはその典型である。

人口の増加も顕著で、一八三〇年の三一万八〇〇〇人から一八四八年には四三万人に急増し、それは社会的変化を伴っていた。ビーダーマイアー的市民社会は産業社会的様相を強め、労働者層が多数を占めるようになっていった。上層市民層は貴族層に対抗して自己主張を強め、生活水準では彼らを凌駕するほどになっていった。

コレラの流行と上下水道の敷設
1831年にウィーンではコレラが猖獗を極めた。人々は町から逃げ出したり、胸に銅板を付けたり、腹に包帯を巻いたりして対応したが、2000人もの犠牲者を出した。ウィーン川への下水が上水に混入したとされ、下水処理のための運河が掘られたり、上水道の整備がなされた。図版上・下水道運河の工事を見る皇帝フランツ1世。工事は1831年に始められ、1834年に完成した。図版下・上水道の完成を祝う市民たち。上水道工事は1835年から1846年に全市に敷設され、「皇帝フェルディナント水道」と呼ばれた。

①

②

③

④

⑤

拡がる音楽社会

ハイドン、ベートーヴェン、モーツァルトなど、ウィーンを主要な活動の場としてきた古典派の音楽家たちは、主としてマリア・テレージアやヨーゼフ2世などの王室やエステルハージーなどの大貴族の庇護下に活動していたが、フランス革命後には、音楽および音楽家の活動範囲は拡がり、ウィーンの市民層もその活動に加わってくることになった。特に、貴族と市民が参加する1812年の「楽友協会」の成立は大きな転換であった。最初はトゥッフラウベン通りにおかれた協会は、音楽において王朝貴族と市民を結びつけ、その後のウィーンの音楽社会の拡がりに貢献していった。特に市民層に拡がっていったのは「シューベルト協会」であり、ビーダーマイアー社会の重要な音楽文化を形成していた。また、ヨーゼフ・ランナーやヨハン・シュトラウス（父）のワルツ音楽はウィーンの市民音楽文化になくてはならないものとなっていった。

①1808年、大学の講堂で行なわれたハイドンの『天地創造』初演。②1792年来ウィーンに住んだベートーヴェン。③1812年に結成された「楽友協会」の本部。④「シューベルト協会」はビーダーマイアー時代の文化生活の重要な要素であった。⑤ヨーゼフ・ランナーはシュトラウス父（のちに息子）とともにウィーナーワルツを広め定着させた。

しかし都市行政において、市民層はほとんど決定権を持てなかった。国家の権威主義的態度が市民層の参加を拒んでいたのである。ウィーン市委員会は国家政府の指令に縛られた執行機関に過ぎず、しだいに拡大された権限ももっぱら国家に奉仕するもので、市民たちからは常に

①

都市の発展（1） 新しい建造物

①まだ未調整のウィーン川の対岸のカール教会と並んで、1816〜18年に総合技術研究所（現工科大学）が設立された。②ウィーン川の下流には、1821〜23年に今日の獣医大学が設立された。③市内のサイテンシュテッテ街に永年求められていたシナゴーグが設立された。ただし外観からそれとわからないようにするという制約が付けられ、外見からは判断できない。そのため1938年のナチ支配下でも破壊されずに、今日まで保存され、利用されている。

②

③

①

②

都市の発展（2） 輸送手段の革命

①蒸気機関車の鉄道は1837年に開設された。②ドナウ川を利用した蒸気船会社は1829年に既に営業していたが、ドナウ川の調整が遅れていて、飛躍的な発展を阻害されていた。図版は1837年にリンツまでの航海に成功したアムステルダム号。

①

②

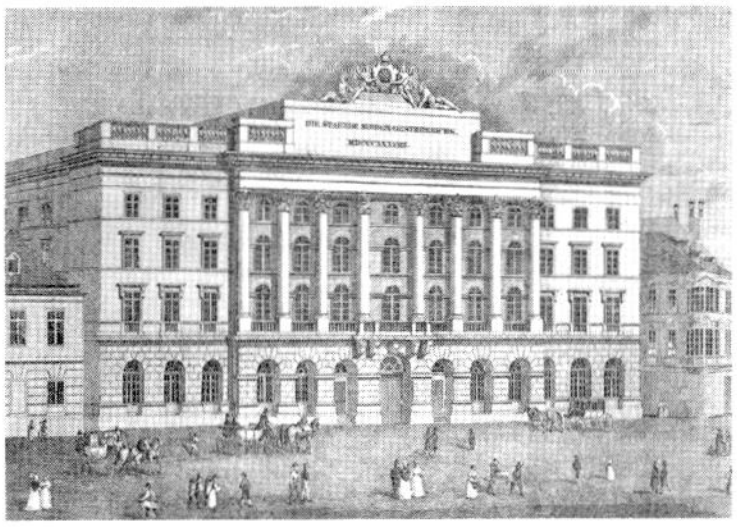
③

都市の発展（３） 1840年代の発展
1840年代に入ると、遅れていたウィーンにも産業革命や鉄道建設の波が押し寄せてきた。①レオポルトシュタットのディアナバード（室内プール）。鉄骨を使った近代的建築。1841～43年に建設された。②1847年に建設されたカール劇場を伴うイェーガーツァイレ（現プラーター大通り）は近代的繁華街となった。③ヘレンガッセの下オーストリア州の議会場。３月前期の古典主義の最後の建物。1848年革命の学生デモに襲われた。

不信感を持たれていた。さらに都市ウィーンの社会経済基盤施設の遅れを原因とした一八三〇年のドナウ川の洪水、一八三一～三二年のコレラの大流行などがウィーンの市政を苦しめた。ようやく、都市整備の一環として一八三一～三四年のドナウ川の治水のための運河、一八三五～四三年の上水道「皇帝フェルディナント水道」などが建設されたが、それらはもっぱら国家事業としてのみ可能であった。

一八三〇年代から四〇年代にかけて、市長イグナッ・ツァプカによりウィーン市独自の事業が行なわれるようになった。リーニエ外の地区イェーガーツァイレ、フントシュツルムの市有地としての統合、ドナウ川の調整、ガス灯設置、水道敷設などが行なわれた。

経済全体を見れば、一八三〇年代までは、産業生産物はイングランド製品に圧倒され独自の産業発展は遅れていたが、一八一五年には「工業技術研究所」などもでき、一八三〇年代に入ると新しい産業人世代が現れ、様々な分野で冒険的企業家が成功を収め、重要な発明も行なわれて、技術発展が経済生活を活発化させていった。

マニュファクチュアや商業、鉱業などの専門技術者が養成され、それぞれの分野での発展が他の分野の発展を促し、相互の発展を生み出していった。マニュファクチュアは初期工業化時代を乗り越え、機械化された生産は大量生産、大量消費の時代の道を開いていった。

　しかしそうした急激な発展は社会的矛盾を増幅し、一八四〇年代には市民、民衆の不満はもはや抑えきれないものとなっていった。

一八四八年のウィーン革命

革命の勃発

　一八四八年のウィーンの革命は、ウィーンの都市としての経済的、社会的発展の中で噴出してきた様々な矛盾や問題を反映していた。大量生産に伴う手工業者の没落、近くの農村からリーニエの外あるいは城外区（城壁の外で、リーニエの内側の地区）に集まる非熟練の労働者の増大、工場に働く労働者の置かれた劣悪な職住状況および機械化による大量の失業者の存在、食料の供給不足と価格の高騰、飢饉、それらに対する市当局や政府の対応の拙さにより、労働者たちは一八四〇年代には自発的ストライキや、時には暴動を起こしていた。

　そうした問題を解決すべき帝国自体の無作為に対しては、学生やインテリ層が独自の運動を展開していた。営業者は既に一八三九年に「下オーストリア営業協会」を結成し、一八四一年には知識人層

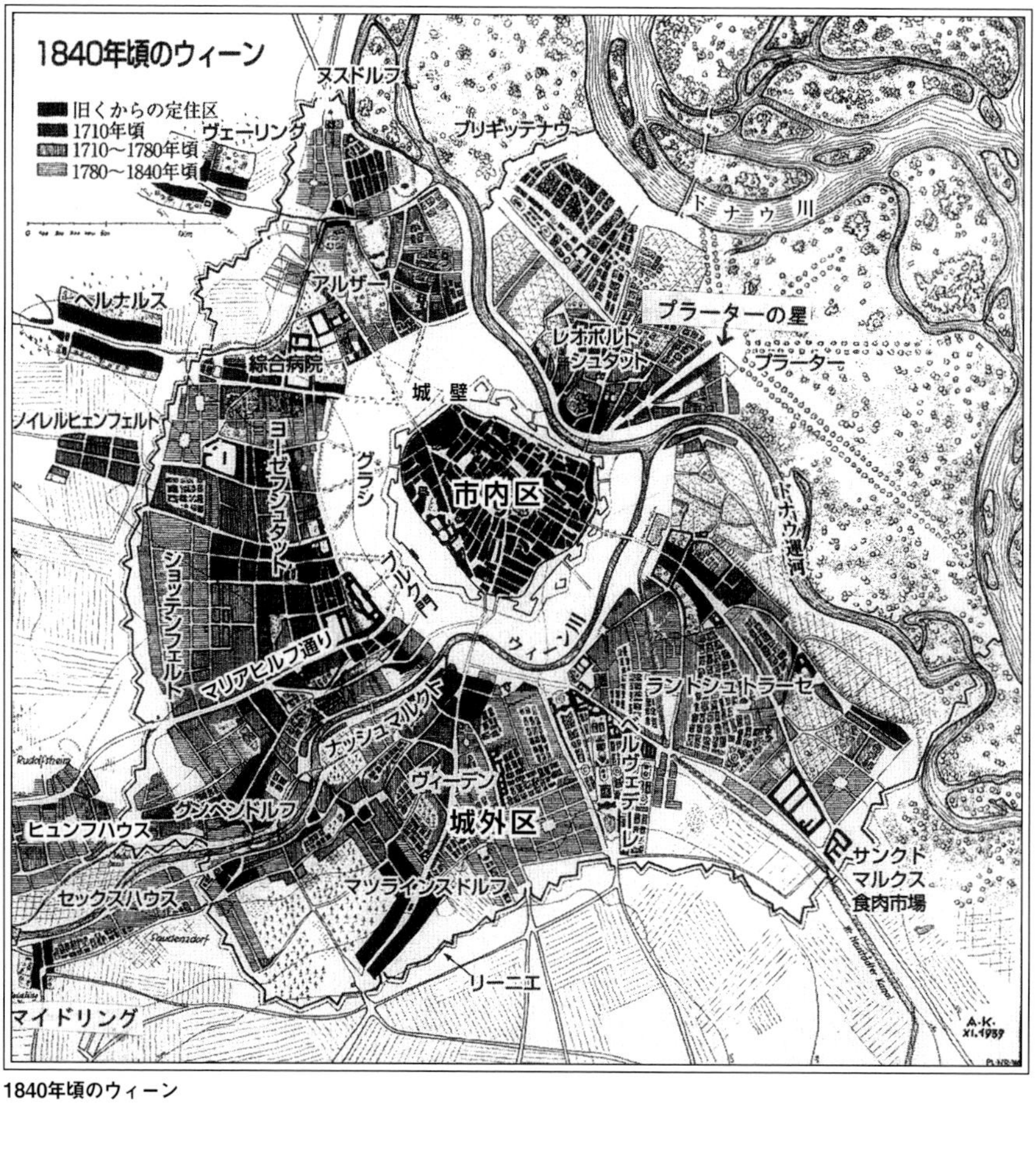

1840年頃のウィーン

が「法政読書会」を組織し、請願書を出すなど社会的制度的変革の要望を運動化していった。

一八四八年三月一三日にパリの二月革命の影響を受けて、学生たちが行動を起こす。大学の講堂に集まった学生たちは、独自に提出していた請願書への返答を求めて、ヘレンガッセにある下オーストリア議会場まで、ウィーンでは最初のデモ行進を行なったのである。議会場の中庭ではフィッシュホーフの「ウィーン最初の自由の演説」が行なわれるなど集会は市民を含めてふくれあがり、危機を感じたメッテルニヒは、兵の出動を命じた。集会への発砲により、三人の犠牲者が出て、人々は「バリケードを築け！」と叫び、市内に散った。たちまち数十ものバリケードが築かれ、軍との戦闘、にらみ合いが始まった。

壁の外の革命

その頃、市内の出来事を伝え聞いたリーニエの外の労働者地区ヒュンフハウス、セックスハウスでは、自然発生的に集会が持たれた。そして市内の学生の運動を援助するために、工具や棒切れで武装し、石をポケットに突っ込んでマリアヒルフ通りを行進し、市内に向かった。その途中では教会や屋敷が襲われた。

しかし集団がブルク門に到達すると、市門は軍の命令で閉鎖され、バスタイには黒い砲門が口を開けていた。これは政府や軍が市外区および特にリーニエの外の工場地帯の貧民や労働者をいかに恐れていたかを示す処置である。一五〇〇年前にオスマンの大軍の攻撃を支えた城壁はいまやウィーン郊外の労働者の介入を防ぐ役割を担うことになった。

市内への突入を阻止された労働者たちは市（城）外区に引き上げ、市外区とリーニエの外で独自の社会革命を遂行することになった。市外区の不正を働くパン屋や肉屋ならびに教会を襲撃し、日用品の高騰を招いていたリーニエの消費税徴収所を襲い、門を打ち倒し、事務所には火をつけた。

最後に労働者の一群は、リーニエの外にある、自分たちを解雇したり、安い賃金で搾取していた工場を襲撃し機械を打ち壊した。いくつもの工場には火が掛けられた。その火を市内の官邸から確認したメッテルニヒは辞任を決意し、変装してウィーンを脱出し、ロンドンへ亡命した。市外区とリーニエの外の労働者たちの社会革命が、長く続いたメッテルニヒ体制を崩壊させたのである。メッテルニヒは、亡命途中からのロートシルト宛の手紙の中で、ウィーンのこの革命を正しくも「社会的革命」と認識し、それはもはや自らの手には負えないと書いていた。

この労働者たちの社会革命は、三月二八日には、ウィーン最大の食料市場であったナッシュマルクトを牛耳っていた「ナッシュマルクトの王様」を実力で排除し、市場の自由を確立したりした。

このように、労働者たちの社会革命は住民の社会生活の中から独自の課題を掲げて生まれた自然発生的な革命であった。

民衆の一時的な勝利

皇帝はそうした圧力に押され、検閲の廃止、憲法の制定、市民軍（「国民軍」）の組織化を認め、市民層の政治的革命（「市内区の革命」）に譲歩を示すことによって、革命を収めようとした。武器を自前で用意できる市民層を基礎にし、各市区の公安を維持する目的で結成された国民軍は、市外区の労働者の社会革命を抑えることを意図していた。ウィーン市委員会も、有産市民と教養市民に委員会の選挙権を与えることで市民層を懐柔し、革命を政

革命の始まり

学生たちのデモ（図版右上）と市門に押し寄せた労働者たち（図版上）。図版右下・デモに対する軍の発砲。

治的ないし制度的問題の中で平和裏に抑えこもうとした。

しかし、革命の行動部隊であった学生たちは、ウィーン市民層とは別個の国民軍＝「アカデミー軍」を形成し、労働者の社会革命と市内区の革命を結びつけ、

市内区（城壁内）の革命

図版左・学生市民の革命は検閲の廃止と「国民軍（市民治安部隊）」の成立を勝ち取り、市内には数多くの新聞とビラ、プラカードが溢れた。図版右・市民、学生の犠牲者の葬儀。

革命を継続しようとしていた。ピラースドルフ首相の下に組織された「革命政府」は、四月二五日に欽定憲法（ピラースドルフ憲法）を発布し、立憲君主制に移行する案を示したが、それは選挙により選出された代表によるものではなかったので、学生や急進派の人たちの反発は大きかった（同じ頃フランクフルトの国民議会の代表を選出する選挙が行なわれていたので、不満はより大きかった）。

そうした中で、五月一四、一五日に、労働者たちによる再度の工場襲撃運動が起こり、学生たちも王宮に向けて「嵐の誓願デモ」を敢行する。それには国民軍の一部も加わって市街戦となり、政府は皇帝をインスブルックに逃避させてしまった。さらに五月下旬に政府が革命陣営の分裂を図り、大学の閉鎖とアカデミー軍の解散を命じると、五月二六～二八日に学生と学生を支持する国民軍による三度目の蜂起が起きた。市内には一六〇ものバリケードがつくられ、革命軍は実質上ウィーンの実権を握り、学生と国民軍の指導部からなる「公安委員会」が形成され、ウィーンを実質的に支配した（五月革命）。

公安委員会は労働者の「労働権」の要求も認め、パリの革命にならって「公共

王宮前の大バリケード

「五月革命」時に市内に築かれたバリケードの配置図

民衆による襲撃
市内に入れなかった労働者たちは、市外区で独自の革命を遂行した。日頃の嫌がらせに対してパン屋、肉屋を襲い（図版右）、生活費の高騰の主因であった消費税の徴収所を焼き討ちした（図版右下）。最後に機械を導入して自分たちを解雇した工場を襲撃して火をつけた（図版上）。それはまさに「社会的な革命」であった。

労働」を組織し、失業者に労働の場を与えて賃金を保障したが、そこに働く労働者の数は二万人にも上った。その他委員会は下層民の日常的要求の多くを実現しようと努力した。この「公安委員会」が指導権を握ったウィーンは、一時的ではあるが、歴史上初めて働く民衆の要求を聞き届ける市政を実現したのである。しかしながらそれは時代を大きく先取りしていたがために、君主権や市民たちの力によって打倒されてしまう。

プラーターの大虐殺

この間、都市としてのウィーンの「市委員会」も選挙規定をつくり、五月二〇日にはそれに基づく選挙が行なわれた。市委員会は一〇〇人の委員から構成され、新たな市の秩序体制を議論し、一〇月五日まで永続的に開催されていた。商業法の権限は国から市に移り、食料供給、失業者の宿、スープ分配、緊急労働分配などを行なったが、いずれも十分な成果をあげることはできず、労働階級、手工業者階級は崩壊の寸前にあった。

七月末の選挙により新たにつくられたヨハン大公の内閣と議会は、その主力が穏健自由主義者であり、議会は憲法の議論に費やされていった。ハンス・クドリッ

ハンス・クドリッヒ
学生の革命運動に参加。負傷して故郷に戻り、そこから帝国議会に選出され、農民の賦役制度などの廃止を主張、採用される。

プラーターの大虐殺
1848年8月24日、国民軍による労働者デモへの襲撃。賃金カットに抗議する労働者のデモはプラーターで国民軍の襲撃を受け、22人の死者と340人の負傷者を出した。それは革命分裂の転換点となった。

ヒの努力により農民の賦役と領主裁判権の廃止を定めたのが唯一の成果であった。

この間皇帝が不在なために、ウィーンの政治経済活動は動かなくなっていた。市民たちは皇帝の帰還を待望し、その働きかけによって八月一二日に皇帝はウィーンに戻る。ウィーンは平穏を取り戻したかに見えたが、それは表面的なもので、ウィーンには公共労働を求めて多くの失業者および労働者が集まった。彼らを管理するのは国民軍の仕事であったが、小中営業者を主体とする国民軍は自らの営業に戻り、その仕事を放棄していった。そのためその任務は主として学生のアカデミー軍によって担われていった。

そして、政府と市の公共労働の予算が底をついてくると、政府は労働者、最初に女性と子供の賃金のカットを発表した。賃金カットに抗議する労働者たちは八月二四日に女性や子供を含む大デモを敢行し、それに対して彼らが市内に入ることを恐れた市内の国民軍の騎馬部隊が、プラーターで何も持たないデモ隊を襲い、女、子供の見境いもなくサーベルで斬りつけて二二人の死者と三四〇人の負傷者を出す事件が起きた。この「プラーターの大虐殺」によって、革命は市民と労働者に分裂し、公安委員会も機能不全に陥り自己解散してしまう。ウィーンの支配権は再び皇帝とその政府に握られたかに見えた。しかし事態はそこで終わらなかった。

十月革命

一〇月、革命的なハンガリー軍と対立していたクロアチアのイェラチッチを援助するために、軍事大臣ラトゥール（政府の中で彼のみが王朝派であった）が出したハンガリーへの出陣命令を近衛兵が拒否し、革命的国民軍が同調してターボア橋で線路を外して輸送を阻止し、帝国軍と橋を挟んでの銃撃戦となった。結局出陣は阻止され、勝利した近衛兵と革命軍は捕獲した三台の大砲を持って市内に入り、シュテファン教会前で再度軍隊との争いとなった。民衆は皇帝の武器庫を襲撃し、労働者にも武器が渡された。

出陣命令を出した軍事大臣のラトゥールは軍需省の建物内で民衆に殺され、軍需省前のアム・ホーフ広場の街灯に吊るされた。その間に皇帝はウィーンを抜け出してオルミュッツに逃げた。そこから皇帝は、プラハにいたヴィンディッシュグレーツ将軍にウィーン奪還の命令を下した。

革命勢力が完全に掌握したウィーンからは多くの金持ち市民も逃げ出したため、新たに選出された「市委員会」が一〇月七日に招集され、市の行政を引き受けた。その実質的指導権は急進的革命派の手にあった。それは、立憲議会の急進民主派の議員、市外区の小市民派の国民軍、アカデミー軍の学生、「民主主義協会」に加わった知識人たち、そして新たに武器を手にした労働者たちから構成されていた。彼らは皆武装し、ウィーン防衛にあたった。その司令官には、国民軍の司令官で文筆家のメッセンハウザーが任命された。初めて武器を渡された労働者の部隊はポーランド人の革命家ヨーゼフ・ベムが率いた。

帝国議会は一〇月二二日に皇帝の命令で解散されたが、多くの議員がウィーンに残り、左派自由主義者の議員は「残部議会」を形成し、革命派の抵抗を認証した。奇妙なのは新たな市委員会の態度で、彼らは毎日通常総会を開き、市民に鎮静を呼びかけていたが、彼等に属する防衛処置は支持していた。しかし同時に皇帝軍とも連絡を取り、ヴィンディッシュグレーツの信頼を得て、革命後も生き残ろうとしていた。

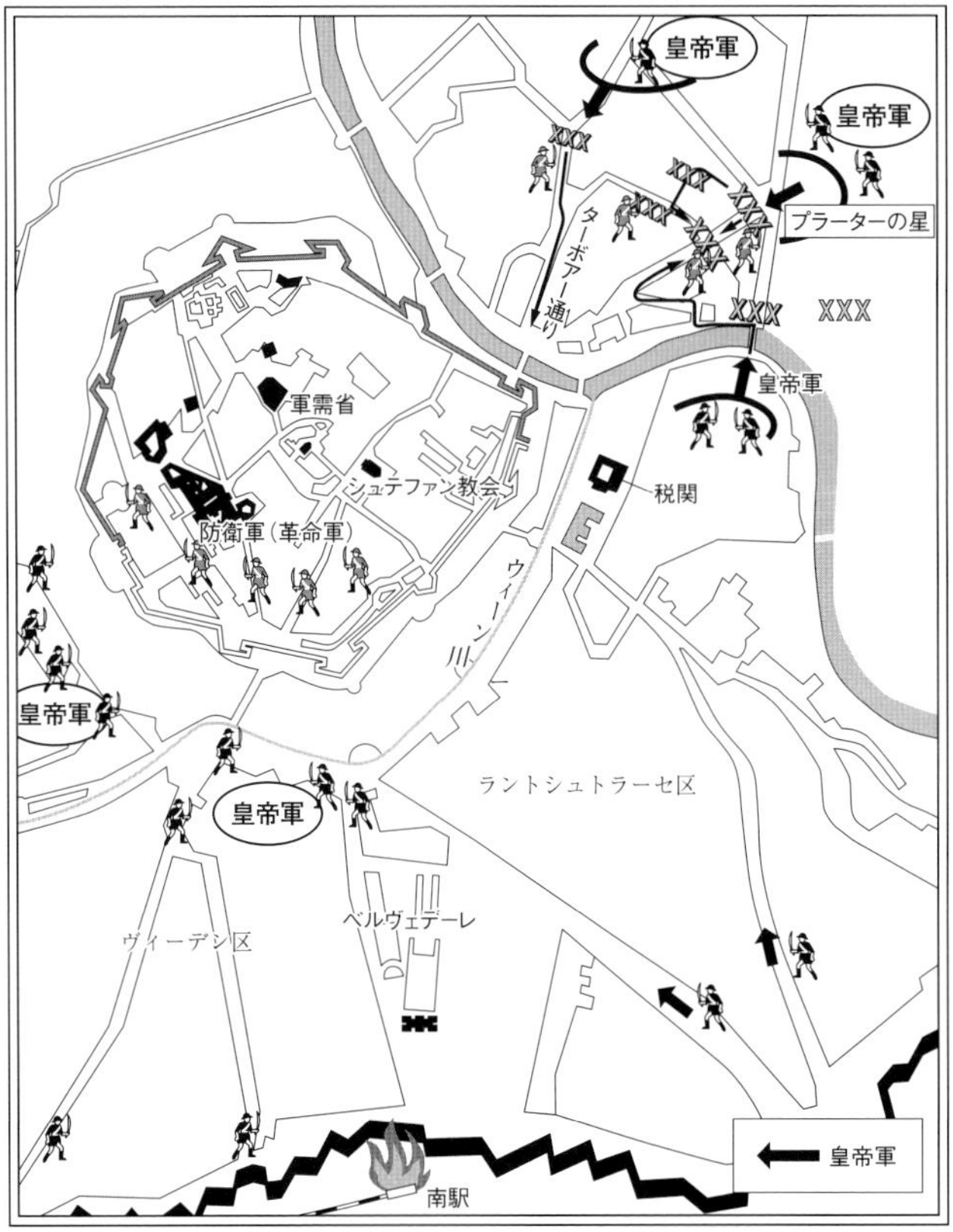

ウィーン攻防戦（1）
防衛軍（革命軍）と皇帝軍の動きを示す。「プラーターの星」に多くのバリケードが築かれていた。

最後の攻防

ウィーンをめぐる攻防戦は一〇月二四日から三一日まで続いた。ヴィンディッシュグレーツの軍とイェラチッチの部隊は、ウィーンを完全に包囲し、最初はブリギッテナウの守備隊を攻撃した。その後ヌスドルフに大砲を並べ、市内を砲撃した。二五、二六日には最大のバリケードが築かれたレオポルトシュタットの広場「プラーターの星」をめぐって激しい戦いが行なわれ、砲撃により多くの家々が燃えあがったが、バリケードは墜ちなかった。

二七日、ヴィンディッシュグレーツは、二四時間内の降伏を求め、二八日午前に総攻撃をかけた。同日皇帝軍はラントシュトラーセやレオポルトシュタットを占領し、メッセンハウザーは和平を求めて降伏を命じ、翌二九日に停戦となった。三〇日にはハンガリーから革命軍への援軍がやってきたが、ウィーンの手前のシュヴェヒャートでクロアチア軍により阻止された。三一日、皇帝軍は城外区に入城し、バスタイ（城塞）に残った抵抗部隊に砲撃を加え、その夜には市門から市内区に入った。戦闘でどれだけの犠牲者が出たか定かではないが、防衛側では少なくとも四〇〇〇人の犠牲者があったと伝えられる。皇帝軍はそれより少ないと見積もられている。実際には市民の犠牲者の数はもっと多かった可能性があり、死者二〇〇〇人という説もある。

ウィーン攻防戦（2）
革命軍にウィーンを占拠された皇帝はヴィンディッシュグレーツ将軍に奪還を命じ、皇帝軍はウィーンを包囲し、砲撃した。

ヴィンディッシュグレーツはウィーンに戒厳令を敷き、検閲を再導入した。翌日、二三七五人の者が逮捕された。そのうち五三二人が軍事裁判にかけられ、七二人が死刑を宣せられ、二五人の死刑が執行された。メッセンハウザーは、自ら「撃て！」の号令を出すことを許され、銃殺された。フランクフルトのドイツ国民議会から派遣された議員のローベルト・ブルムは、戦闘に参加した廉で銃殺されたが、革命家のヨーゼフ・ベムは首尾よく脱出し、その後ハンガリーの革命軍に参加した。その革命の敗北後はオスマン帝国に逃げ、アレッポで一生を終えた。

革命後のウィーン

こうしてウィーンの一八四八年革命は、ヴィンディッシュグレーツ軍の鎮圧により押しつぶされたが、それは都市としてのウィーンの歴史にどのような意味を持っていたのだろうか。

三月の革命の勃発時に、革命が市内区と、市（城）外区ないしリーニエの外の革命との、異なる性格を持つ二つの革命により始まったことは当時のウィーンの都市の社会的発展の落差を反映するものであることは既に述べた。その後、特に社会的に中立である学生の主導により、両者が結びついて社会革命的傾向を強めていき、王朝的な都市支配を打破するかに見えた。しかし伝統的な（三月前期のビーダーマイアー的）小市民意識は、そうした進展についていけずに、リーニエ外の労働者への恐怖から、「プラーターの虐殺」を契機に王朝的秩序に戻ってしまう。

結局、ウィーンの都市としての発展が、政治的にも社会的にも（ということは経済的にも）十分に進展していなかったことにより、政治的針は中間的態度を装う王朝的バランスの間に留まってしまったということができる。もちろん、その際独占的な王朝の軍事力が大きな役割を果たしていたことは言うまでもない。

そして都市ウィーンは、その後そうした社会矛盾を抱えたまま、近代的な大都市へと発展していくことになる。

ウィーン攻防戦（3）
図版上・攻防戦の中心は「プラーターの星」であった。革命側はここに強力なバリケードを築き、最後までこの戦線を維持した。図版左・皇帝軍には、コッシュートのハンガリー革命に対抗するクロアチア軍が投入され、その凶暴な赤マントは革命軍を恐れさせた。革命軍には労働者も女性（「アマゾーネ」と呼ばれた）も加わり、その両者はバスタイに籠もり最後まで抵抗した。図版下・革命軍を指揮したのは文筆家でもあった将校のメッセンハウザーで、多勢に無勢で28日に降伏を命じ、自らは城壁の下で銃殺処刑された。「撃て！」の号令は自らかけることを許された。

第二章 大都市ウィーンの成立

革命後の新体制

新絶対主義体制

一八四八年の革命とその終焉のあり方は、帝国オーストリアの歴史に大きな影響を与えたが、その首都としてのウィーンにも新たな課題をもたらした。

オーストリア帝国は、ウィーンにおける市民、学生、下層民などの諸階層の革命的反乱を、軍隊によってようやく鎮圧することができた。また帝国支配下のハンガリー、チェコなどの諸民族の離反はロシアの援軍によってのみ抑えることができた。その後に成立した体制は近代国家に必要な憲法を伴った絶対主義的体制で、「新絶対主義体制」と呼ばれ、首都としてのウィーンもそれなりの変革を伴わねばならず、様々な問題が生じてきた。

一八四九年三月の新たな欽定憲法は、ウィーンに帝国の首都の地位を与え、その行政機関の所在地とした。内相のシュタディオンはそれに加えて、ウィーン市の拡大を提案した。市議会は財政とインフラの問題から拒否したが、一八五〇年には拡大が実現した。ウィーン市は三四の城外町を統合し、それを二～八区に組織し、ウィーンの大都市への地理的基盤がつくられた。

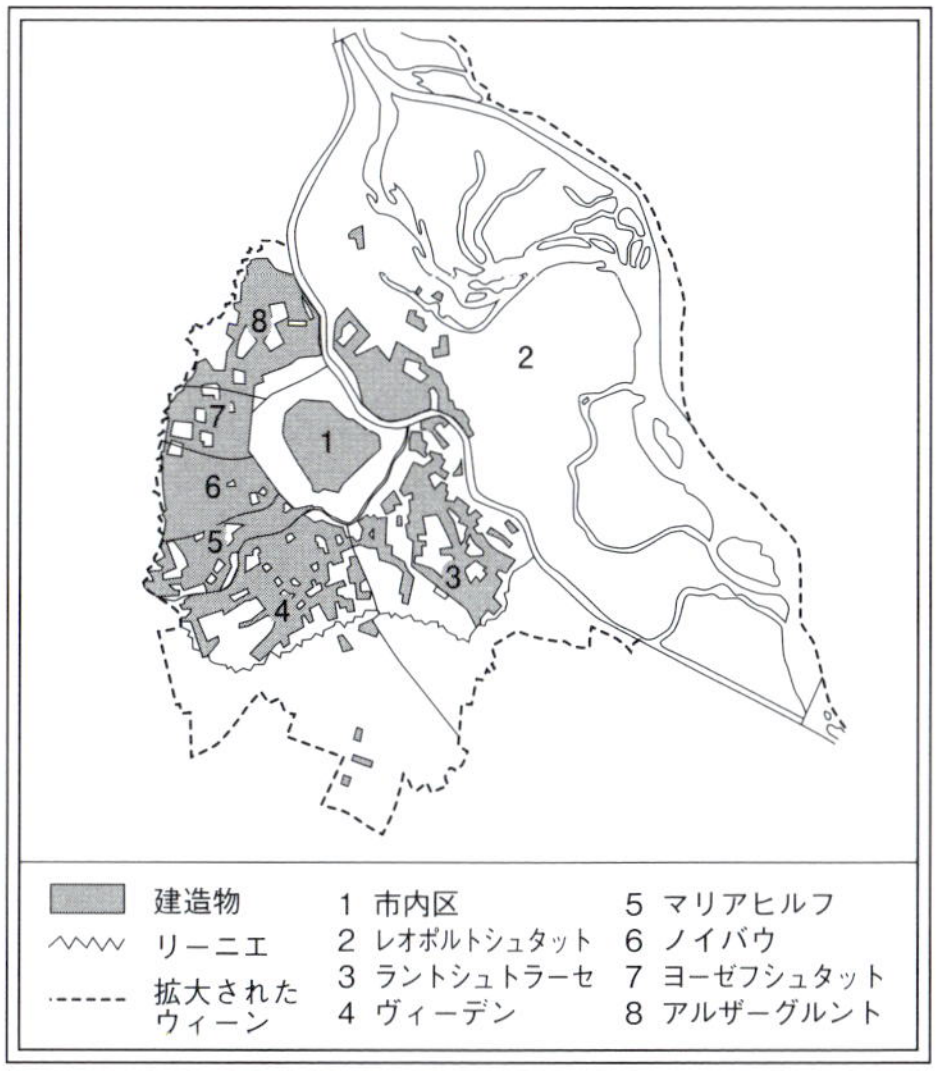

拡大するウィーン（1850年）
1850年のウィーンの拡大は、城外町に加え南部および北東部のリーニエの外側の地域を統合した。そこにはボヘミア・モラヴィアからの労働者が住み着いて、のちの労働者区の10区を形成する。

革命時の市民的解放運動は新絶対主義体制によって政治的には挫折したが、経済的分野においては、大ブルジョア市民の資本主義的経済体制に対応する国の体制と法が実現していった。それには三つの法が重要であった。

一つは、革命の最中に実現した農民解放令であり、農民の都市労働者への「解放」が実現した。一八五四年の鉄道営業令は経済発展の基盤を提供し、一八五九年の営業の自由令はギルド強制を廃止し、自由競争を保証した。

一八五七年の不況と軍事行動の不振により経済発展は一時水をさされたが、この間に城塞撤去の議論が進み、一八五七年一二月、皇帝の勅書により、城塞の撤去と都市の開発が決定され、その後のウィーンの発展の道が示されることになった。

リングシュトラーセの完成

サーベルと宗教の支配

皇帝の勅書は次のように述べていた。

「市内区を拡大し市外区と適度に結びつけることを考え、市内区の拡大に直ちに着手すること、そして我が帝都ないし首都の整備と美化を図ることが、私の意志である。その目的のために、私は市内区の城壁と堡塁並びにその周りの掘割を喜んで撤去するつもりである。堡塁と掘割の撤去によって獲得される空間およびグラシ（斜堤）の土地は、その他の目的のために留保されない限り建築用地として供給される。それによって獲得された利益は建設資金として利用され、国家資産拡大のために、特に公共の建造物の建築費として、あるいはなお必要とされる軍の施設の費用に供される」

　そうした勅令に基づき、一八五八年一月にウィーンの都市改造計画のための「都市改造委員会」が設置され、改造計画案の国際公募が行なわれた。公募には八五もの応募があり、一二月に三つの案

リングシュトラーセ計画図　城塞撤去後のウィーンの都市改造計画の公募で採用された計画図の一つ。左上と右上に兵舎、左中にヴォティーフ教会が描かれている。

城塞撤去前のケルントナー門

城塞撤去工事　ドナウ川支流に沿ったローテントゥルム門付近。

が採用され、委員会において、いくつかの修正がなされ、一八五九年九月に皇帝の承認を得た。

しかし、革命の恐怖が残っていた委員会においては、最初は軍部の発言力が大きかった。そのため城塞の跡地につくられるべき環状道路は市外区やリーニエの外の労働者や下層民の革命から市内区を守る機能が強調され、三つの兵舎が宮廷と市内区を守るように配置され、環状道路は軍隊のパレードや展開に適応して五七メートルもの幅を持つものとされた。

そうした軍主導の環状道路建設を、『世紀末ウィーン』の著者のC・E・ショースキーは、皇帝暗殺の試みからの生還を祝い、同時進行的に建設されていた兵士埋葬のためのヴォティーフ教会を含めて、「サーベルと宗教の支配」と名付けた。

リングシュトラーセの開通式　1865年、ブルク門の前に最初のリングシュトラーセが開通した。

オペラ座前のリングシュトラーセ
オペラ座前が最初に開発された。オペラ座とその前の豪華な邸宅ハインリヒホーフが見える(左端)。

オペルンリンク

しかし、一八五七年の世界恐慌と一八五九年の軍事的失政により、軍部の発言力は弱まり、その後のリングシュトラーセの建設に関しては、ブルジョアジー（金融資本家）に主導権が移っていった。

リングシュトラーセ建設は、一八六五年五月一日に最初の部分が完成し、皇帝により開通式が行なわれた。その後は環状道路沿いの住宅などの建設・開発が志向されていった。

最初に開発されていったのは、「オペルンリンク」と呼ばれるオペラ座の近くのリングシュトラーセで、オペラ座の真ん前に象徴的な住居を建てたのは、リングシュトラーセ開発に必要な大規模なレンガ製造工場を建てて財をなしたハインリヒ・ドラッシュであった。その宮殿のような住居は「ハインリヒホーフ」と呼ばれ、その後のリングシュトラーセの建物のモデルとなった。その並びには、やはり開発で巨利を得たロートシルト家、テデスコ、エプシュタイン、ゴンペルツ、ライテンベルガー、ヴィーナー、ヴェル

王宮、ブルク門前の開発計画図
手前の２つの博物館（自然史博物館と美術史博物館）と右奥の新宮殿のみが実現した。

トハイムなどのユダヤその他の大金融資本家たちが大きな宮殿や屋敷を建てた。

　オペルンリンクの次に開発されていったのは、王宮前のブルク門の近辺であり、その地域の開発には著名な設計者が呼ばれ、「カイザーフォールム（皇帝広場）」として設計されたが、二つの王宮博物館（自然史博物館と美術史博物館・一八七一～八一年）と新王宮の東側部分だけが実現し（一八八一年）、リンクをまたぐ跨線橋も西側王宮も、資金不足と帝国の危機により実現することができなかった。

「法と文化の四辺形」

　そうした王宮の新築に対抗するかのように、市民レベルでの大規模な開発が行なわれたのが、のちにC・E・ショースキーが「法と文化の四辺形」と呼んだ地域である。元々は地形が悪く、練兵場としてしか使えなかったヨーゼフシュテッター斜堤が皇帝からウィーン市へと引き渡され、市当局はここに市民の力を示す建造物を建設していくことになる。

　最初に完成したのは、一八八三年に完成したパーラメント（議事堂）で、同じ年に新市庁舎も完成した。翌年には新大学が完成したが、建物の様式はそれぞれの用途に従い様式を歴史の中から選択するという「歴史主義様式」が選択された。

　議事堂は議会主義の発祥した時代のギリシャ様式で、一九〇二年にはその正面にアテナ像の噴水までがつくられた。市庁舎はバロック様式での建設案が退けられ、中世の自由な都市を象徴するネオゴシック様式で建設された。しかしその中央の塔の高さはシュテファン教会の高さ以下に抑えられてしまった。市民は腹いせに（？）塔の上にウィーンを象徴する騎士像を付け加えて、その高さを誇った。大学は学問文化が栄えたイタリアのルネッサンス時代の様式が採用された。これら三つの建物はリングシュトラーセの外側に建てられているが、この一角のリングの内側にはブルク劇場が市庁舎と向かい合って存在し、それも一八八八年に拡大され「新ブルク劇場」とよばれるようになったが、その様式は市民と貴族が共に演劇に興じたという初期バロック時代の様式を採用していた。こうした建物群の真ん中には公園が設けられ、市民のさまざまな催し物が開かれていくことになるが、その公園に立って四周を見渡すと多少奇妙な気分になる。

　そうした「歴史主義」はその後クリムトや建築家のオットー・ヴァーグナーなどの「世紀末文化」（ウィーンでは「世紀転換期の文化」以下「世紀転換期の文化」とする）によって批判されていくことになるが、こうしたリングシュトラーセ文化が展開していく最中に、ウィーンあるいはオーストリアは政治的社会的にも大きな転換

①

②

③

「法と文化の四辺形」地区の開発
①左手前が国会議事堂、その奥に建築中の市庁舎、そのさらに右が大学。大学の向こうの塔はヴォティーフ教会。②完成した議事堂。③大学。

ケルントナーリンクの大金融資本家たちの豪華な住宅群
オペラ座からシュヴァルツェンベルク広場まで続いていた。

市立公園　公園にはウィーン川から水を引いた池もあった。

楽友協会の新しい建物（1871年）

完成直後のリングシュトラーセ
完成したリングシュトラーセを散歩する上級市民と行進する兵士。警官の姿も目立つ。

期を迎える。

移民都市ウィーン

爆発的な人の移動

一九世紀のウィーンの人口は、特に後半の半世紀に急速に増大する。一八〇〇年には二三万一〇〇〇人であった人口は、

市電　馬に引かせた市電もでき、やがてリングシュトラーセにも導入された。

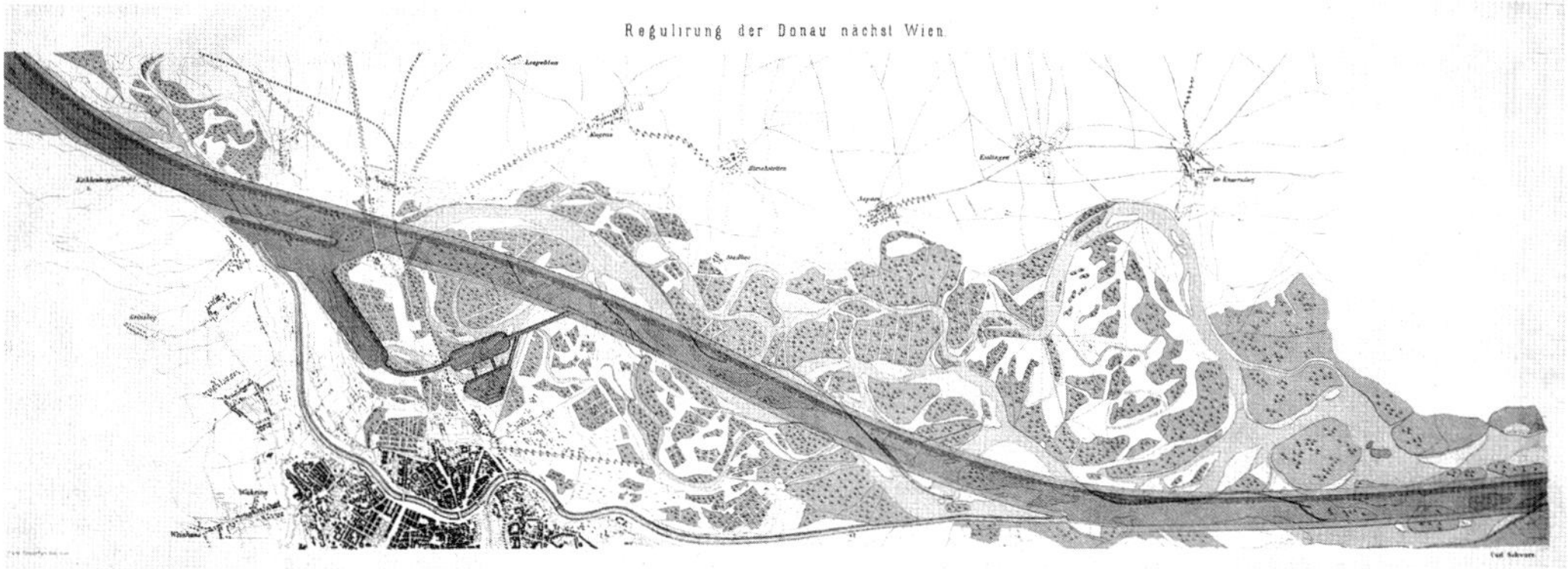

①

②

ドナウ川の整備
①1875年、ドナウ川の整備もようやく行なわれた。ウィーン沿いの流れは「運河」として整備された。
②新しい本流で大きな船も通れるようになった（1875年）。

帝国最初の国勢調査が行なわれた一八五一年には四三万一一四七人に倍増していたが、その後の半世紀には四倍となり、一九〇〇年には一六四万七九五七人へと急増している。

　そうした爆発的な人口の増大には、医療の発展による乳児死亡率の減少、平均寿命の延長、疫病の克服などによる生存年齢の延びは微々たる影響しか与えていない。ヨーロッパのほぼすべての近代都市と同様に、ウィーンの人口拡大の最大の要因は外部からの流入であった。一九世紀の前半においてはウィーンへの移民流入の確定的数字はないし、そもそも帝国内での移動の自由や市民権、居住権の概念もなかった。移民といってもせいぜい貴族層の家族の移動や知識人や学生の移動、渡り職人や商人たちの一時的滞在、労働滞在などが主要で、その数は三、四万人に過ぎなかったと推定されている。

　そうした状況を変化させたのは、一八五九年に制定された営業の自由令であり、それは同時に居住の自由、移動の自由を意味していたため、オーストリア帝国の住民の移動に拍車をかけた。さらにプロイセン・オーストリア戦争における敗北によりドイツ同盟から排除された「オーストリア帝国」が、一八六七年にハンガリー王国との間で「アウスグライヒ（妥協）」を結び、いわゆる「二重帝国」が成立したことも大きな影響を持った。

　オーストリアは西側よりも東側に開いた帝国となり、その首都としてのウィーンもむしろ東に向けて開かれた都市とな

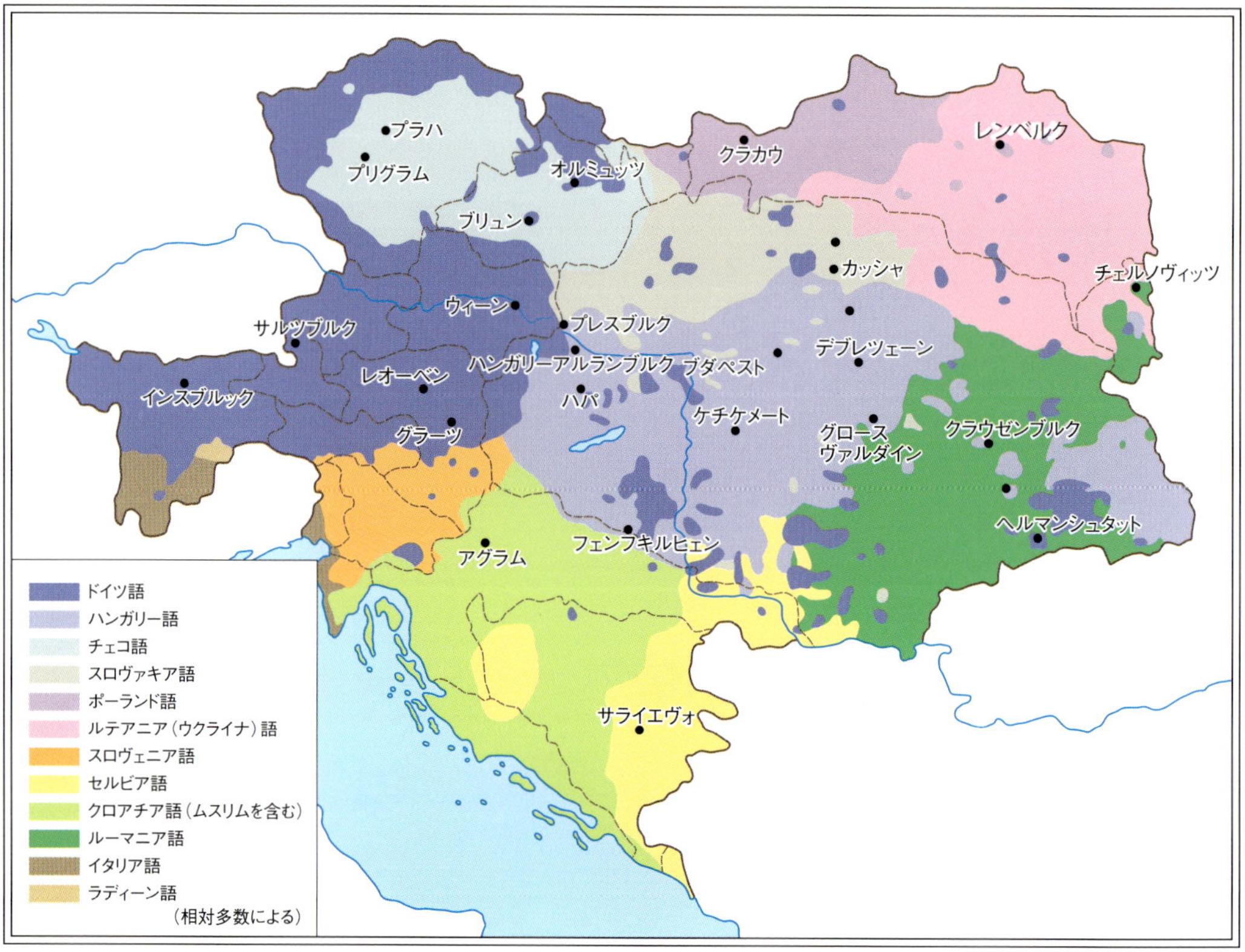

言語分布による「二重帝国」の民族構成

出生地	1856年	1890年	1910年	1934年
ウィーン	**207,817人** (44%)	**610,062人** (45%)	**991,157人** (49%)	**1,077,102人** (57%)
下オーストリア	**69,353人** (15%)	**155,379人** (11%)	**225,456人** (11%)	**236,524人** (13%)
その他の現在のオーストリア諸州	**18,647人** (4%)	**51,395人** (4%)	**66,754人** (3%)	**112,609人** (6%)
ボヘミア、モラヴィア、シュレージエン	**105,353人** (22%)	**378,074人** (28%)	**499,272人** (25%)	**292,880人** (16%)
その他の外国（ハンガリー、ドイツ、ガリツィアなど）および不明	**68,051人** (15%)	**169,638人** (12%)	**248,782人** (12%)	**155,015人** (8%)
合計	**469,221人**	**1,364,548人**	**2,031,421人**	**1,874,130人**

ウィーンの人口と住民の出生地の変化

ウィーン生まれの者が半数を超すのは第一次世界大戦後のことである。

り、ハンガリーやボヘミア、ポーランドとの結びつきを強めていった。同年一二月の法令は、国民代表や司法権を定めると同時に、国民の基本権として、諸民族の同権と市民婚、国立の義務教育学校を定め、諸民族の移動営業の自由を認めていた。

　そうした中で、一八六〇、七〇年代にはまずマジャル化の強化を逃れるべく多くのドイツ系ないし非ハンガリー系の人々ならびにユダヤの人々が、ウィーンに逃れてきた。その後はさらに、オーストリア帝国内の諸州とされたボヘミア、モラヴィア（ベーメン、メーレン）からの「チェコ人」ないし分割併合されたポーランドのガリツィアのユダヤがウィーンに移動してきた。

　特にチェコ人の労働者の多くは、リングシュトラーセの建設と多数の建造物に必要なレンガ工として、主として一〇区につくられた工場で働き、その周辺に住んだ。ユダヤの人々は商業分野での上下様々な分野に入り、学生たちも多かった。彼らが住むところはその条件により異なったが、下層の人々はもとのユダヤ居住地区があった二区のレーオポルトシュタットが多かった。

リーニエの内と外

　移民の増加に伴い、ウィーン市はその行政範囲をリーニエの外にまで拡大していった。特に南部の一〇区ないし五区には多くの移民労働者が住みついて、生活水準も低いことを理由に「リーニエ内」と差別され、別の区に分けられてしまった。しかしそのことによって、この「リーニエの外」にはその後も多くの移民労働者が住みついた。その他のリーニエの外の郊外町も随時ウィーン市に取り込まれ、ウィーンは地域的にも人口的にも大都市として成長していった。

　その構造は、リングシュトラーセに囲まれ、王侯貴族や金持ち市民の住む「市内区」とリングの外から「リーニエ」までの旧ウィーンの「市外区」、そして「リーニエの外」という同心円的な三つの地域に分けられていった。それぞれの地区が異なる社会を形成し、異なる文化と意識を持った住民を抱えることになった。そのことは、その後のウィーンの政治や文化の展開に大きな影響を与えていくこととなる。

拡大するウィーン（1890年）
周りの郊外町を吸収し拡大したウィーン。

②

①

③

市外区の様相の変化
旧い職住混在の地区（①）に代わり近代的工場が建てられていった（②）。同様に、元は居住地区だったヨーゼフシュタットにも工場が進出していった（③）。

1873年のウィーン万博会場
主会場は「ロトンダ」（丸屋根を持った円形建物）と呼ばれた。しかしこの万博は恐慌を勃発させ、コレラの流行もあり見学者の数も期待ほどではなく、700万人に留まり、多くの借金を残した。ここでリングシュトラーセの建設ブームの好景気は終焉する。

「新しい政治」の擡頭

こうした都市構造と住民構成の変化と国家社会体制の流動化は、ウィーンに新しい政治運動を生み出すこととなった。最初に大きな問題となったのは、ボヘミア（チェコ）州のアウスグライヒの要求であった。一八七一年のドイツ帝国の統一後、皇帝フランツ・ヨーゼフは、ハンガリーと同様にボヘミア王として戴冠して、ボヘミアともアウスグライヒを約束

ウィーンの恐慌
万博の開催された五月一日の直後、五月九日にウィーンの証券取引所での株の暴落が起こり、その後一八九〇年代まで続いた恐慌を引き起こした。図版は証券取引所前の混乱した様子。

していた。それに対してはハンガリーが反対を表明したため、ボヘミアの州議会は反発し、チェコ語とドイツ語の二言語使用を要求したので、ドイツ人議員が州議会を去り、アウスグライヒも成立しなかった。その後チェコ人は、ウィーンの帝国議会で抗議の議事妨害を続け、ウィーンはチェコ人とドイツ人の対立の舞台となった。

一八八〇年には「タフェの言語令」が成立し、チェコ州における二言語使用が認められた。プラハでは、カレル大学がチェコ語とドイツ語の二つの大学に分割され、チェコ語の科学アカデミーが成立した。

しかしそれは、プラハのドイツ人とズデーテン地方のドイツ語人の反発を招き、ゲオルグ・シェーネラー率いるドイツ民族主義運動が起こった。その運動は、一八九七年の「バデーニの言語令（チェコ語とドイツ語の完全同権化）」を契機に過激化し、帝都ウィーンでも帝国議会での論

没落する庶民　恐慌は多くの株式会社や銀行の倒産を伴い、特に手工業の小市民や労働者に打撃を与えた（図版上）。失業者に対する救済は私的な慈善組織にまかされていた（図版下）。

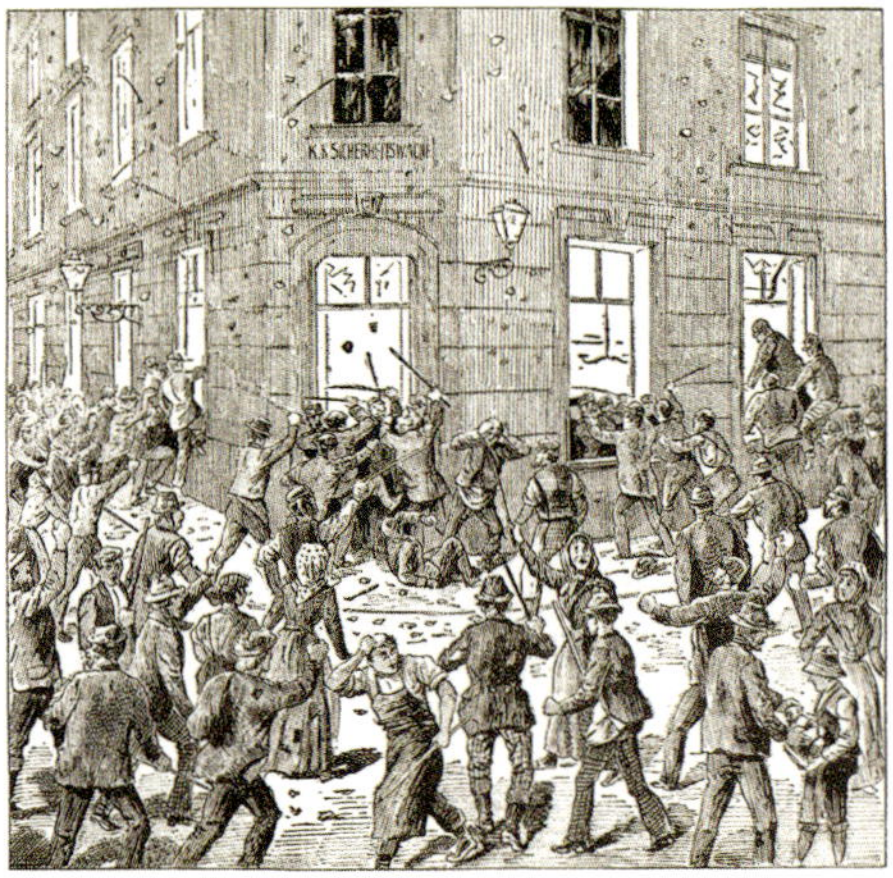

庶民の暴動と質屋
手工業者や労働者たちは暴動を起こすか（図版左）、唯一の公的援助施設であったドロテウムの質屋に出かけるしかなかった（図版右）。

都市の近代化
カール・ルエーガーは市長時代にウィーン市の改造や経済発展を推し進めた。1980年代には電化が始まった。図版上・1882年の電気街灯の導入の様子。図版右・市長となったルエーガーは1898年には路面電車会社を市営化し、1896〜99年にはガス会社の市営化を実現した。

争や街頭闘争などの激しい「ドイツ民族主義運動」を生み出した。シェーネラーは、ドイツ民族の統一を果たしたビスマルクを賞賛し、二重帝国を解体させ、ハンガリーやスラブ民族を切り離し、チェコを含むドイツ人地域をドイツ帝国と合体させるという「大ドイツ主義」を主張した。

　ドイツ民族主義を主張するシェーネラーに対して、経済的に没落していくウィーンの手工業者などの中間層の復興を主張し、カトリックの再興を目指してユダヤの資本家やデパートなどを攻撃し、中間層を結集した運動を展開したのは、自由主義運動から転向したカール・ルエーガーであった。ルエーガーは、一八九一年には「キリスト教社会党」を結成し、ウィーン市議会選挙で多数派を形成して市長に選出されたが、歴史的に親ユダヤ主義の皇帝に三度に渡り拒否された。しかしその度に再選挙を行なって勝利し、一八九七年にようやく妥協が成立してルエーガーは市長となった。

　市長としてのルエーガーは、市電網を整理し、ガスや電気会社を市有化して整

①

②

③

3つの新しい政治勢力

①キリスト教社会党の創始者カール・ルエーガー。②ドイツ民族主義者のゲオルグ・シェーネラー。③オーストリア社会民主党を結成したヴィクトーア・アードラー（左）。④ウィーン市外区にけるルエーガーの選挙演説の様子。

④

ウィーンの新しい政治

図版上・反ユダヤ・反チェコ人のカリカチュア。国勢調査で両者の数が増え、オーストリア人（ドイツ人）の勢力が減少していると警告している。図版右・青年時代のヒトラーの肖像画。友人によって描かれたもの。

①

②

③

カフェ文化 ①19世紀後半のカフェ文化を象徴するカフェ・グリュンシュタイドルの様子。カフェにはヨーロッパ中の新聞が置かれ、文士たちが集まり議論していた。②「若きウィーン」派の旗手のアルトゥール・シュニッツラー。③カフェ文化をも批判したカール・クラウス。

備し、都市ウィーンの整備を行なった。その過程でユダヤ資本家の援助を批判されると、「誰がユダヤかは私が決める」と述べた。

このシェーネラーとルエーガーの二人が活動していたウィーンにヒトラーが滞在し（一九〇六～一三）、その影響を受けたことは彼の『我が闘争』に明記されているが、もとよりその記述のすべてが正確であるわけではない。

以上二つの政治勢力に対抗していたのは、ヴィクトーア・アードラー率いる「社会民主党」の勢力である。アードラーは医師として勉強し、最初は自由主義の運動を行なっていたが、やがて労働者教育協会の運動に加わり、雑誌や新聞を発行し、一〇区のチェコ人レンガ工の医師として活動し始めた。その後、ドイツなどに旅行してベーベルやエンゲルスと知り合い、社会民主主義の運動を統一し、「オーストリア社会民主党」を形成した。

しかし運動は政府の弾圧にさらされ、ウィーンでその成果を出すことができたのは、一九〇七年に男子普通選挙制度が導入（女性の参政権獲得は一九一八年）された以降のことで、第一次世界大戦とロシア革命の経験が大きな変化をもたらし、戦後にはウィーンの選挙で圧勝し、「赤いウィーン」を形成していった。その後も社会民主党はウィーンを中心として、次第に地方都市にも運動を広げていった。

世紀転換期の文化

伝統的手法との決別と分離派の活動

一九世紀後半のウィーンの都市構造に変化をもたらしたのが、城塞の撤去とリングシュトラーセの建設であったことは、当然ながら一つの文化的傾向を持っていた。リングシュトラーセが、城塞の代わりに市内区の住民の生活と文化を、市外区とリーニエの外の侵犯から防御する役

④

①

⑤

②

⑥

③

分離派による都市の変化

①オットー・ヴァーグナーによる鉄道建設（現在は地下鉄）。②オットー・ヴァーグナーの住宅ファサーデの模様。③分離派の展示場。④オットー・ヴァーグナーの郵便貯金館の建物と⑤その内部。⑥王宮前のミヒャエラー広場のアードルフ・ロースの商館。

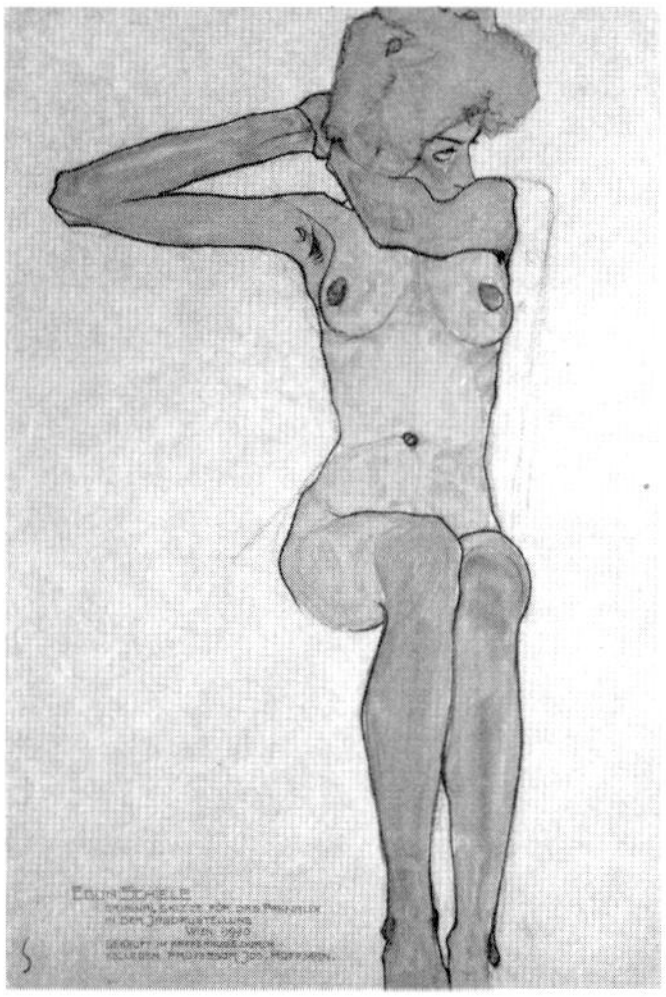
①

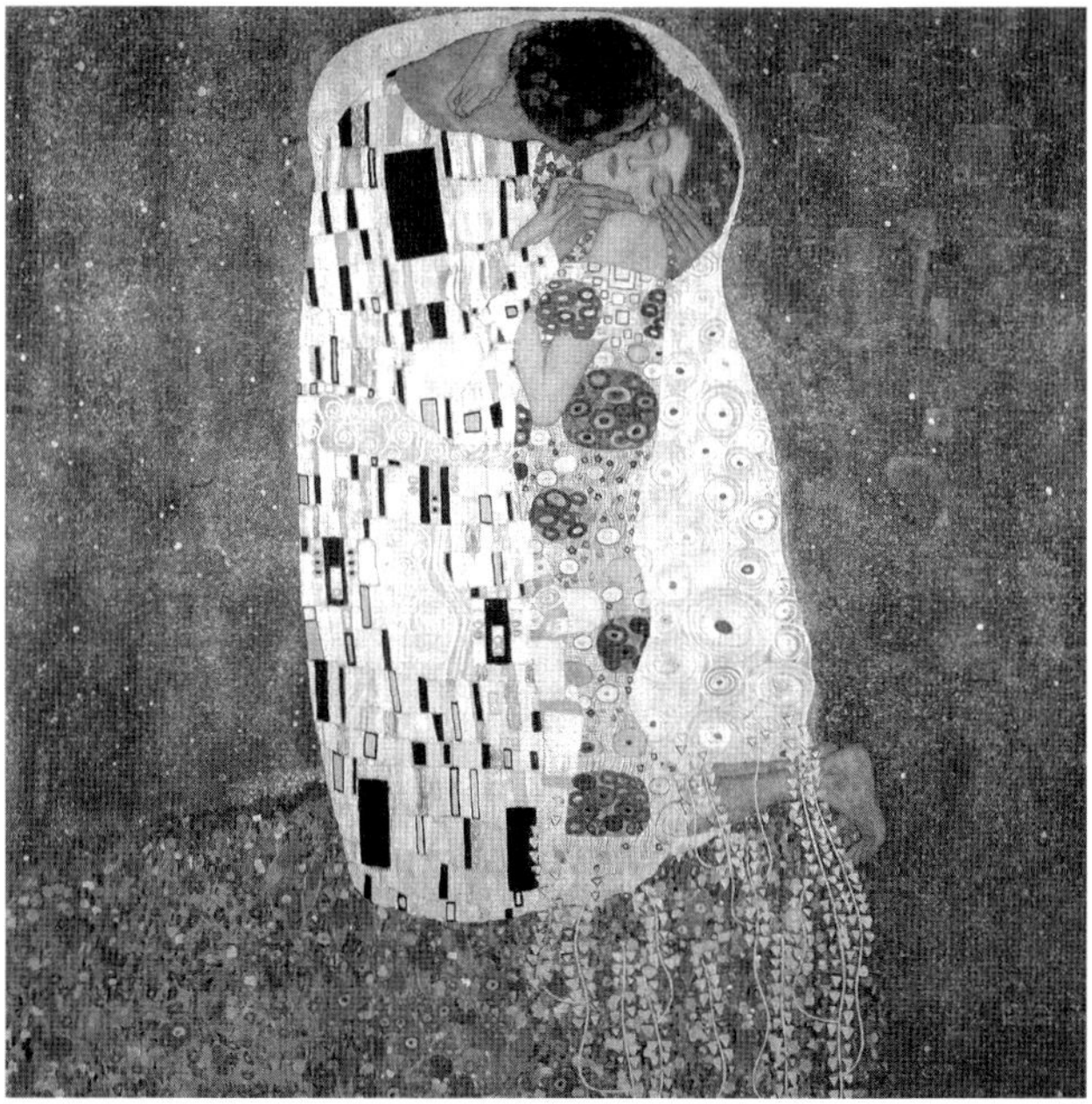
②

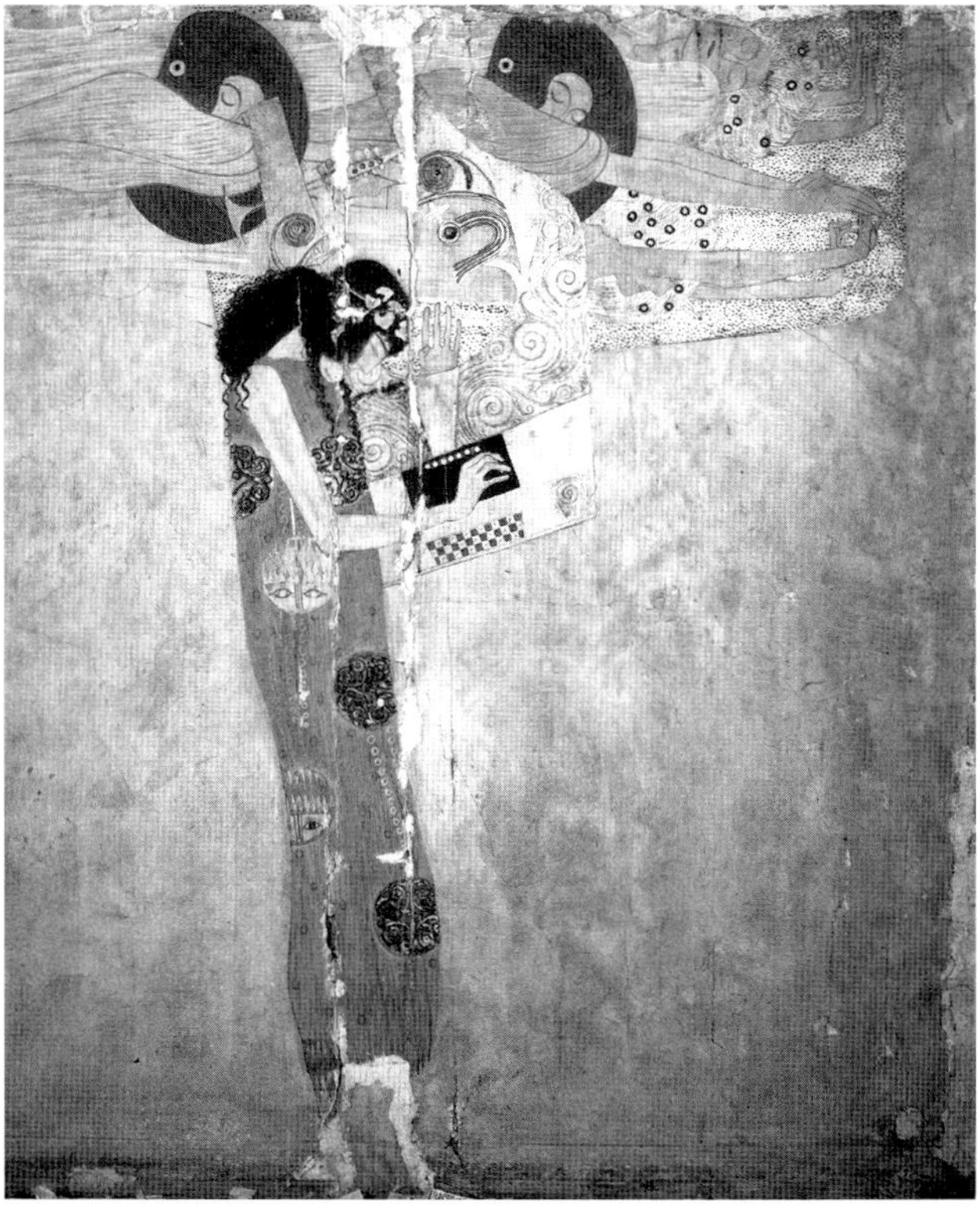
③

世紀転換期の絵画芸術　①エゴン・シーレのデッサン『座る裸婦』。②クリムト『接吻』。③クリムトの壁画『ベートーヴェンフリーズ』。

割を担わされていたことは既に述べたが、そのためリングシュトラーセは軍事的防衛線であるとともに、文化的にも市外区との明確な区別を表現するものであらねばならなかった。そのため、リングシュトラーセに建てられた諸建築物が、一方では伝統的な王朝様式のバロック建築であるが、伝統的市民の歴史を表現するゴシックやルネッサンス、あるいはギリシヤ様式まで採用されていったことは、前述のとおりである。

しかし、東方からの移民の流入によって拡大されたウィーンの文化においては、そうした西欧的歴史に基づく様式は古くさい「歴史主義」に過ぎないと映ったとしても、不思議はなかった。そうした建築をいち早く批判したのは、既に斬新な様式の建造物をつくっていたオットー・ヴァーグナーであり、彼は一八九五年に『近代建築』という本を書いて、リングシュトラーセの「歴史主義」建築を「老残の身を晒す形式の世界」として徹底的に批判し、「ユーゲントシュティル」と呼ばれる新たな様式とスタイルの建築を推進した。

　ブルク劇場の壁画を伝統的な手法で描かされたグスタフ・クリムトもそうした伝統的な絵画様式を批判し、大学の天井画を大胆な手法で描き、一八九七年、伝統的な時代主義と決別し、「分離派」を形成した。分離派にはクリムトの他、エゴン・シーレや「ウィーン工房」のホフマンやモーザーらも加わり、二〇世紀の始まりのウィーンの芸術文化の主流を占めていった。

　こうした新しい文化芸術の担い手ないし保護者となったのは、東方のチェコやハンガリーあるいはさらにポーランドなどからやってきた若い学生たちや富裕なユダヤの人々であった。ヴァーグナーの都市改造への参画やいくつもの新様式の建物は、世紀転換期のウィーンに新たな風景を付け加え、ウィーン工房が提供する現代的な家具や模様などは市民たちの生活に新たな芸術性を付加することになった。

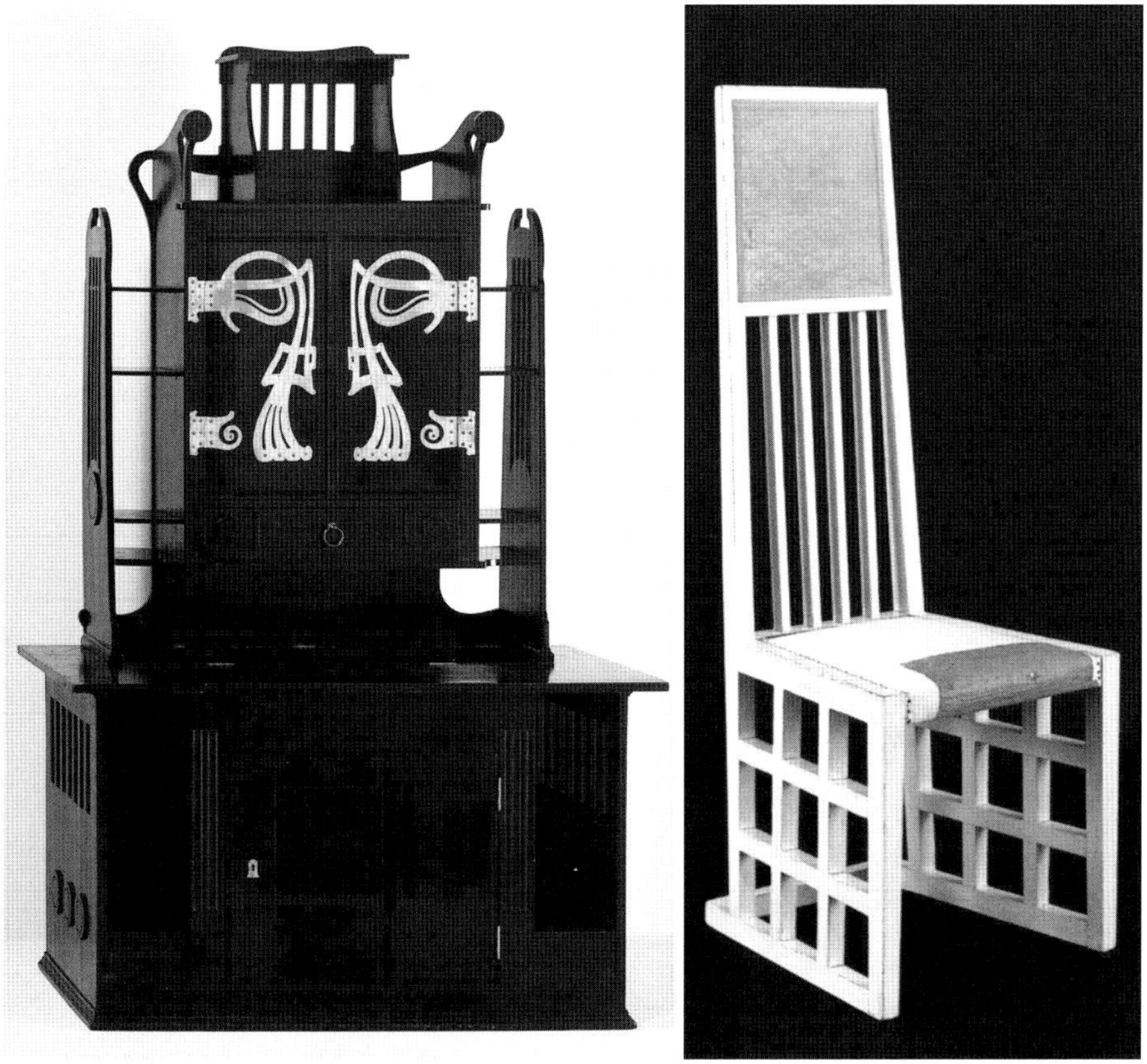

ウィーン工房の家具
ウィーン工房の諸作品はウィーンの上層市民の生活感覚を変えた。図版はヨーゼフ・ホフマンの戸棚と椅子。

哲学、文学、音楽の新展開

　それに加えて、文学や学問や音楽においても、これまでの古典的発想を打破し、斬新な発想や論を展開する者が多数出てきた。

　精神分析の創始者であるフロイトは、

当時多くの患者が出て大きな病院まで建設された精神病の治療方法として、対話による「夢判断」を提起して、その治療に新しい方法を導入した。哲学の分野においては、ルートヴィヒ・ヴィトゲンシュタインの影響を受けた「ウィーン学団」がつくられ、分析哲学の道を開いたが、やがてナチ体制下で弾圧された。

文学においては、ウィーンの伝統的なビーダーマイアー的文学とは異なる視野の広い文学が現れる。アルトゥール・シュニッツラーやシュテファン・ツヴァイク、ヨーゼフ・ロートなどが「若きウィーン」グループを形成し、変転するヨーロッパ情勢の中でのウィーンやオーストリア帝国の意味を問いかける作品を残していった。他方カール・クラウスは独自に雑誌『ファッケル』を発行して、二重帝国の政治文化を鋭く批判していた。

音楽世界においても、ヨーゼフ・ランナーやヨハン・シュトラウス父などによるワルツ音楽が大衆に好まれていった一方、古典音楽においてはアントン・ブルックナーやユダヤ系のグスタフ・マーラー、アレクサンダー・ツェムリンスキー、アルノルト・シェーンベルクなどが音楽理論やテクニックにおいて新たな理論や演奏を実践理論化していった。

上に述べたような、様々な変容を伴ったウィーンの文化はのちに注目され、「世紀転換期の文化」（「世紀末文化」）と呼ばれるようになっていった。

①

②

③

④

⑤

ウィーン工房の作品
①〜④ウィーン工房の絵はがきシリーズ。
⑤ウィーン工房のデザインにはジャポニズムの影響も見られる。

第二章
第一次世界大戦と激動の戦後

サライェヴォの銃声

セルビアへの宣戦布告

一九一四年六月二八日、ボスニア・ヘルツェゴヴィナの中心都市サライェヴォにおいて、ハプスブルク二重帝国の皇位継承者フランツ・フェルディナント夫妻がボスニアの学生プリンツィップに撃たれ暗殺された。この事件は、ヨーロッパの歴史上大きな転換点となる事件であった。その後、ヨーロッパはそのほぼすべての国々を巻き込んだ二つの大戦の時代に入ってしまったからである。

しかし、この事件は最初ウィーンにおいては大きな反響を呼ばなかった。皇帝フランツ・ヨーゼフは避暑地からウィーンに戻り、哀悼の意を表明したが、彼の意に添わない後継者の死をそれほど悲しまなかったからである。ウィーンの市民たちも通常の生活を継続していた。作家シュテファン・ツヴァイクも日記に「シユニッツラーが電話をよこして、フラン

Volksblatt
für Stadt und Land.
Nr. 27. Wien, Sonntag den 5. Juli 1914. 45. Jahrgang.

Der Thronfolger und seine Gemahlin ermordet.

In Sarajevo wurde Sonntag vormittags auf den Erzherzog Franz Ferdinand und auf die Herzogin von Hohenberg ein Bombenattentat verübt. Bald darauf wurde das Thronfolgerpaar durch einen Gymnasiasten erschossen.

Der Bombenwerfer ist ein Buchdrucker aus Trebinje namens Cabrinovic. Der Mörder ist ein Gymnasiast namens Prinzip aus Grahovo. Beide Attentäter sind Organe der serbischen Anarchisten. Sie wurden verhaftet.

Se. Majestät der Kaiser traf Montag 6 Uhr früh von Ischl in Schönbrunn wieder ein.

Die Thronfolge geht auf Erzherzog Karl Franz Josef, den Sohn der Erzherzogin Maria Josefa, über.

サライェヴォの暗殺事件
1914年6月28日、オーストリア軍の演習の視察のためにサライェヴォを訪問していた皇位継承者のフランツ・フェルディナント夫妻が市内閲覧の際に暗殺され、オーストリア政府はセルビアに最後通牒を突きつけ、第一次世界大戦の勃発を招いた。図版上・市内に出かける夫妻。図版左・「国民新聞」7月5日号の夫妻追悼の記事。

出兵をめぐる風景
戦争が始まると駅で出兵を見送る人々の風景が見られ、ウィーン北駅では「涙する母親、妻、花嫁。やがてどのような悲嘆が訪れるだろうか?」とある作家は描いていた。しかし現実には、駅頭では楽観が支配していた。

第一次世界大戦中のウィーン市民の生活
戦争の後半および戦後のウィーン市民生活は、特に食糧、燃料において大変な不足を生じ、パン屋の前には長い行列ができ（図版左）、人々は薪を求めてウィーンの森に出かけ、森は禿げ山となったという（図版右）。

ツ・フェルディナントとその妻がサライエヴォで撃たれた。詳しくは……」と書き記しながら、その日は「すばらしい夏の日」であったと記していた。のちの『昨日の世界』にも「それは平和な黄金時代であった。……野蛮な行為の再発、ヨーロッパ諸国間の戦争など、人々はこれっぽっちも信じていなかった」と書いている。

　しかし軍部と外相は、事件を永年の失政と弱腰を挽回するチャンスとみなし、ドイツ軍部と連絡し、皇帝を説得して、セルビアに最後通牒を突きつけ、七月二八日には宣戦を布告した。皇帝も軍部もセルビアなどすぐに踏みつぶすことができると考えていたが、事態は思わぬ展開になっていった。ロシアとドイツの介入によって戦争は局地戦を超えて、あっという間にヨーロッパ全体を巻き込む大戦に拡大してしまった。第一次世界大戦の

対イタリアのアルプス戦線
1915年5月のイタリアの「協商国」側に立っての参戦は、戦線の大部分を占めるアルプス戦線においてハプスブルク帝国軍に困難な戦いを強いた。

始まりであった。

大戦下のウィーン

当然、ウィーンも戦争体制に組み込まれた。最初は重要な後背都市として系統的な補給政策がとられていったが、二年目には、協商国の経済封鎖などによって補給は滞り、二〇〇万人のウィーン住民の食糧、衣料、燃料などの不足が明らかになってきた。それに加え、特に東部戦線のガリツィアからの避難民ないし傷病者の流入によって、ウィーンの住民人口は拡大し、ウィーン全体が食糧・燃料などの極度の不足になやまされていった。

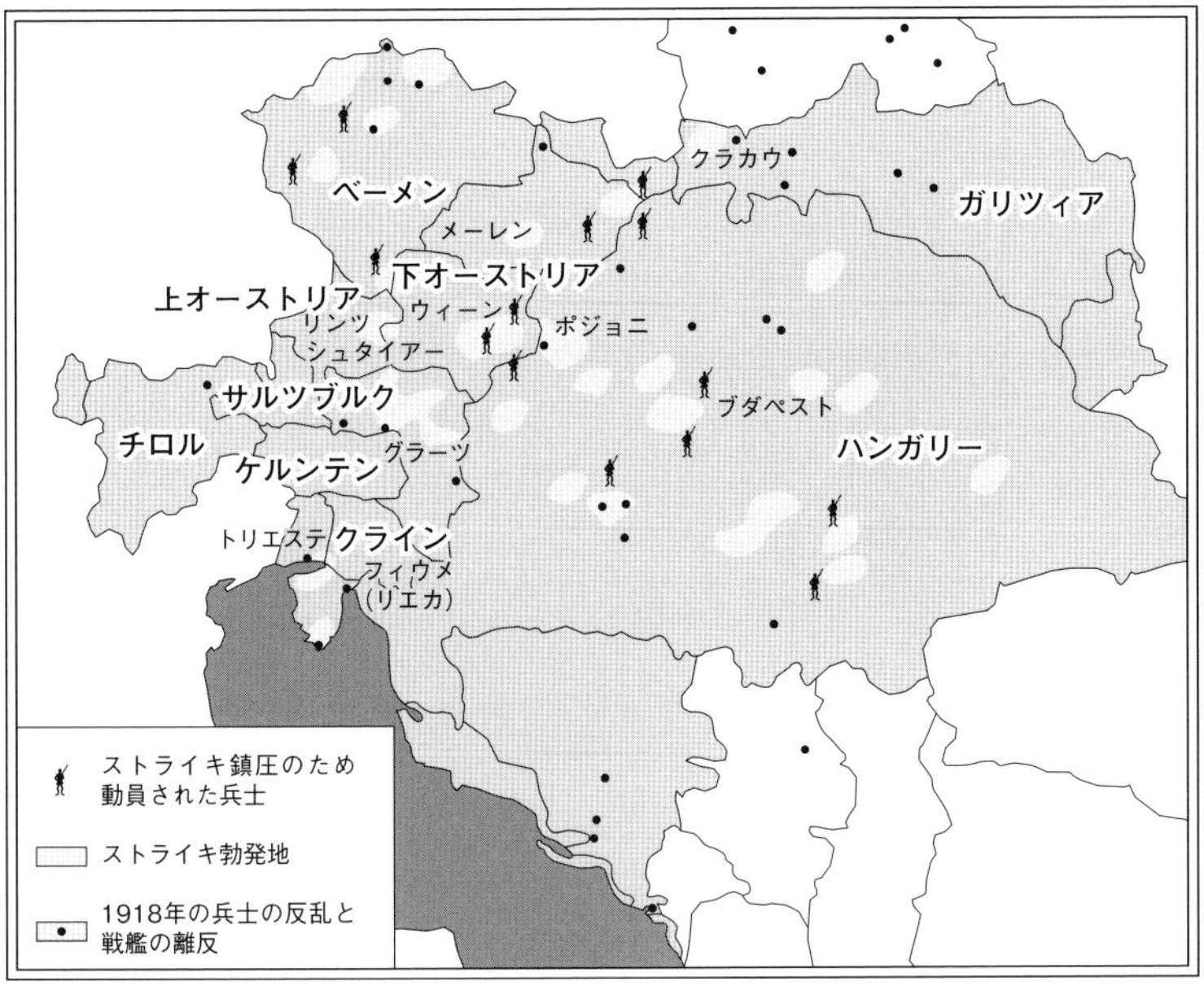

労働者ストライキと軍隊内の反乱
1918年1月、ロシア革命の影響を受けてハプスブルク帝国内の全土に平和とパンを求める労働者のストライキが起こった(上地図参照)。軍隊内の反乱や脱走も増え、海軍の水兵の不満も高まり、軍艦の乗っ取りも起こった。軍隊内の不満や反乱は特に民族的な不満を伴い、脱走兵は特にウィーンの部隊で多数を占め、1918年9月には約2万人に達したと推測され、それは帝国の崩壊の前兆であった。

ウィーンへの難民は一三万七〇〇〇人を数え、その半数以上がガリツィアからのユダヤの難民であった。ウィーンの人口は歴史上最大の二二三万九〇〇〇人に膨れ上がり、職のない難民には公的援助が必要であった。それはウィーン住民の不満の的となり、特に貧しいユダヤに対する嫌悪と憎悪を拡大した。

一九一五年五月には協商国側に立ってのイタリアの参戦はオーストリア軍の戦線を拡張し、特にアルプス戦線は困難を拡大した。一九一六年には労働者と住民による食糧要求デモが頻発し、同年一〇月には首相の暗殺事件も起こった。さらに同年一一月には皇帝フランツ・ヨーゼフが死去し、後継者としては皇帝の甥の息子フランツが皇帝カール一世として就任したが、戦局は変わらず、カール一世の和平策動がドイツの不信を買ったりもした。

一九一七年に始まったドイツの無制限潜水艦作戦はアメリカの参戦を招き、戦局は協商国側に有利に転化していくかに見えた。しかし、一九一七年のロシア革命はドイツ、オーストリアの兵士と労働者に影響を与え、ウィーンでは食糧デモや暴動も拡がった。

帝国議会前の大群衆　1918年11月11日、皇帝カールが政治への関与をいっさい放棄し、今後の政治体制の決定を国民に委ねると、帝国議会前には何万もの人々が集まった。議会内では社会民主党の提案により共和国が提起され、ドイツとの「合邦」が宣言された。翌12日には15万人の群衆を前に、社会民主党のカール・サイツが「民主的共和国」としての「ドイツ・オーストリア国」を宣言した。その瞬間に、共産党の「赤軍」兵士が「社会主義共和国万歳」の横断幕をかかげ、国会の衛兵との争いとなり、発砲も起きて群衆は離散し、2人の死者と40人の負傷者を出した。

さらに一九一八年には、「スペイン風邪」と呼ばれたインフルエンザが蔓延した。それはアメリカに始まり、アメリカの参戦後はヨーロッパ中に拡がり、両陣営に多くの死者を出した。「スペイン風邪」の死者数は、昔のペストの犠牲者を超え、戦争犠牲者の数をも上回り、ヨーロッパで何百万もの死者を出した。ウィーンでも一九一八年には一万八五〇〇人もの犠牲者を出し、その数は翌年も増えていった。その中にはエゴン・シーレとその妻など著名人も含まれ、戦争そのものの遂行に支障を来していった。

ハプスブルク帝国の崩壊

戦争の推移に最も大きな影響を与えたのは、一九一七年一一月のロシア革命である。パンと平和を求める労働者や市民の力を背景に、レーニンは帝政を倒し、ドイツと交渉して、一九一八年三月ブレストリトフスク条約により一方的に戦争から離脱し、東部戦線に休戦をもたらした。

パンと平和を要求するロシアの労働者、兵士の運動は、ロシアから帰還した捕虜の兵士たちによってオーストリア、ウィーンにも知らされ、オーストリアでも市民、兵士の蜂起と抵抗が起き、平和とパンを求める労働者の運動にも影響を与えた。一九一八年一月にはウィーンをはじめオーストリアの大きな都市でも戦争終結を求めるストライキとデモが起こった。運動は一週間で終焉してしまったが、ストライキは六月にも再び起こった。

さらに、一九一八年一月のアメリカ合衆国大統領ウィルソンの「一四カ条の平和原則」の提唱は、ハプスブルク帝国の被支配諸民族に独立への契機を与えた。一九一八年一〇月六日、ザグレブにおいて、セルビア、クロアチア、スロヴェニア、オーストリアの代表が集まり、南スラヴ地域の統一のための会議を行ない、一〇月二九日にはセルビア国を含む統一国家形成に合意した。同年一二月一日には、「セルビア人・クロアチア人・スロヴェニア人王国」の樹立が宣言された。その直前の一一月一四日にはポーランド

「大ドイツが我々の未来である！」　1919年2月の立憲議会選挙において勝利した社会民主党は、首相官邸で「大ドイツが我々の未来である！」という横断幕を掲げて勝利を誇示した。

革命的様相
「ドイツオーストリア共和国」の宣言にもかかわらず、共産党などの社会主義的要求や帰還兵士の扱いなどを巡る紛争は続き、1919年3月から4月の帝国議会前の集会も革命的様相を見せていた。

の独立が認められ、ガリツィアは帝国からの離脱を表明した。一〇月二八日にはチェコスロヴァキア共和国の樹立が宣言され、ハプスブルク帝国は分裂し崩壊した。一〇月一六日の皇帝カールの連邦国家制の発表は遅きに失した。

ウィーンでは一〇月二一日に残されたドイツ系の帝国議会議員がヘレンガッセの下オーストリア州議会場に臨時国民議会を参集し、「ドイツオーストリア国」を宣言し、二九日には男女普通選挙制度と憲法改正を布告した。一〇月末には社会民主党のカール・レンナー首班の臨時政府も成立し、一一月三日には、イタリアのパドヴァで協商国と休戦協定を結んだ。

同月一一日には皇帝カールは国政への関与を放棄することを宣言し、翌日にはウィーンの帝国議会場の臨時国民議会で「ドイツ共和国の一部である」「ドイツオーストリア共和国」が宣言された。そのことにより、ウィーンは「二重帝国」としてのハプスブルク帝国の首都の地位を失い、さしあたり「ドイツオーストリア共和国」の首都となったが、それも長くは続かなかった。

一九一九年九月、サンジェルマン条約の締結によって、ドイツとの「合邦」は禁止され、「ドイツオーストリア共和国」は「オーストリア共和国」と改められ、ウィーンは新しい共和国の首都となり、その体制も変わっていった。

赤いウィーン

赤と黒の対立

戦争中はドイツ中央政府ないし軍の支配下に置かれていたウィーンは解放され、市下オーストリア州の支配下に戻され、市議会の選挙法も改正され、普通選挙が導

ドイツオーストリア共和国が主張した領土

ドイツオーストリア共和国が主張した領土は、ハプスブルク帝国議会のドイツ人代表を選出していた地域を包摂し、のちに問題となるズデーテン地方や南チロルなどを含むものであった。サンジェルマン条約により「オーストリア」の領土は縮小され、地図上の濃い色が示す地域に限定された。

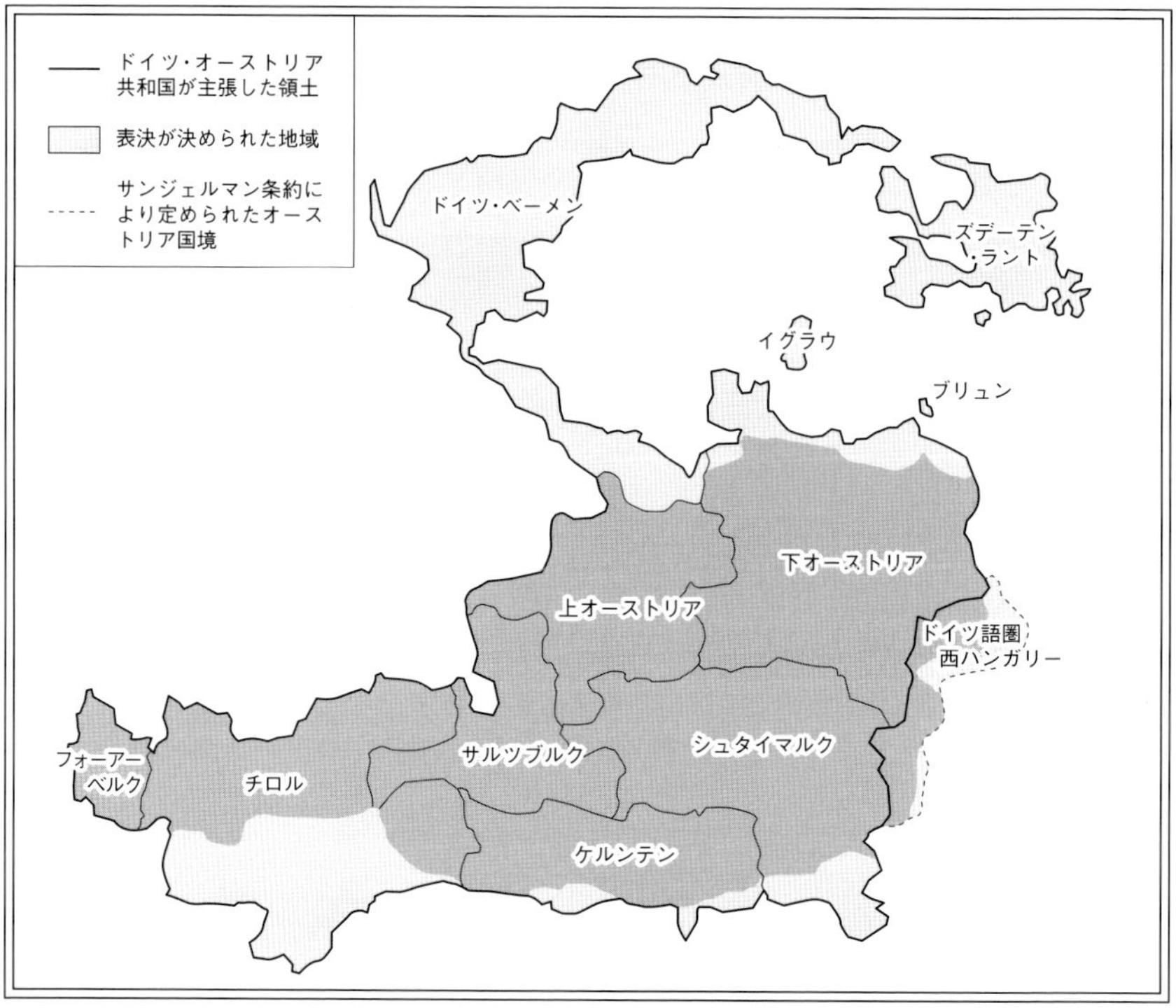

サンジェルマン条約によるハプスブルク帝国の解体

オーストリア共和国の領土は、ドイツオーストリア国の想定した領土から、ズデーテン地方、南チロル、ブルゲンラントの一部、トリエステなどの沿岸地域が失われた。

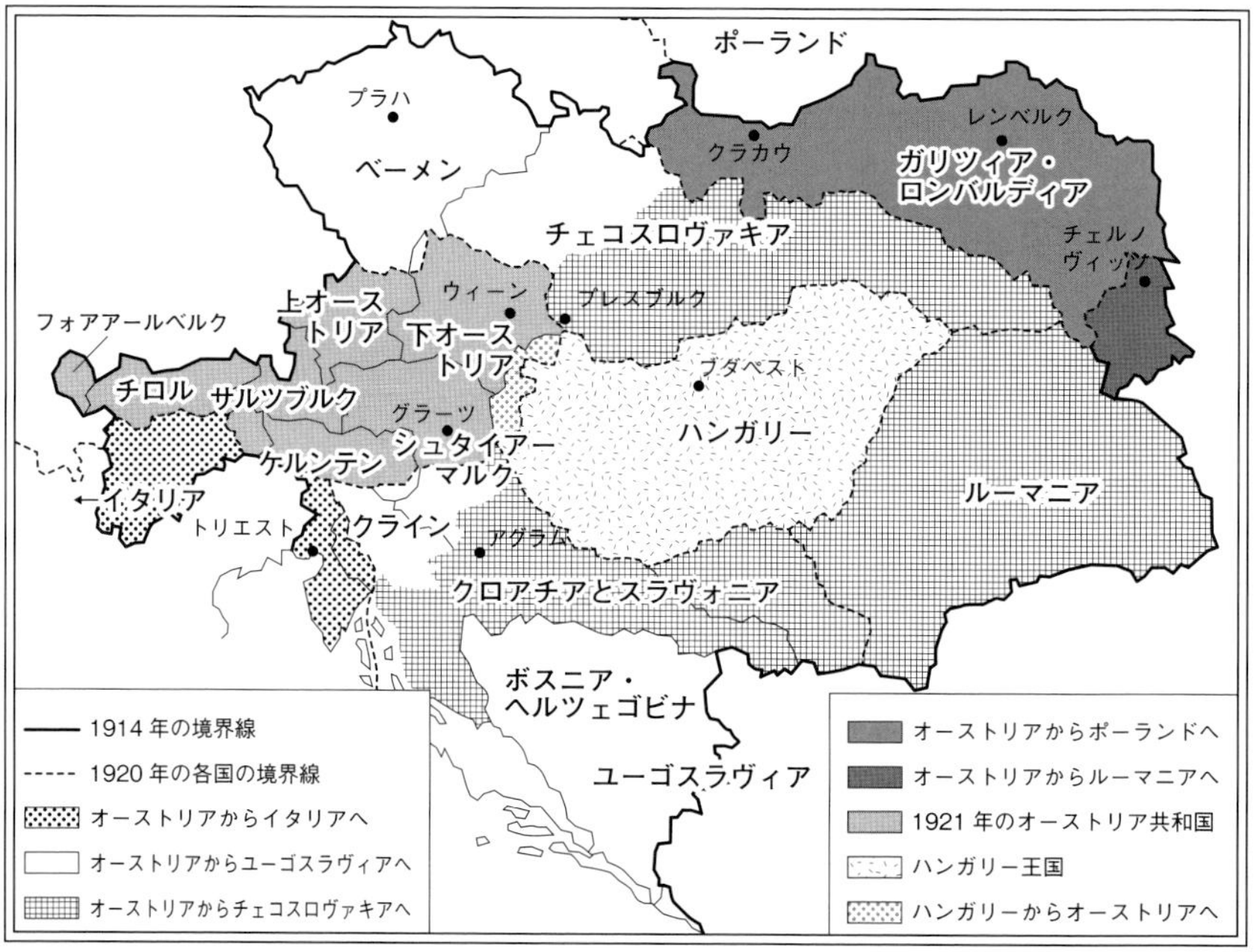

入された。新選挙法によって行なわれた一九一九年五月の市議会選挙によって、社会民主党が一六五議席のうち一〇〇議席を獲得し、絶対的多数派となり、キリスト教社会党支配の時代に終止符を打った。共和国政府でも一九一八年一一月に二〇歳以上の青年男女の普通選挙が導入され、一九一九年の憲法制定議会の選挙では、社会民主党とキリスト教社会党の連立政権が成立し、第一党の社会民主党は大統領にカール・サイツ、首相にカール・レンナー、外相にオットー・バウアーを据えるなど、その主導権を握っていたが、地方においてはまだキリスト教社会党が力を維持していた。

　一九二〇年六月には、サンジェルマン条約の調印が行なわれ、一〇月には憲法も成立した。その後行なわれた一〇月の選挙では、地方を基盤としたキリスト教社会党が第一党を獲得し、そうして成立した「黒いオーストリア」の中で、ウィーンは唯一社会民主党が支配する「赤いウィーン」と呼ばれた。「赤いウィーン」は一九二〇年の市条例によって市の体制を再構築し、社会民主党による政治的支配が強化されていった。

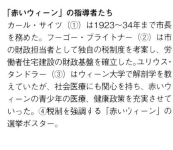

　一九二〇年の憲法によって、「赤いウィーン」は「黒い下オーストリア州」から切り離され、独立した州の地位を獲得し、ウィーン市と政府の対立はより明確になっていった。しかし首都と州の立場を獲得したウィーンは独立した税制により独自の立法権と財政権を獲得し、独自のウィーン都市政策を行なうことができた。

④

①

②

③

「赤いウィーン」の指導者たち
カール・サイツ（①）は1923〜34年まで市長を務めた。フーゴー・ブライトナー（②）は市の財政担当者として独自の税制度を考案し、労働者住宅建設の財政基盤を確立した。ユリウス・タンドラー（③）はウィーン大学で解剖学を教えていたが、社会医療にも関心を持ち、赤いウィーンの青少年の医療、健康政策を充実させていった。④税制を強調する「赤いウィーン」の選挙ポスター。

社会福祉政策の強化

「赤いウィーン」の社会民主党の政策は、戦前にルエーガーが行なったいわば「ブルジョア的都市建設」に対して、「新しい人間」をスローガンに社会主義的都市政策を全面的に展開しようとするものであり、それは都市政策全体にわたるものであった。新たな市財政を確立するために、社会民主党は金融・財政の専門家であるフーゴー・ブライトナーを財務担当参事に起用し、ブライトナーは富裕層を目当てにした奢侈税、所得税、土地所有者に対する住宅建築税を設定し、社会福祉政策の財政的土台を強化した。

　特に力を入れていったのは、教育政策、福祉政策と住宅政策であった。教育政策では、これまで教会に指導権を握られていた学校教育に、民主主義を支え、社会主義を生み出す「新しい人間」を形成するという理念のもとに、工場や職場の仕事の見学や博物館の訪問、気象観測、動物飼育その他の教室外授業が取り入れられた。生徒自身に授業のカリキュラム、教材を作成させるなどの実験的試みも行なわれた。また成人教育も重視され、市民による「民衆教育協会」や「民衆の家」といった団体が日曜や夜間の「市民大学」を経営ないし支援した。そこでは相変わらず保守的であった大学から排除されていた社会主義者やユダヤの知識人が教師として働いていた。ヴィクトーア・アードラーもその一人であった。

　戦争直後のウィーンの衛生状況はひどい状態にあった。戦争中に蔓延した「スペイン風邪」に加え、食糧事情の劣悪さによる児童の飢餓状況は最悪なものであった。そうした状況への対応を任せられたのはウィーン大学のユリウス・タンドラーであり、タンドラーは「社会が福祉の責任を引き受けること」を原則にして、市行政に「福祉局」を整備し、様々な新しい施策を試みた。

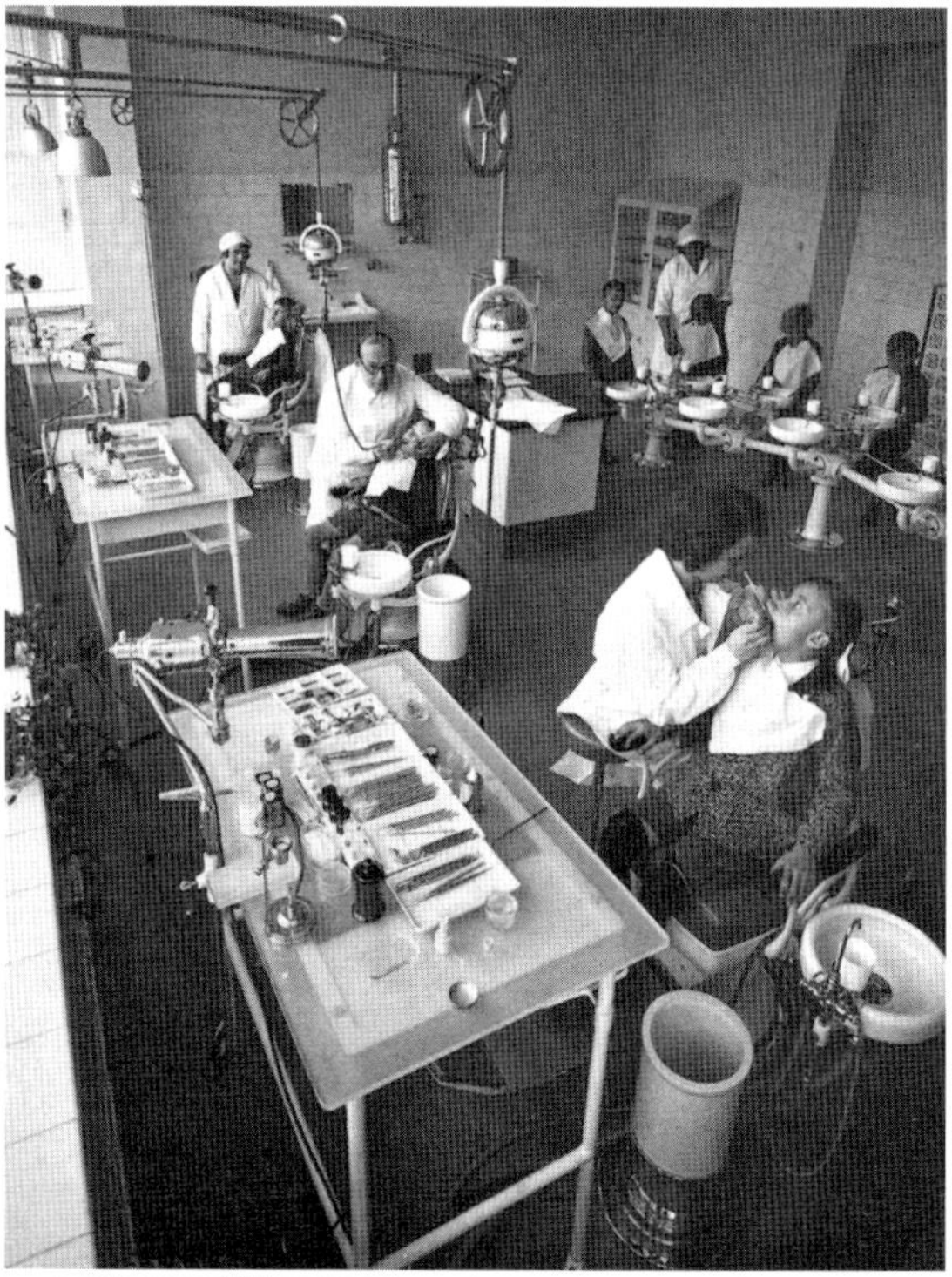

ユリウス・タンドラーの青少年扶助政策
図版左・「子供預かり所（保育園＋孤児預かり所）」を市の施設として建設したのはヨーロッパで最初の試みだった。図版上・カール・マルクス・ホーフには学校付属の歯科医が置かれた。

　まず戦後不況の中で増えていった失業者に失業保険制度や家賃維持補助などの「救貧事業」を展開し、増えていく貧困老人に対しても病院機能を持った老人ホームを増設した。

　ウィーンでは死亡率が極端に高く「ウィーン病」とも呼ばれた結核に対する積極的対策が行なわれた。その原因であった住環境の改善に加え、結核専門病院を設置し、診療所での徹底した検診を行なった。一九二八年には一一万人に検診を行ない、一万三〇〇〇人を入院させ、翌年には結核による死亡率は一万分の一八に減少させることができたという。それまでの死亡率はヨーロッパ大都市で最悪の、一万人あたり三〇～六〇人に達していた。

　児童福祉政策も整備され、女性は妊娠四カ月から健康診断や相談が受けられ、出産時にはすべての乳児に肌着が無料で支給され、婚外児も差別しなかった。幼稚園・保育園も整備され、労働者居住地区にもつくられた。市営集合住宅の建設が始まると、そこには必ず保育園が併設された。

さらにタンドラーは、「最後の福祉政策」として「市営火葬場」の実現を図った。カトリック教会の強い反対を押し切って「火葬は死の尊厳に適うし、衛生的である」と主張し、一九一九年に検討委員会をつくり、一九二二年一二月から中央墓地の向かい側に、市営火葬場の建設を始めた。連邦政府はその運営の停止を命じ、問題は連邦裁判所に持ち込まれたが、最終的にはウィーン市の主張が勝ち、運営が続けられた。

労働者住宅

深刻化する家不足

こうした「赤いウィーン」の財政・社会政策の中で、大都市ウィーンの景観を大きく変え、住民の生活に大きな影響を与える変化をもたらし、都市の性格と役割をはっきりと示したのはその住宅政策であった。一八九〇年代から大戦前のウィーンはその市域を拡大し、多くの移民、流入民により、その人口が二〇〇万に迫るまでに拡大していたことは既に述べたが、当時のルエーガー市長体制下では、住宅建設は家主の私的な事業にまかされ、ウィーンの住宅事情は特に市外区、郊外区においては最悪なものであった。さらに一九一七年に出された借家人保護法によって、家主は家賃を上げられなくなったため、彼らは賃貸住宅建設を行なわなくなり、住宅問題はさらに深刻化した。

第一次世界大戦中には、二〇〇万を超えたウィーンの人口は、その後ハプスブルク帝国の崩壊によって、新国家の住民がウィーンを後にしたため約一八五万人に減ったが、残った者や戦争からの帰還者も多かったので、市民労働者の住宅問題はそのまま残った。

戦後、ウィーンの住民は、ドイツで行なわれていたシュレーバー菜園運動を真

カール・マルクス・ホーフとその共同ランドリー
「赤いウィーン」の労働者集合住宅として最も著名なのは「カール・マルクス・ホーフ」であろうが、そこには労働者の共同社会としてのあらゆる機能が備わっていた（図版上）。学校、幼稚園、集会所の他に、共同のランドリ施設や医療所も設けられていた（図版下）。

公共労働者集合住宅　「赤いウィーン」の最初の労働者集合住宅「ロイマンホーフ」（1924〜26年）。

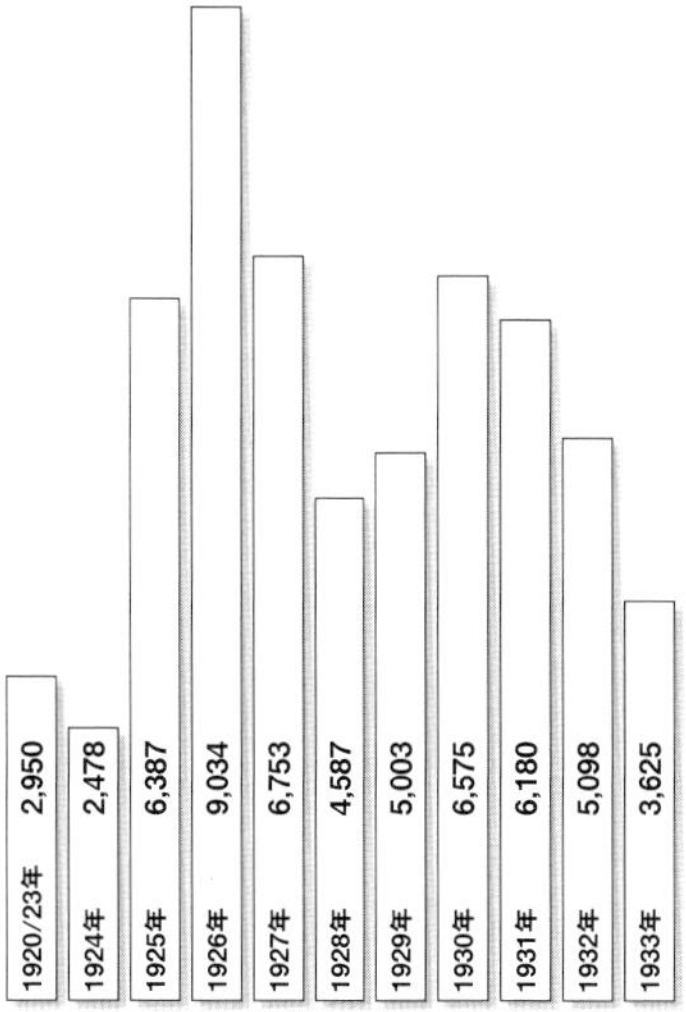

ウィーンの住宅建設戸数の推移
（1920〜1935年）

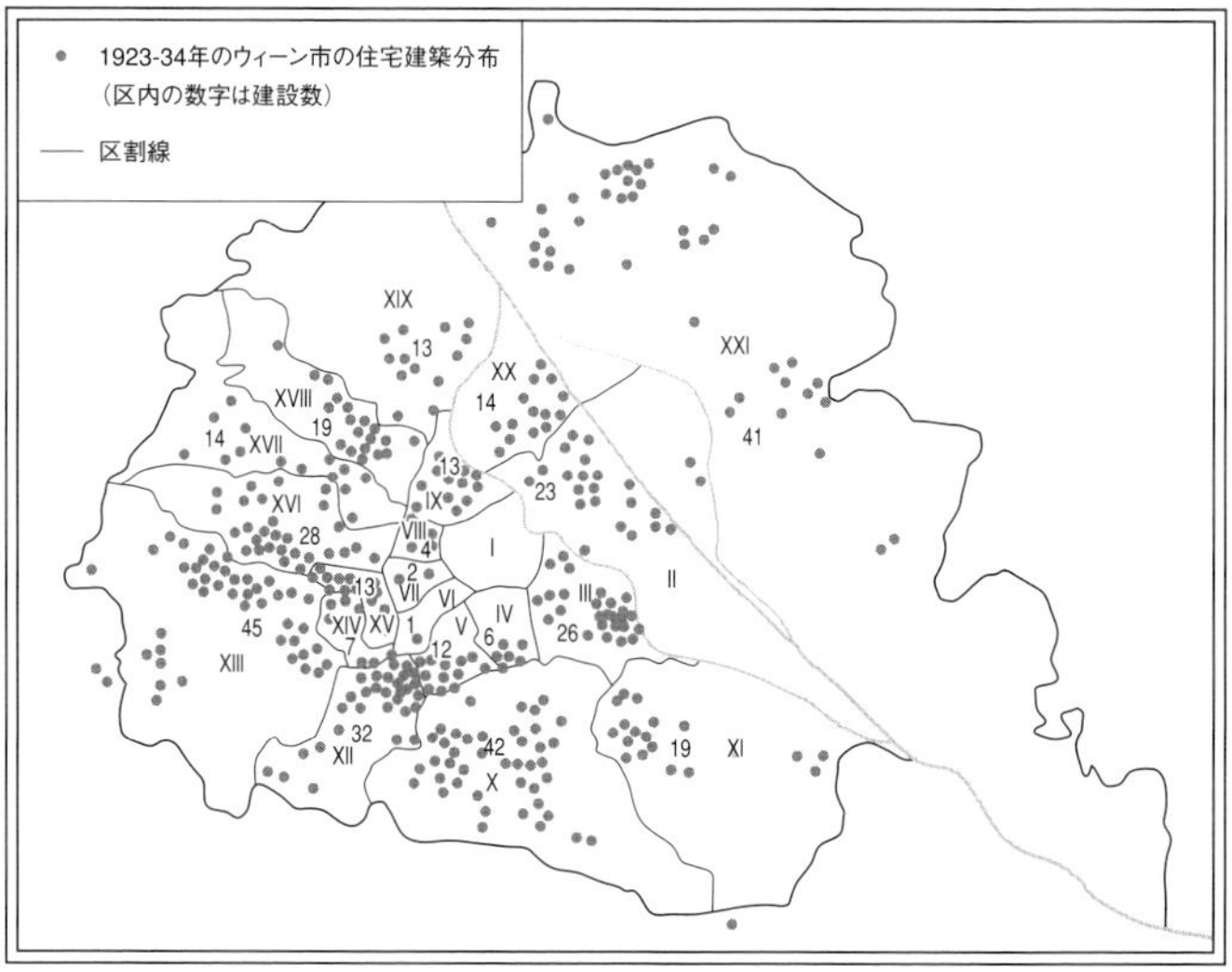

労働者集合住宅の各年の建設戸数とその分布

似て、ウィーン郊外の公的な土地に菜園と小さな小屋を建てていった。それは市政府に黙認され、知識人や芸術家にも支持されて一つの運動となり、ウィーン郊外にいくつもの菜園住居地区ができた。しかしその数は数千に過ぎず、貧しい労働者や難民を含む住宅問題の解決にはほど遠いものであった。

「赤いウィーン」の住宅政策は労働者を中心とした問題の解決に向けられていった。「赤いウィーン」の財務担当のブライトナーは、まず市営住宅の建設を目的とした「住宅建設税」の導入を提起した。それは市営住宅の建設を目的とし、すべての住民に課せられたが、人口全体の〇・五パーセントの上層富裕層に総額の四五パーセントの負担を課し、八二パーセントの貧困層には二三パーセントを負担させるという、極端な累進課税であった。野党はこれを「住宅ボルシェヴィズム」として批判したが、それにより「赤いウィーン」は一九三三年には全市の三〇パーセントを占める住宅建設用地を獲得できた。住宅の形態に関しても対立があったが、結局コストが低く、戸数を確保できることから、集合住宅に焦点が当てられていった。

集合住宅の建設

建設の手始めに、市当局は、前述の税収入により建設用地を獲得し、市有地は一九二二年には五四八七ヘクタール（市域の一七パーセント）から一九二二年には五万七六七〇ヘクタールに増え、一九二八年には七万九九二〇ヘクタールに達した。最終的にはそれは市域の三八・九パーセントに達した。

住宅建設は、一九二三年の第一期から

労働者集合住宅「ロイマン集合住宅」 一九二三年最初のプログラムで建設され、最初の社会民主党市長ロイマンの名が付けられた。

およそ四期に渡り、毎年数千戸に及ぶ集合住宅が建てられていった。それらは、時期により三八から六〇平方メートルまでの小規模住宅であったが、水道、ガス、電気、水洗トイレの設備を備え、衛生的だった。集合住宅の中庭ないし敷地内には共同の洗濯場や共同浴場が備えられ、共同の集会場や保育園、学童保育、図書館、時にはプールが併設され、生活必需品の売店、保険相談所なども設置され、緑地帯も意識されていた。その設置場所は元のリーニエ内外や新たに併合された郊外町などに多かったが、城壁内を除く市内の元練兵場などにも建てられ、全体としてウィーンを環状に囲み、「プロレタリアートのリングシュトラーセ」とも称された。

こうした集合住宅への入居者は、緊急度の高い子供持ちの人々や他地域から追い立てられた社会民主党活動家が多く、そうでない場合も、労働者住民の環境の中で、社会民主党の支持者になっていった。家賃は入居者の収入の三～四パーセントと定められ、病気や失業も考慮された。

「赤いウィーン」の住宅建設は、多くが世紀転換期の建築家オットー・ヴァーグナーの弟子たちによって担われ、それぞれに独特の様式と装飾を持ち、全体として公共労働者住宅として識別出来、ウィーンに新しい景観と社会的性格を付け加えることになった。

オーストリア・ファシズム

社会民主党とキリスト教社会党の対立

第一次世界大戦後の「赤いウィーン」のイメージは、新たなオーストリア共和国のイメージと重複し、戦間期のオーストリアないしウィーンに平和で民主的な国家ないし都市としてのイメージを植え付けた。しかし戦間期のウィーンは、オーストリア共和国の支配をめぐるいくつもの政治勢力の対抗の渦中に巻き込まれていく。

戦争が、ロシア革命やドイツ革命の影響、あるいはウィルソンの一四カ条によって、労働者大衆の主導権を持って終わったことにより、大戦直後の共和国政府の選挙（一九一九年二月）においては、社会民主党が第一党となった。社会民主党はキリスト教社会党との連立政権を構成し、首相にカール・レンナー、外相にオットー・バウアーなどを据え、共和国政治の実質的主導権を握った。

社会民主党が実権を握った「赤いウィーン」は共和国支配の実験場であったが、ウィーン以外の地方においては、民族問題（ケルンテン国境問題、ズデーテン問題、南チロル問題）や戦後の食糧問題などもあって、旧来のキリスト教社会党ないし保守派を中心とした支配が続いた。「郷土防衛連合（護国団など）」の結成もあり、社会民主党はいくつかの都市を除いてその支持を浸透させることができなかった。

その結果、一九二〇年の共和国議会の選挙においては、政権は、キリスト教社会党が主導権を握ることになった。その後、共和国全体において、社会民主党とキリスト教社会党の対立が続き、両者の対立は「共和国防衛同盟」と「郷土防衛連合」といった実力部隊の対立に進展し、武装した両者の対立は一触即発の状態にまでエスカレートしていった。

対立は、一九二七年にブルゲンラントのシャッテンドルフにおいて両者の発砲事件に発展し、二人の見物人の犠牲を出した。その犯人として三人の防衛連合の組員が捕らえられたが、その裁判におい

「郷土防衛連合」と社会民主党の「共和国防衛同盟」の対立
戦後の混乱期に、未確定の国境問題や食糧をめぐる紛争の中で、郷土を守るための武装部隊が各地に組織され、軍や警察の役割を請け負っていった。それらが保守的な住民層に基礎を置いていたのに対し、社会民主党はそうした保守勢力および共産主義の前線兵士に対抗するために、独自の「共和国防衛同盟」を創設した（1924年）。軍隊が制限されていった中で、両組織は武器を持って力を誇示し、全国で衝突を繰り返していくようになった。図版上・ウィーンのリングシュトラーセを行進する「郷土防衛連合部隊」。図版下・「共和国防衛同盟」の指導者たち。右がユリウス・ドイッチェ、左がテオドール・ケルナー。

司法省襲撃放火事件
一九二七年の「シャッテンドルフ事件」の犯人が陪審裁判により無罪とされたことによって引き起こされたウィーンの司法省への抗議運動は、「共和国防衛同盟」と政府支持の「郷土防衛連合」の全面的衝突に発展し、デモ隊八五名を含む九〇名の死者を出し、左右の全面的対立へと発展していった。

て被疑者は陪審裁判で無罪と判決された（一九二七年七月一四日）。

そうした政治的かつ恣意的な判決に対して、ウィーンでは翌日、社会民主党の労働者たち数千人が司法省に押し掛け、放火し、消火に駆けつけた消防車を阻止したりするという事件に発展してしまった。結局武装警官と郷土防衛連合が出動し、労働者を鎮圧したが、衝突は翌日の夜まで続き、八九人の死者と一七〇〇人の負傷者を出した。ウィーンの社会民主党の指導部はようやく暴動を抑えた。

一党独裁の始まり

オーストリアにとってさらに打撃的であったのは、一九二九年一〇月二四日のニューヨークの株の大暴落による世界恐慌の影響であった。「赤いウィーン」の社会政策はさらに制限され、共和国政府とウィーン市の税をめぐる取り引きもウィーン市に不利なものとなっていった。共和国最大の銀行クレディートアンシュタルトも破産し、政府の援助を受けて、かろうじて生き残った。失業も共和国全体で増加し、その後二〇パーセントを超えることになる。

共和国政府も、キリスト教社会党や大ドイツ主義派、郷土防衛連合系などが加わり、ウィーンを支配する社会民主党に対抗していたが、議会では一九三三年に投票用紙の有効性をめぐって、社会民主党のレンナーなど三人の議長が辞任してしまい、議会の続行も解散もできなくなった。

それを利用してキリスト教社会党の農業大臣であったドルフースが首相となり、解散もせず選挙も行なわないまま議会を停止し、戦時経済委任法に基づく緊急令により大政翼賛会的な政府による独裁政治を遂行していった。それはドイツでヒトラーが政権に就き、国会炎上事件を利用して独裁政権を確立する前日のことであった。つまり、ドイツでヒトラーの独裁が成立するのと同時に、オーストリアでも非合法のドルフースの一党独裁が始まったのである。

ドルフース対ナチズム

しかしその両者は対立競合していた。ドルフースはイタリアのムッソリーニの後ろ盾を得てオーストリアでのナチズムの活動を禁止し、ヒトラーはそれに対して「一〇〇〇マルク封鎖令」を出して応酬した。ドルフースの回答は六月のオーストリア・ナチの全面的禁止であった。

ドルフースが最も排除したかったのは、ウィーン、オーストリアの社会民主党とその武装勢力「防衛同盟」であった。ドルフスはその「防衛同盟」の武装解除を目論み、彼らに解散命令を出した。一九三四年二月、リンツの警察は防衛同盟の武器捜索を強行し、防衛同盟の労働者たちはそれに対して武装して抵抗し、その対立と戦いはウィーン、シュタイアーマルクに拡がった。

特にウィーンでは、労働者たちは、社会民主党市政が建てた堅固な労働者住宅に立て籠もって抵抗し、反乱は全市に拡がった。政府軍は戦車まで動員してそれを攻撃した。反乱は、ファシズム化していくオーストリアおよびヨーロッパへの最初にして最後の武装抵抗でもあった。

この戦闘で、ウィーンだけで一〇〇〇人を超える死者を出し、労働者たちの抵抗は鎮圧され、社会民主党も非合法化されて「赤いウィーン」の時代は終焉した。その後ウィーンは政府直轄都市とされ、その自治権も奪われた。同年五月にはドルフースは新憲法を公布する（「五月憲法」）。それはすべての政党を禁止し、イタリアに倣った職能会議に基づく「職業

ドルフースの政権
彼の政権基盤は保守派のキリスト教社会党勢力と新興のイタリアファシズムの影響を受けた「郷土防衛連合」(「護国団」)であった。図版上・中央のマントの小男がドルフース、彼の両脇が、護国団指導者のシュターレンベルク(右)とシュタイドル(左)。図版右・は「祖国戦線」の結成を呼びかけるドルフース。

身分制国家」の成立を定めていた。

ドルフースは、三月にはイタリアと軍事協約を含むローマ議定書を秘密裏に交わし、それに対するヒトラーの態度は硬化し、オーストリア・ナチのテロ行為が強化された。そして同年七月二五日、軍服に偽装したオーストリア・ナチ組織が首相官邸と放送局を襲撃し、ドルフースは撃たれ、その傷がもとで死亡した。

各地でオーストリア・ナチの組織が同

「防衛同盟」の蜂起
1934年2月の社会民主党の「防衛同盟」の蜂起を弾圧する軍隊(砲兵部隊、図版上)とそれを視察するドルフース(図版下)。

ドルフースとムッソリーニ
ムッソリーニはドルフースを下手に見て、水着で迎えた。

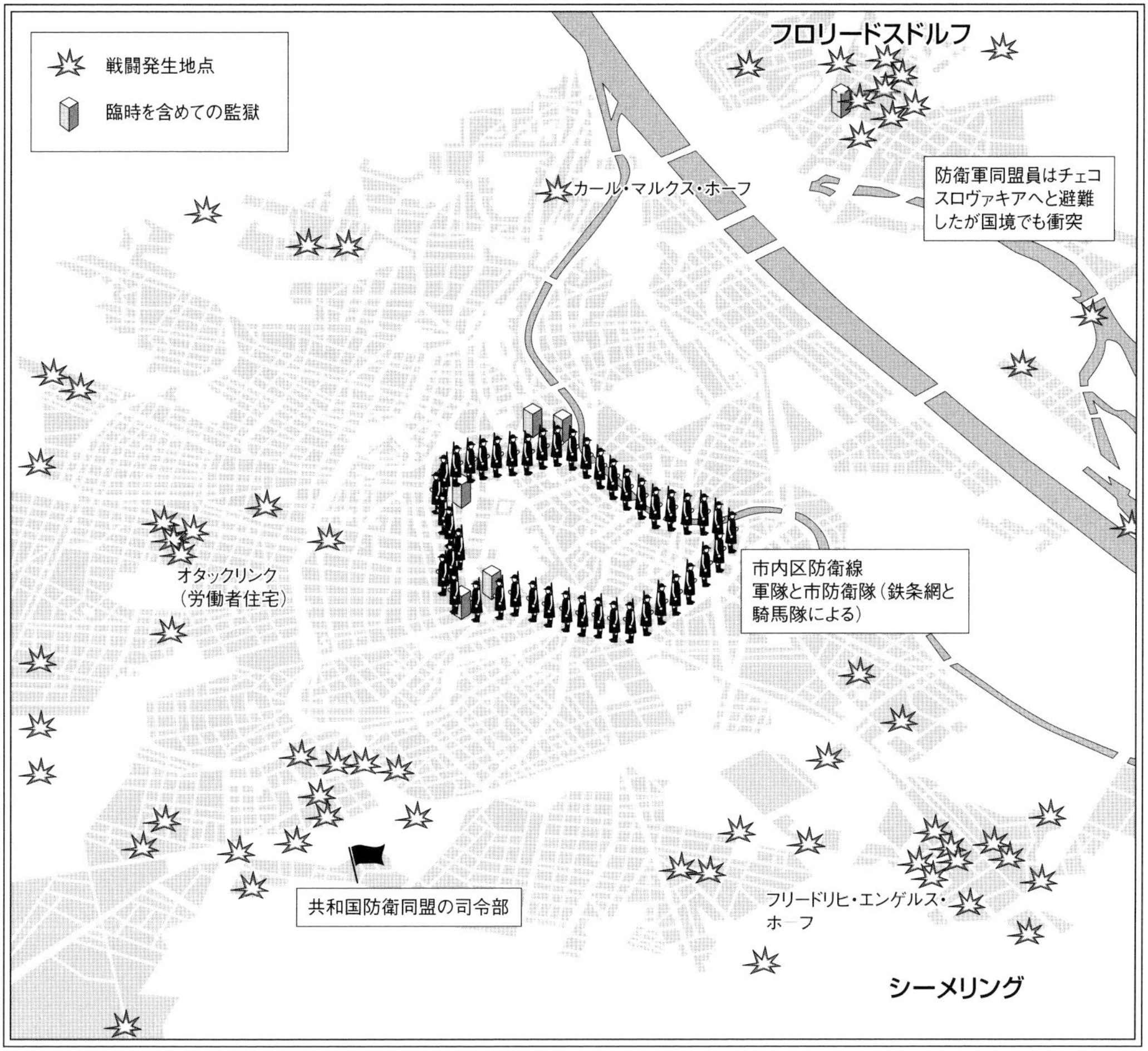

「防衛同盟」のウィーンでの蜂起と戦闘地、軍の防衛の配置

蜂起はあらゆる労働者住宅で行なわれた。軍と警察は市内区を防衛していた。

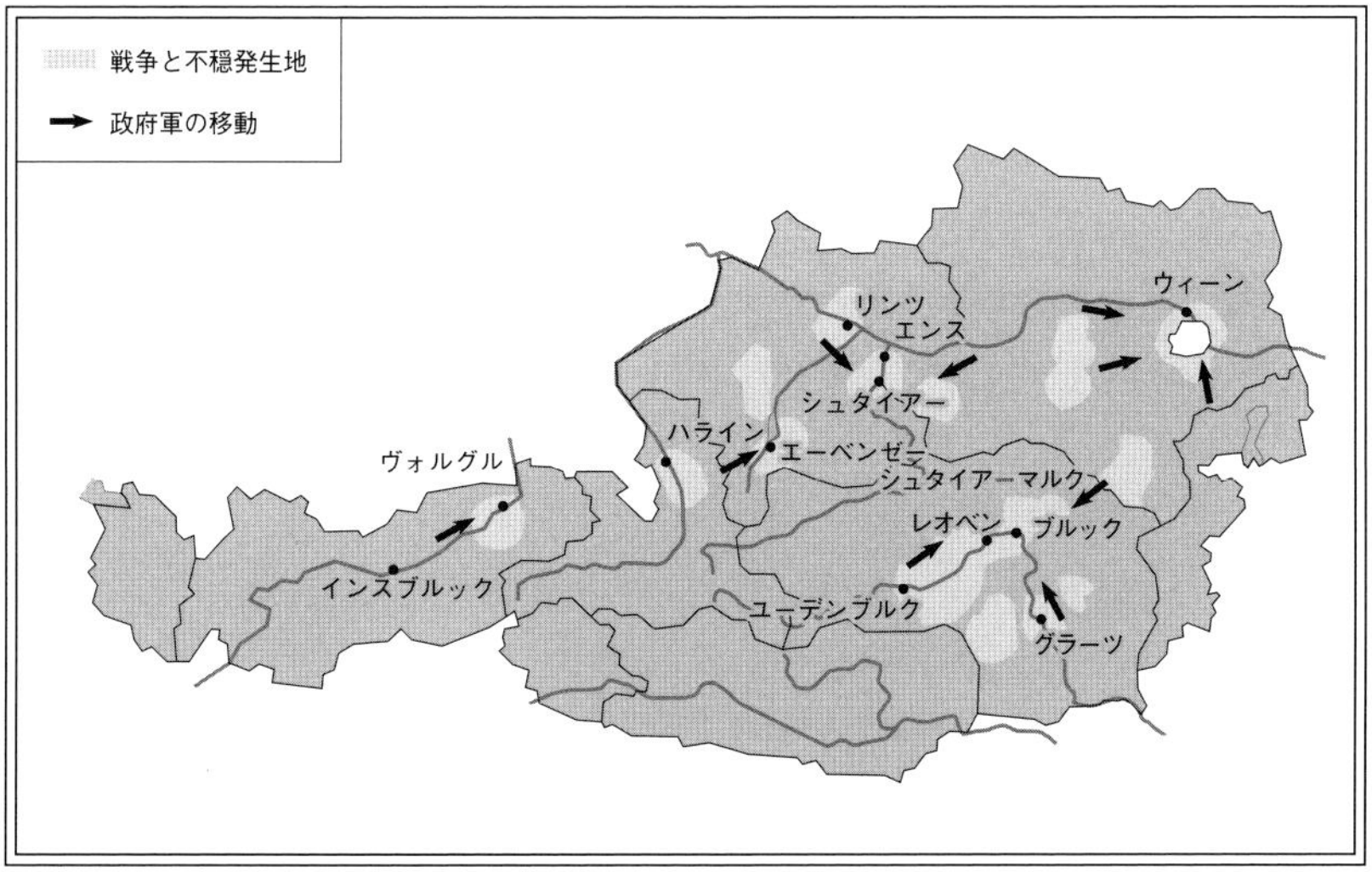

二月蜂起発生地

二月蜂起はオーストリアの多くの主要都市でも起こった。

時テロを試みたが、軍や警察により鎮圧された。イタリア軍がブレンナー峠に部隊を集結させたので、ヒトラーによる軍の介入は行なわれなかった。

しかし一九三七年九月のムッソリーニのドイツ訪問によって、事態は大きく変わっていく。ヒトラーはイタリアのエチオピア侵攻と南チロルのイタリア併合を認め、逆にイタリアはオーストリアにおけるナチ・ドイツの行動の自由を認めた。それに対して、オーストリアはなす術もなかった。

オーストリア・ナチの蜂起の試み（1） 1934年7月、蜂起の犠牲となったドルフースを運び出す兵士たち。

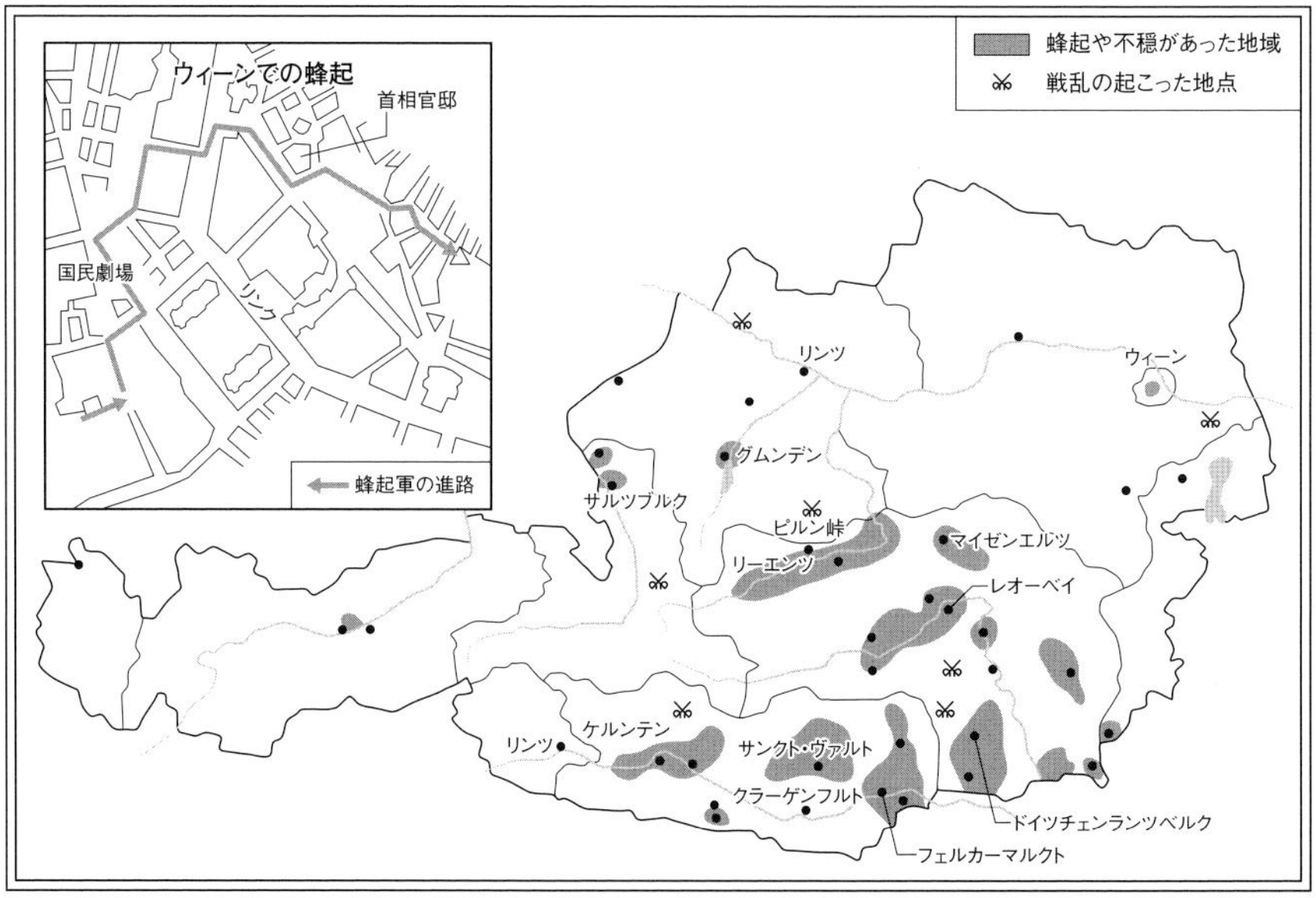

オーストリア・ナチの蜂起の試み（2） 蜂起は全国で試みられた。蜂起とともにドイツ軍介入も準備されていたが、イタリア軍が南の国境に展開していたので、介入は行なわれなかった。

第一三章

ナチ支配のもとで

オーストリアの「合邦」

歓迎されるナチ・ドイツ

　ムッソリーニとの合意により、オーストリアに対する自由行動の権限を得たヒトラーは、一九三八年二月一二日にオーストリア首相シューシュニクを、ベリヒテスガーデンの別荘に呼び出した。ヒトラーは軍事介入の脅しをかけ、さしあたりオーストリア・ナチ派のサイス・インクヴァルトを内相に採用することを強要し、シューシュニクはそれを認めざるをえなかった。それによってオーストリア・ナチは全面的な活動の自由を獲得した。

　三月九日にシューシュニクは自己の立場を守る最後の手段として、オーストリアの独立を守る国民投票を三月一三日に行なうことと決め、禁止していた社会民主党の勢力にも協力を求めた。社会民主党の労働者たちは、ウィーンの町中に国民投票への宣伝を広げたが、それは既に時を逸していた。

　三月一一日には、ドイツ軍は既に国境に集結し、いくつかの州都ではオーストリア・ナチが活動していた。シューシュニクは国民投票の撤回を指示し、首相を辞任した。大統領ミクラスはサイス・インクヴァルトに組閣を命じ、一二日の未明、ドイツ軍は誰もいない国境を越えてオーストリアに入った。戦闘態勢を整えオーストリアに入ったドイツ軍は、抵抗に遭うこともなく、逆に町や村では住民から歓迎の花を受ける。ある兵士の日記では「それは花戦争であった」と書かれていた。それは既にオーストリア・ナチの活動やドイツからの介入によって、地方の町村では、ナチ・ドイツを受け入れる準備と雰囲気が整っていたことを示す。

①

Volk von Oesterreich!

Zum erstenmal in der Geschichte unseres Vaterlandes verlangt die Führung des Staates ein offenes Bekenntnis zur Heimat.

Sonntag, der 13. März 1938

ist der Tag der Volksbefragung.

Ihr alle, welchem Berufsstand, welcher Volksschichte Ihr angehört, Männer und Frauen im freien Oesterreich, Ihr seid aufgerufen, Euch vor der ganzen Welt zu bekennen; Ihr sollt sagen, ob Ihr den Weg, den wir gehen, der sich die soziale Eintracht und Gleichberechtigung, die endgültige Ueberwindung der Parteienzerklüftung, den deutschen Frieden nach innen und außen, die Politik der Arbeit zum Ziele setzt, — ob Ihr diesen Weg mitzugehen gewillt seid!

Die Parole lautet:

„Für ein freies und deutsches, unabhängiges und soziales, für ein christliches und einiges Oesterreich! Für Friede und Arbeit und die Gleichberechtigung aller, die sich zu Volk und Vaterland bekennen."

Das ist das Ziel meiner Politik.

Dieses Ziel zu erreichen, ist die Aufgabe, die uns gestellt ist und das geschichtliche Gebot der Stunde.

Kein Wort der Parole, die Euch als Frage gestellt ist, darf fehlen. Wer sie bejaht, dient dem Interesse aller und vor allem dem Frieden!

Darum, Volksgenossen, zeigt, daß es Euch ernst ist, mit dem Willen, eine neue Zeit der Eintracht im Interesse der Heimat zu beginnen; die Welt soll unseren Lebenswillen sehen; darum, Volk von Oesterreich, stehe auf wie ein Mann und stimme mit

Ja!

Front-Heil! Oesterreich!

Schuschnigg

②

③

シューシュニクのはかなき「抵抗」と敗北　ヒトラーの脅迫により、1938年2月にはサイス・インクヴァルト（①）を内務大臣に起用したシューシュニクは、3月13日に、オーストリアの独立を擁護する国民投票を行なうことを呼びかけた（②）。しかしナチの圧力により、彼はそれをすぐに撤回し、11日には辞任してしまった。③2月24日に抵抗を呼びかけるシューシュニク。

はためくハーケンクロイツ

　それは首都のウィーンにおいても同様であった。三月一二日のナチ・ドイツ軍の侵攻に先んじて、同日五時には親衛隊長兼ドイツ警察長官ヒムラーがゲシュタポ長官のハイドリヒと共にウィーンのアスペン飛行場に降り立ち、主要人物の逮捕を指揮していた。当日既に数多くのユダヤの自殺者が出ていた。

　軍の侵攻の四時間後にオーストリアに入ったヒトラーは、夕方七時にリンツに到着、翌日には「ドイツとオーストリアの再統一法」を起草、ウィーンでの準備の頃合いを見計らって、三月一五日にハーケンクロイツの旗がはためき、沿道を群衆が埋めるウィーンに乗り込んだ。

　ヒトラーは王宮前の英雄広場で、新王宮のバルコニーから熱狂する群衆に合邦の成立を宣言した。合邦にはチリ、中国、メキシコと共和国スペイン、ソ連邦が抗議しただけで、ヨーロッパ諸国は、それを追認していった。翌日、ウィーンの市議会は解散され、議員は罷免された。新市長にはヘルマン・ノイバッハーが任名された。四月一〇日には合邦賛否の国民投票が実施され、ウィーンでは九九・五パーセントが賛成票を投じた。こうしてウィーンはナチ支配のドイツの一地方都市としての地位を与えられることとなった。そうした都市としてどのような動き

リンツのヒトラー
シューシュニクが呼びかけた国民投票の日3月13日の機先を制して12日にオーストリアに入ったドイツ国防軍は、人々の歓迎を受けた。図版上・インスブルックに入ったドイツ軍がナチ式挨拶で歓迎されている。図版下・ヒトラーは軍に4時間遅れてオーストリアに入り、自身が生まれた町ブラウナウを経て、少年時代を過ごしたリンツに入った。

と変化が表れたか以下に見ていこう。

オーストリア・ナチ

暴力的反ユダヤ運動

　オーストリアの合邦が行なわれる直前から活動を許されたオーストリア・ナチのウィーンにおける活動は、ユダヤの迫害と追放において過激化した。合邦の時点でウィーンには約一六万七〇〇〇人のユダヤが住んでいた（オーストリア全体では一八万二〇〇〇人）が、合邦後にはニュルンベルク法により「ユダヤ人」とされた人々約二万五〇〇〇人が加えられた。合邦以前においてもウィーンのユダヤへの圧力は強く、一九三四～三八年にも約一万人のユダヤが既にオーストリアを去っていた。合邦と同時にウィーン人による「土着の」暴力的反ユダヤ運動が始まった。それはナチの政策への積極的迎合に他ならなかった。

　合邦直後に、ユダヤの居住者の多い二区や三区などにおいて、ユダヤの人々はナチの腕章を巻いたウィーン人によって自宅から連れ出され、路上や壁に書かれた国民投票の宣伝を、小さなブラシで擦

ウィーンのヒトラー
リンツ到着の3日後にヒトラーはウィーンに入った。町中にハーケンクロイツの旗がはためく中、ヒトラーは「50万の人々で埋まった」といわれる「英雄広場」でオーストリアがドイツに戻ったことを宣言した。図版は英雄広場で演説するヒトラーを迎えた大群衆。

ウィーン土着の反ユダヤ運動
ナチの指導部がウィーンにやってくる以前から、ウィーンでは自然発生的な形で反ユダヤの嫌がらせが始まった。それはハーケンクロイツの腕章を付けた土着のナチたちによって広められた。彼らはユダヤ居住者の多い2区や3区などにおいて、ユダヤの人々を引っ張り出し、路上や壁にペンキで書かれた国民投票への呼びかけを小さなブラシで擦り消す作業を強制し（図版２点）、多くの住民がそれを嘲笑して見学したり、蹴飛ばしたりした。

り消す作業を強制された。それを多くのウィーンの住民が取り巻き、嘲笑したり、蹴飛ばしたりする光景は、それまで見られないものであった。あるユダヤ家族は次のような証言を残している。

「オーストリアにおけるナチ支配の最初の日から、私と家族はナチの専横と虐待に晒された。これまでそこらでぶらついていた若者たちが、ハーケンクロイツの腕章を付けてそうした行為に参加していた。……この時期に全ウィーンで最も好まれていた大衆娯楽である『たわしがけ』は、エルドベルク（区）のユダヤにも及んできた。（私たちの住んでいた）シュラハトハウス小路一六番の家のユダヤ商人とその息子の中で、この『たわしがけ』にかり出されなかった者を、私は知らない。ナチ支配の最初の日々のある日、我々の店にハーケンクロイツの腕章を付けた一人の男が現れ、私にバケツとたわしを用意して自分についてくるよう命令した。……ウィーン三区のレアールギムナジウム（高等学校）の前まで来ると、そこには友人たちがいた。彼らもバケツとたわしを持っていた。我々は二列に並んで興味深げに見ている人々の間を一列になって通り過ぎ、建物に入って水を汲んだ。『星のユダヤ』や『群れなすユダヤ』が順番に歩道に膝まずき骨の折れるあの仕事を行なっている間、小ネロたちや何百人もの見物人たちは充分楽しんでいた。その仕事とは油性ペンキで歩道に書かれた、無為に終わった国民投票のスローガンを磨き落とすことであった。私はその時他の人々とともに優に三時間もの間『たわしがけ』に従事した」

管財人の横暴

さらにナチの活動を先取りし、ユダヤの商店にJの印を書いて店を閉鎖したり、住宅からユダヤの住民を追い出し、その財産を奪うといったことも起こった。そうした「野放しの反セム主義」に対してはナチ新聞の『フェルキッシャー・ベオバハター』が「ドイツは法治国家なのであるから」という論理で「秩序」を呼びかけるほどであった。

ユダヤの店舗や営業の押収はウィーンに独特な「管財人システム」によって行なわれた。ユダヤの営業には「管財人」が置かれ、その営業を管理し、利益を我がものにすることができた。それがオーストリア・ナチであった者たちへの「補償」であり、ナチ支配への協力報酬とみなされたが、それらは多くの場合親衛隊の許可なしに「自発的に」行なわれた。そうして誕生した管財人の数は一週間に二万五〇〇〇人に達したという。

　こうした野放しの「管財人経済」を統制するために、「再統一の帝国代執行人」に任命されたビュルケルは、「財産移行局」を組織し、利益をあげうる優良企業のみを存続させ、それらは親衛隊の支配下に置いた。ウィーンに存在していた三万三〇〇〇の「ユダヤ企業」のうち五〇〇〇の優良企業のみが残され、それ以外は廃業させられ、ウィーンの企業の「アーリア化」はあっという間に完成した。それはウィーンの「土着のアーリア化」とでも呼ばれるものであった。

「アイヒマン・モデル」

組織的なユダヤ追放

　さらに、ユダヤの財産を奪っての追放と強制収容所への移送を組織化して推し進め、ウィーンのユダヤの壊滅を図ったのはアードルフ・アイヒマンであった。

　ドイツ人の父とオーストリア人の母を持ったアイヒマンは、幼少からリンツ近郊で育ち、青年期にはオーストリア・ナチの運動に加わった。一九三三年に一時捕まったが逃亡してミュンヘンへ逃げた。ミュンヘンでは親衛隊の「オーストリア部隊」に入隊し、訓練を受けていたが、翌年一九三四年一〇月にベルリンの保安情報部に配属され、「ユダヤ人」、特にシオニズム組織の情報蒐集を担当した。

　一九三八年の「合邦」時に、上司ヘルバート・ハーゲンとともにウィーンにやってきて、ユダヤ教団の手入れ、その指導部の逮捕、収容所送りを強行した。その後、ユダヤの財産を接収した上での海

①

②

③

ウィーンの新しい支配者たちとアイヒマン

ナチ・ドイツの支配下に入り、これまでのドルフース、シューシュニクの支配層の多くは亡命するか、逮捕され収容所に送られ、それまで禁止されていたオーストリア・ナチの面々が大手を振って登場してきた（①）。彼らは勝手知ったウィーンで、ドイツ・ナチの手下として、自由に振る舞い、ウィーンのユダヤの大小の企業を接収し、彼らの財産を奪い、海外へと追放する仕事を率先して行なった。その指導を引き受けたのが、元「非合法ナチ」でミュンヘン、ベルリンに「亡命」していて、「合邦」とともにオーストリアに戻ってきたアードルフ・アイヒマン（図版②中の右から４番目の人物）であった。彼は「ユダヤ問題」の専門家としてウィーンにおいてユダヤの国外への追放を指揮した。彼はシオニスト・ユダヤの援助を受けながら、「ユダヤ移民本部」（「アイヒマン・モデル」と呼ばれた）を組織し、彼らの財産を奪い、高い「逃亡税」を払わせ、ウィーンの「非ユダヤ（アーリア）化」を推進した（③）。

外移民もしくは強制収容所への追放政策を組織化し、シオニスト・ユダヤの協力を得てその手続きを「ベルトコンベアー方式」で迅速に行なう仕組みをつくっていった。そのやり方は、極めて強引迅速でかつ「合理的」であった。

ナチのユダヤ問題の指導者であったハイドリヒはウィーンでの追放方法を「アイヒマン・モデル」として、ドイツ本土および占領地地域にも導入することを提案し、認められた。

ベルリンにはハイドリヒを長とする「ユダヤ移民のための帝国中央本部」がつくられ、ウィーンからはその指導のための人員が送られた。アイヒマン自身は同年七月に新たに占領したプラハに、「ユダヤ移民本部」を創設し、その指導に当たっていた。ウィーンからは何人かのシオニスト・ユダヤが随行していった。

ウィーンにおけるユダヤ追放の特殊事情

しかしベルリンやプラハの組織は、いずれもウィーンほど顕著な成果をあげることはできなかったのはなぜなのか？ それはむしろウィーンではなぜそれほどまでの「成果」をもたらすことができたのかという問題と表裏をなす。

すなわちウィーンでは、いわゆる「土着的な反ユダヤ」「反セム主義」が極めて強く、オーストリアの合邦に際してそれが「野放しの運動」として幅広く展開し、多くのユダヤが何も持たずに国を出て行くか、収容所送りを選択するしか道が残されていなかったからである。

アイヒマン・モデルはそれを組織化し、ベルトコンベアー方式で「処理」すればよかったのである。プラハでは（そしてベルリンでも）、ウィーン程の反ユダヤ感情はなかったと考えられる。特にプラハでは「反ドイツ」意識のほうが強力であった。いずれにせよ、ウィーンはアイヒマンの「反ユダヤ」政策のデビューの場であった、ということができる。

第二次大戦下のウィーン

ユダヤ排斥による社会・経済政策

国家としてのオーストリアは消滅し、ドイツ帝国の一地方となり、ナチ・ドイツの拡大政策の最初の事例となった。特にウィーンでは様々な実験的な政策が行なわれていった。上に見たユダヤの追放政策はその中心を占め、それは占領地域の経済政策、社会政策そして政治支配のモデルケースとなった。

ウィーンの経済を牛耳っていたユダヤの追放と経済の「アーリア化」によって、一九三八年二月には一八万二〇〇〇人いた失業者は、一九三九年八月には二万人に減少した。また、ユダヤと社会民主党勢力の追放により、新たに供給できた住宅は七万戸におよび、それは「赤いウィーン」により建設された労働者住宅（約六万五〇〇〇戸）を上回るほどであった。また、ドイツを上回る金を保有していたオーストリア銀行の接収、ユダヤ財産の取り上げにより、ナチ・ドイツはその金保有高を大幅に増やすことができた。

そうした、ユダヤの追放を梃子とする経済政策、社会政策の「改善」はオーストリア人のナチ・ドイツへの支持と信頼を確実に強化した。そのためオーストリアではナチ党への加入希望者は増大し、ヒトラーは、オーストリア人のナチ党への加入を一〇パーセントに制限すべしとの指令を出さねばならなかった。特にケルンテン州は「総統に最も忠誠な地方」と呼ばれた。こうしたオーストリアの「合邦」に際しての社会政策・経済政策としてのユダヤ排斥政策はその後のナチ・ドイツの拡大政策の重要な梃子ないしモデルとして引き継がれていくことになる。

「大ウィーン」

オーストリアの「合邦」が行なわれた一九三八年三月一三日にサイス・インクヴァルトはウィーン市長にヘルマン・ノイバッハーを任命したが、ノイバッハーは一八三四年のオーストリア・ナチの蜂起で逮捕されて禁固刑を受け、その経済的基盤を失っており、市長就任はその論功行賞であった。

同年七月二一日には帝国管区都市としてのウィーンはその領域を拡大し、この日までに元下オーストリア州の九七の町村を取り込み、その広さは二七八キロ平方メートルから一二〇〇キロ平方メートルにまで拡大され、ヒトラー好みの「大ウィーン」とされた。さらに一九三九年五月一日には「オーストリア」から「オストマルク」へと名称が変わったオストマルクのための「オストマルク法」が制定され、ウィーンはオストマルクの州首都から、帝国権力者の直接支配下に置かれる帝国都市となり、市長は格下げされ助役とされた。都市としての自治権は失われ、その後、ドイツの戦争準備のための工場や防衛施設が建設されていくことになる。

ノイバッハーの下で、ウィーンは新大管区「オストマルク」におけるナチ・ドイツの中心都市として改造されていく。四月一〇日に行なわれた「合邦」に対する賛否の国民投票では、ウィーンでも九九・五パーセントが賛成の票を投じたとされる。反対派の社会民主党やキリスト教社会党も既に排除されていたし、投票の操作も行なわれたが、ヒトラーにとっては充分な数字であった。

そうした完全にナチ化されたウィーンにおいては、仕事を探し、安全に生活していくためには、ナチ党員になることが必要であり、党員加入者が制限されたことは既に述べたが、「待機リスト」に名を連ねる者も多かった。戦後の「非ナチ化」政策における調査では、ナチ党員となった者は、五三万七六三二人を数え、そのうち四万一九〇六人が他人を貶めた「重犯罪者」と判断された。

戦時下ウィーンの生活

戦争が始まるとオーストリア人も、ドイツ国防軍や武装親衛隊に入って戦ったが、特にバルカン半島の軍隊の将校には圧倒的にオーストリア人が多く、二四〇人にも及んだ。親衛隊や警察指導部も多くがオーストリア人であった。また強制収容所の責任者やショアー（虐殺）の責任者にはアイヒマンの部下となったオーストリア人が多かったことも確認できる。

戦争では、二四万七〇〇〇人のオース

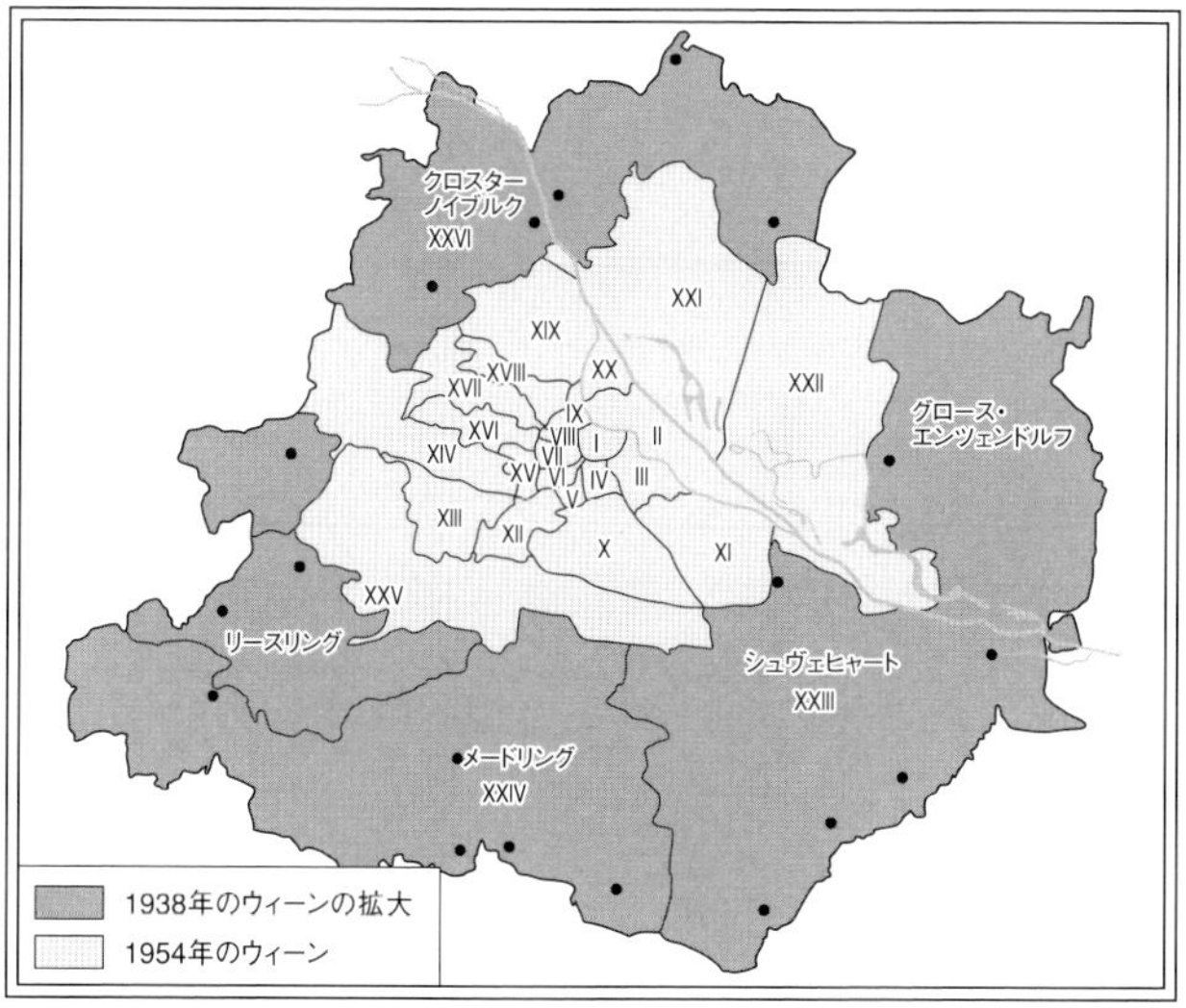

ナチ支配下の「大ウィーン」
ヒトラーはウィーンをパリやロンドンに匹敵する大都市につくり変えようとしていた。その構想のためにウィーンはまず地域的に、これまでの約四～五倍の広さに拡大され、帝国直属の都市と位置づけられた。一二五ページの地図「拡大するウィーン」も参照。

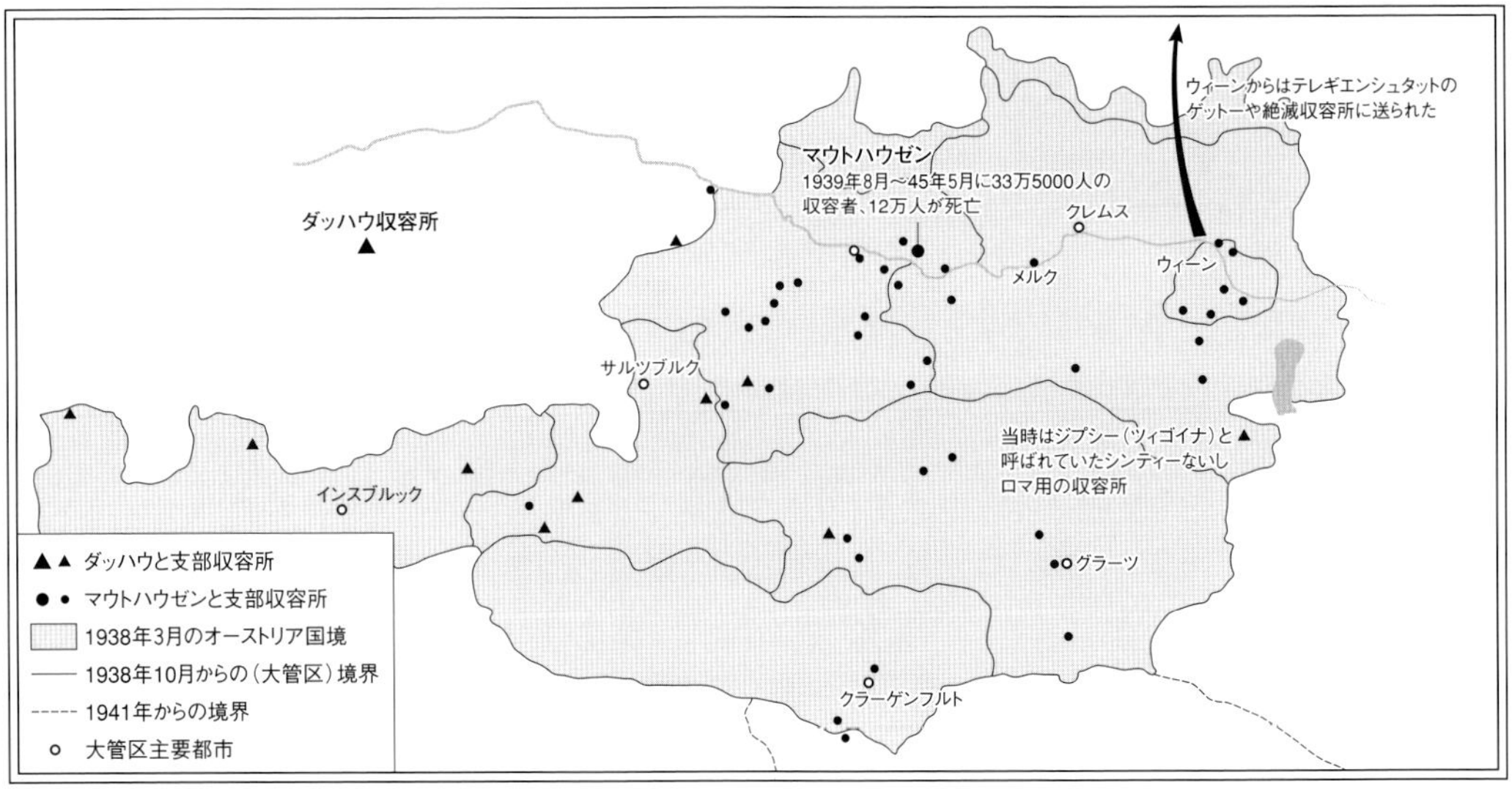

オーストリアとウィーンの強制収容所

元オーストリア（オストマルク）の領土内にもマウトハウゼンを中心とする強制収容所網がつくられた。政治的「民族的」反対者や捕虜が送り込まれ、石切りや道路工事土木工事に従事させられた。「ユダヤ」の収容者はウィーンに集められ、そこからアウシュヴィッツなどの絶滅収容所に送られた。■印がマウトハウゼンとその支部収容所。▲印はダッハウの支部収容所。

トリア人が死亡ないし死亡とみなされ、一一万四〇〇〇人が重傷とされる。敵国の捕虜となった者も五〇万人に及び、戦争で被害を受けた市民の数は、第一次世界大戦よりはるかに多く、空襲や戦闘に巻き込まれてのウィーン市民の死者は二万四〇〇〇人を超えた。

一九四二年にはウィーンの日常生活の不足が増大し、特に食糧はぎりぎりで、食糧配給カードが導入された。月に一度の「アイントップフ（「一膳スープ」もしくは「ごった煮」）の日」が導入され、通常には月に二〇〇〇グラムのパン、二〇六グラムの油脂、三〇〇グラムの肉、三キロのジャガイモ、二つの卵が平均となった。残りはヤミ販売に頼るしかなかった。

一九四三年二月、芸術館で「第三帝国の最近の芸術」と題して「退廃文化」展が開かれ、オスカー・ココシュカなどの展示と追放が行なわれ、訪問者は一五万人に及んだ。空襲が始まると多くの芸術作品がウィーンから避難され、ウィーンでは「二流作品展示会」が開かれた。しかし、一九四一年にウィーンではなお二二二軒の映画館があり、一九四四年のゲッベルスによる劇場閉鎖後も運営され、同年には六〇〇〇万枚の券が売れたという。映画はウィーン市民の最後の娯楽であり、また、ナチにとっては教宣の意味を持っていた。

ノルマンディー上陸作戦後の一九四三～四四年にそれまで空襲のなかったウィーンにも空襲が始まり、三つの「高射砲陣地」が増設された。それは約四〇メートルの高さの堅固なコンクリートの陣地で、堅固過ぎて戦後も取り壊せず、現在でも残されている。それでも行なわれた五二回の空襲は、計八七六九人の犠牲者を出し、四万七〇〇〇の建物と一二〇の橋が被害を受けた。

ナチへの抵抗運動

ヒトラーないしドイツ・ナチに対する抵抗運動は、抵抗組織が排除されたウィーンにおいては主として自発的な市民の小グループによって行なわれ、ビラの配布や軍需工場や運輸システムにおける妨害行為が散発していた。しかしゲシュタポはそうしたグループへ同じオーストリア人のスパイを送り込み、その行動を暴露し、弾圧した。そうした組織的抵抗と並んで、小さな個人的抵抗も弾圧された。外国放送を聞くことは一九四二年以降死刑をもって禁止され、ナチに対する当て擦りの冗談や皮肉でさえも二年以下の刑罰を受けた。一九三八～四五年にウィーンの地方裁判所だけで、そうした「口害」で訴えられた裁判は、一万四五〇〇件に達した。

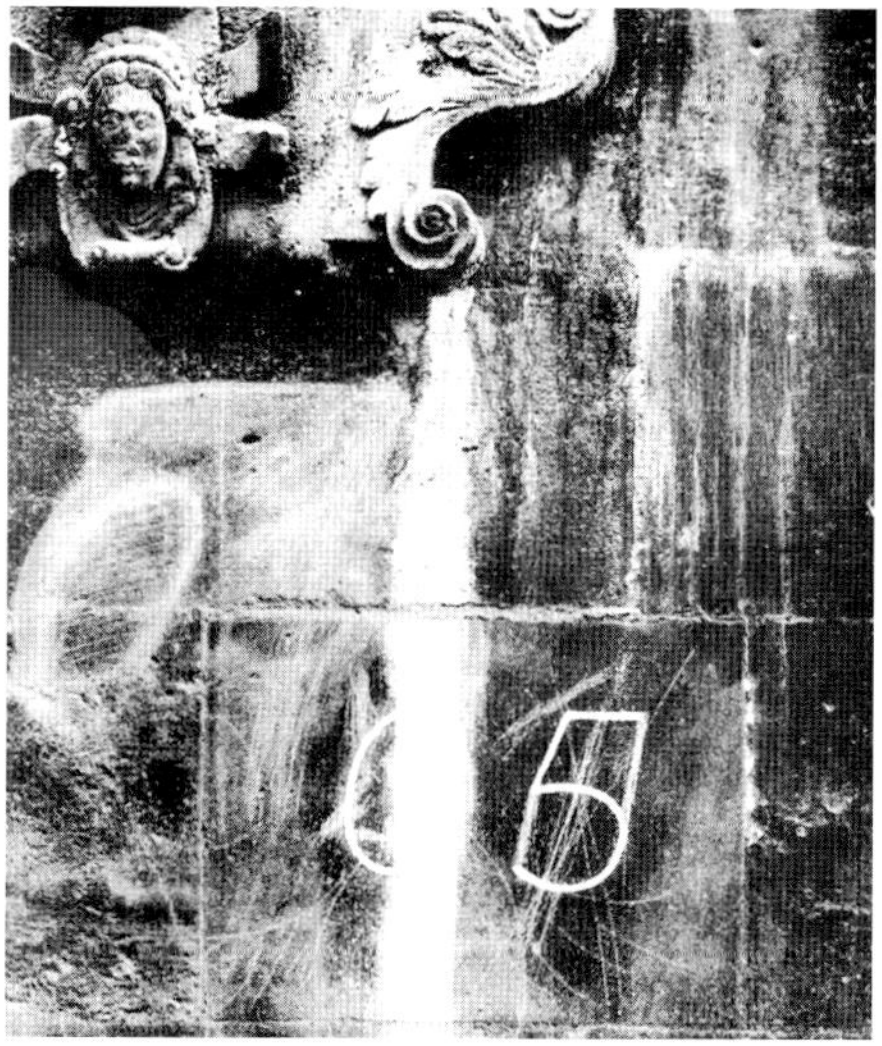

05グループの抵抗運動
オーストリアの国名の頭文字を示す05の記号を使い、ナチ・ドイツへの抵抗を示す抵抗運動は戦争の終盤になって現れた。そうした記号はシュテファン教会の正面の右側に、絶えることなく書かれ続けた。

カトリック教会の司祭達の説教も監視された。戦争終盤の一九四四年になると、「オーストリア」を表す「05（＝OE）」の記号をオーストリア復活の合い言葉とする市民の自由主義グループが、シュテファン教会やその他の建物にその記号を書き続ける運動を始め、連合国とも連絡をとるまでになる。チェコやポーランドでは民族的抵抗や共産党の組織的抵抗運動は存在したが、ウィーンではあまり目立たなかった。

同じ頃、ドイツ国防軍の将校のヒトラー暗殺計画とタイアップしたオーストリア将校の抵抗計画「ヴァルキューレ」も組織されたが、それは暗殺計画の失敗により、無為に帰した。

ウィーン攻防戦

ソ連軍の攻撃

一九四五年三月末にソ連軍がブルゲンラントに達すると、ウィーンへの攻撃とドイツ軍による防衛が問題となってきた。ソ連軍はウィーンを攻撃占拠しようとし、ドイツ軍はそれを死守しようとしていた。ウィーン攻防戦は四月五日に始まったが、ソ連軍はウィーンを砲撃し、連合国は空爆を行なった。

当時、ナチへの抵抗グループの何人かの将校が、ローマに倣ってウィーンを「無防備都市」と宣言し、その破壊と犠牲を防ごうとしていたが、ウィーンの支配的立場にあったドイツ軍のシラッハはあらゆる手段を使ってそれを阻止した。軍事的に劣勢であったドイツ軍は、ウィーンを明け渡す際に、ドナウ川と運河に架かる橋を爆破して北へと逃亡した。

終戦

四月一一日から一二日の夜、赤軍がウィーンに入った。逃亡前にウィーンの無血開城を図った数人の将校は、ドイツ軍によりフロリーツドルフの街頭に吊るされ処刑された。

ウィーンをめぐる戦闘や五二回の空爆によってシュテファン教会やオペラ座をはじめ、五万近くの建物が破壊され、八七六九人の犠牲者が出た。戦闘による死者は二二六六人で、両軍には一万七～八〇〇〇人以上の犠牲が生じ、四万五〇〇〇人の捕虜が生じたという。

しかし戦闘が終わると、ソ連軍はウィーン住民に一万二〇〇〇トンの食糧を配

②

③

④

①

ウィーンをめぐる攻防戦
1945年3月末にソ連の赤軍はハンガリーからウィーンに迫り、ドイツ軍との攻防戦となった。連合国の空爆もあり、シュテファン教会やオペラ座などが焼け（①、④）、ウィーンは大きな被害を出したが、最終的にナチ・ドイツ軍は橋を爆破するなどして撤退し、赤軍がウィーンを解放した。③無血開城を計った将侯は処刑されていた。

給した。四月一七日、将校のテオドーア・ケルナーがウィーン市長に就任、信頼を集め、その後のウィーンの復興に力を注いだ。五月八日ドイツは降伏、ナチは禁止された。七月一〇日、臨時政府は一九三一年の市憲法を復活させ、ようやく本来のウィーンが復活した。

第一四章 戦後、そして現代へ

非ナチ化

ジープの四人

ウィーン攻防戦が終わり、ナチ・ドイツ軍が撤退した後、ソ連軍はウィーンを解放占領し、社会民主党のテオドーア・ケルナーを仮のウィーンの市長に任命した。副市長には国民党のクンチャクと共産党のカール・シュタインハルトが任命された。

やがて七月一〇日にはウィーンの臨時市政府が一九三一年のウィーン市憲章を再確認してその体制を再建した。オーストリア共和国も解放再建され、一九四五年四月二七日には社会民主党のカール・レンナーが首相に任命された。レンナーは四月二九日には議会で臨時政府を設立したが、その影響力は最初ウィーンを中心としたソ連占領軍の勢力範囲内でしか認められなかった。同年九月一日、ソ連、イギリス、フランス、アメリカ合衆国の四カ国がオーストリアの分割占領に合意し、ウィーンも四分割占領された。しかしウィーンの第一区だけは四カ国の共同統治下に置かれ、月ごとに占領軍四カ国が交代で統治し、軍警察は同じジープにそれぞれの占領軍の軍人が一人ずつ乗り込んでパトロールを行なった。それは「ジープの四人」ないし「四人乗りジープ」と呼ばれ、ウィーンの共同管理秩序を維持していった。

ウィーン解放後に帰還する市民

市庁舎前の首相カール・レンナー　1945年4月29日、首相カール・レンナー（左）と市長テオドーア・ケルナー（右）。

解放と責任

一九四五年一一月にはウィーンの最初の市議会選挙が行なわれ、ウィーンに民主主義体制が戻って来たといわれるが、オーストリアもウィーンも、その前に克服しなければならない重要な問題を抱えていた。戦後のオーストリアの体制構想に関して連合国側は、一九四三年一〇月のモスクワ外相会議において、オーストリアの位置付けを定めていた。それによれば、「オーストリアはヒトラーの典型的な攻撃的政策の犠牲となった最初の自

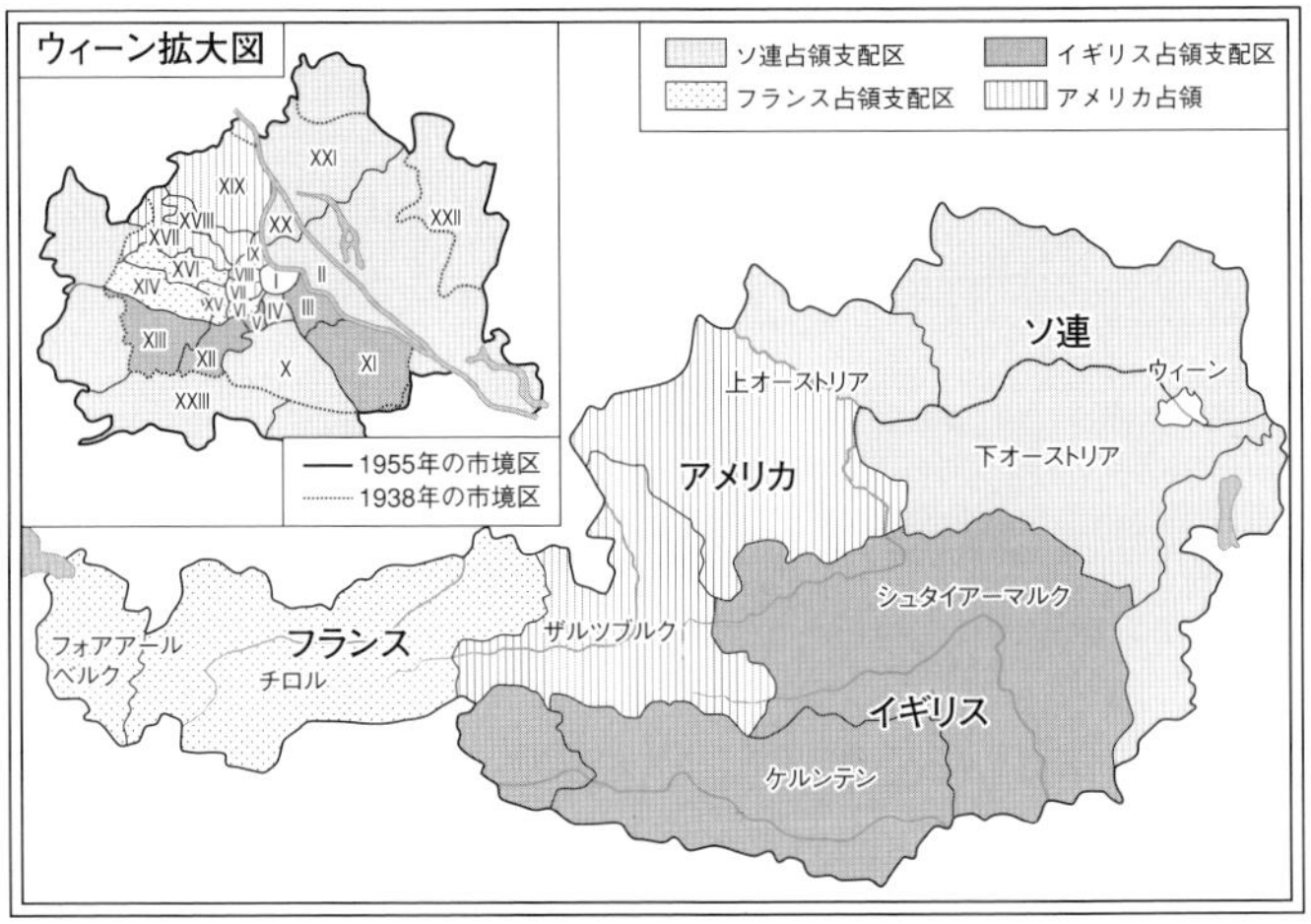

戦後のオーストリアとウィーンの4カ国による分割占領
第１区のみが共同統治とされた。

由国家でありドイツの支配から解放されるべきものである」と表明し、連合国側は「自由で独立したオーストリアが実現することを望む」と述べていた。それは基本的には戦前の支配者であったオーストリア・ファシズムの亡命者たちが、イギリス、フランス、アメリカ合衆国の亡命先で自己の立場を正当化して述べていた見解であり、現実の歴史的展開とは異なるものであった。それにもかかわらず、その見解はオーストリアの占領統治の基本的考え方とされた。この宣言はビラとして空から配られ、戦中のオーストリア国民の目にも触れることになり、抵抗運動にも影響を与えた。同時に戦後のオーストリアの政治体制の成立にも影響を与えることとなる。

「ジープの4人」 ウィーン市も4カ国により分割占領された。1区（市内区）のみは共同統治とされ、１月ごとにその責任者が交代し、「軍パトロール」はジープに４カ国の軍人が一人ずつ乗り合わせ、「ジープの4人」と呼ばれた。写真左手の建物は「共同統治委員会」が置かれた司法省の建物。

　しかし注意しなければならないのは、その後段にはさらに次のような見解が示されていたことである。すなわち「だが、オーストリアはヒトラー・ドイツの側に立って戦争に参加した責任から逃れられないし、その最終的調整に際しては、オーストリア自身が、自らの解放にどれだけの寄与をなし得るかが考慮されねばならない」と。「自らの解放」や「責任」の内容には、戦前戦中のナチ体制への協力の問題および戦後の「非ナチ化」も含まれねばならなかった。

　しかしながら、この「非ナチ化」に関しては、ナチ・ドイツの占領以前のオーストリアの政治的対立が大きな影響を与えざるをえなかった。ドイツ・ナチズムによって排除され、強制収容所に送られたり、亡命を余儀なくされたキリスト教社会党のシューシュニク体制の人々は、自らをナチ支配の「犠牲者」であると考えたが、他方戦前にシューシュニク体制に弾圧され、追放された主として社会民主党の人々は、シューシュニクの体制はすでにオーストリア・ファシズムであり、当時のオーストリアのファシズムは「緑色のファシズム（郷土防衛同盟などのオーストリア・ファシズム）」か「黒色ファシズム（キリスト教社会党の独裁）」か「褐色ファシズム（ドイツ・ナチズム）」か、見分けはつかなかった。結局はその体制がドイツ・ナチによる占領への道を開くという悲劇的な結果を招いてしまったと考えていた。そうした意味でシューシュニク体制はその罪を担わねばならなかった。

形骸化する非ナチ化

　一九四五年四月に成立した新政府は、社会民主党を受け継ぐ「社会党」、キリスト教社会党ないしシュシュニク体制を背景とした「国民党」、ソ連との関係が深く組織的抵抗運動を担った共産党の三党が共同で「独立声明」を出し、最初は占領軍の監督下で「非ナチ化」を遂行していった。五月八日には「ナチ党禁止令」が出され、ナチ党とその傘下組織の禁止とその成員の登録と公職追放、国民裁判所の設置、「非合法党員（オーストリア・ナチ）」の処罰が決められた。しかしその禁止令には例外規定が設けられ、党員としての地位を悪用せず、解放以前に共和国への支持を表明した者は例外として処罰を免れたので、オーストリア・ナチ党員約五四万人の内九割が、例外規定適用を申請していた。レンナー政府は一九四五年六月に、「戦犯法」を定めナチの戦争犯罪を裁く「国民裁判所」を設置したが、それは同裁判所が廃止された一九五五年一二月までに一三万七〇〇〇近くのケースを扱い、死刑判決四三件（執行は三〇件）無期懲役三四三件の他約一万三五〇〇件の有罪判決を下した。

　しかし、一九四五年一二月にレンナー政権を引き継いだ戦前のキリスト教社会党の流れを汲む国民党のフィーグル政権は、一九四六年三月に新ナチ法を制定し、ナチ犯罪をナチ党における地位と役割によって決定し、戦犯とされた指導層には刑罰を科したが、戦犯、重犯罪者を含むそれ以下の者には税負担増額などの科料を科するに止めるという実質的なアムネスティ（恩赦）を決定した。その後さらに軽犯罪者には選挙権を復活させ、重罪者のアム

①

②

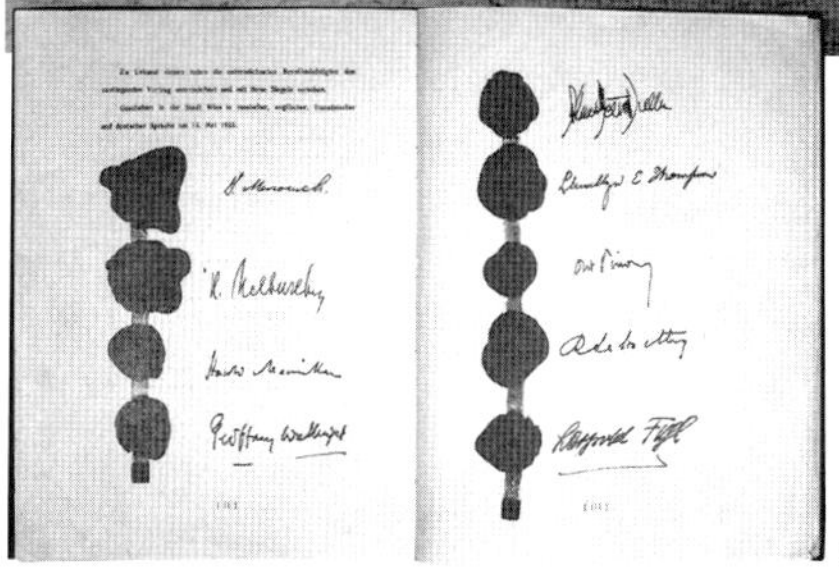
③

「国家条約」の成立
①「条約」署名後ベルヴェデーレ宮殿（プリンツ・オイゲンの宮殿）のバルコニーから、詰めかけた市民に署名された「国家条約」を示す首相ユリウス・ラープ。②ベルヴェデーレ宮殿「大理石の間」での調印式。③「国家条約」の署名。オーストリア外相フィーグル、アメリカ国務長官ダレス、ソ連外相モロトフ、フランス外相ピネーと4カ国の駐オーストリア大使が署名している。

ネスティも行なわれ、オーストリアの非ナチ化は形骸化されてしまった。しかしそうした処置はのちに大きな問題を生むことになる。

中立国家への道

ソ連の構想

戦後ドイツの占領政策は結果として二つのドイツ国家を生じさせてしまったのに対し、オーストリアは最終的には中立国家としてその統一を維持することができた。しかしその主権の回復は、一九五五年まで待たねばならなかった。

戦後のオーストリアの扱いは既に述べた通り一九四三年の連合国四カ国の外相会議で議論され、その「モスクワ宣言」によって自由で独立した国家として再建されることが合意されていたが、現実には様々な戦後処理の問題が存在していた。

特にオーストリア、なかでもウィーンの解放に「貢献」したのがソ連軍であったことが占領政策におけるソ連側の発言力を強めていた。また占領のあり方、特にウィーンの一区が共同統治によって行なわれたことは、四カ国の占領政策の決定的分裂を防いでいた。しかし戦争において もっとも大きな損害を被ったソ連にとっては、ドイツからの賠償が、戦後の復興に欠かせない問題であり、オーストリアにおける「ドイツ資産」、特にツィステルスドルフの豊富な石油産出と精製工場の接収を要求した。オーストリアの連立政権は基幹産業の「国有化法案」を制定し、ソ連の要求を阻止しようとした。

永世中立国

もう一つの問題は、東西対立の中での安全保障の問題であった。四カ国の占領下にあったドイツは結局二つのドイツに分断され、西ドイツ（ドイツ連邦共和国）は「北大西洋条約機構」（NATO）への加盟が議論されていく中で、オーストリアの戦略的位置づけが問題になってきた。特にドイツ、オーストリアへの影響力を失いたくないスターリンは一九五二年三月に突然、中立化された統一ドイツ構想「スターリン・ノート」を発表した。その構想はドイツ支配国には無視されたが、ソ連はその構想をオーストリアで実現しようとした。スターリンの死後フルシチョフは、オーストリアを中立化することにより、その西側への編入を阻止しようとする政策を強く示した。一九五五年四月のモスクワでの「四カ国会議」にソ連政府はオーストリア代表を呼び、オーストリアを「永世中立国」とすることで四カ国とオーストリアの合意を成立させた（「モスクワ覚書」）。それに基づきウィーンで再調整が行なわれた後、一九五五年五月一五日にウィーンのベルヴェデーレ宮殿で四連合国とオーストリア共和国による「国家条約」への調印がなされた。

オーストリアはドイツと異なり「解放された国家」であると位置づけられていたので、「和平条約」ではなく「国家条約」とされた。その具体的な内容は、①ソ連との間ではソ連が管理していた「ドイツ資産」としての油田と精錬工場をオーストリアが所有することに対するソ連政府への「弁済金」一万五〇〇〇ドルの支払いおよびその後一〇年間の原油一〇〇万トンの提供、②連合四カ国の占領軍の撤退、③ドイツとの「合邦」の禁止、④少数民族の権利の保証などであった。その合意に基づき一九五五年一〇月二五日に最後の占領軍イギリス兵がケルンテンから撤退し、翌日の二六日にオーストリアの国民議会は永世中立の連邦憲法案を可決し、中立国オーストリアが成立した。

オーストリアの中立はスイスの場合と異なり、国連への加盟を意図し、加盟は一二月一四日に認められた。こうした国家条約は中立オーストリアの首都であるウィーンが東西勢力の結節点にあるという地理的条件も考慮され、その後国連都市、国際会議都市としての性格を持つ道を開いていった。

国際都市ウィーン

文化都市の復興

一九五五年に国家条約が成立し、中立国家オーストリアが成立したが、その時期にはウィーンはまだ、戦争の被害からの復興に追われていた。戦争直後のウィーンでは四万七〇〇〇の建物が被害を受け、一二〇の橋が破壊され、道路はがれきに埋もれていた。

一九四五年四月一七日にソ連軍により戦後最初のウィーン市長に任命されたテオドーア・ケルナーは、文化都市としてのウィーンの復興を重視し、「赤い市長」としてウィーン市民の支持を獲得していった。ケルナーはウィーン歴史博物館の基礎を据え、「文化と学問の促進のための財団」をつくり、シュテファン教会前広場の復興の議論には市民を招待したりした。この頃からマーシャル・プランが復興の援助資金として提供されていった。

一九五一年には戦後最初の「ウィーン祝祭週間」が開かれ、一九五二年にはシュテファン教会の鐘が復活された。同年ケルナーは、戦後最初の連邦大統領に選出され、市長にはフランツ・ヨナスが選出された。彼はケルナーを引き継ぎ、ウィーンの都市としての復興に尽力していった。ヨナスの尽力により一九五五年以降にウィーンの復興は大きく前進した。この年にはまずブルク劇場が再開され、ウィーン文化の象徴的存在であるオペラ座が復興のシンボルとして再開され、カール・ベーム指揮のベートーヴェン歌劇『フィデリオ』の上演には、世界中から有名人が招待された。

東西交渉の場として

一九五五年の国家条約によりオーストリアが中立国家となると、その首都であるウィーンは、当時対立していた東西勢力の交渉や話し合いの場として注目されるようになっていった。その最初で典型的な例は、一九六一年のアメリカ合衆国大統領のケネディとソ連第一書記のフルシチョフの会議で、それはシェーンブルン宮殿などで行なわれた。それに続いて一九七〇年四月には米ソ間の戦略兵器制限交渉（SALT）第一回本会議が行なわれ、第二回も一九七九年にウィーンで続けられ、ソ連第一書記ブレジネフとアメリカ大統領カーターの間で調印を見た。

東西対立の仲介役だけではなく、ウィーンは中東問題の話し合いの場としても、注目されていった。一九七〇年の選挙で第一党となった社会党のブルーノ・クライスキーは、単独統治を始めると、その中立国家としての立場を十分に利用し、イスラエルとアラブ諸国の対立の仲介に乗り出し、自身はユダヤ系の出身であるにもかかわらず、「パレスティナ解放機構」（PLO）を承認し、その代表部をウィーンに置くことを認めた。さらにイスラエルにPLOとの会談に応じるよう強い勧告を行なった。またオーストリアもその一員である「石油輸出国機構」（OPEC）の事務局もウィーンに置かれた。

そうした国際交渉の場としてのウィーンは国連の活動の場としても注目されていき、一九五七年に国連の組織としての「国際原子力エネルギー機関」（IAEA）

がウィーンに本部を置くことになり、続いて一九六五年にはOPECが、一九六七年には「国際連合工業開発機関」（UNIDO）もウィーンに本部を持つことになった。それらの組織を受け入れるために、一九七三年から一九七九年にかけて、ドナウパークのあるドナウ島にUNOシティー（事務所）の建物が建設され、それは一九八三年から一九八七年までに国連会議センターとして拡大され、ウィーンはニューヨーク、ジュネーブに続く三番目の「国連都市」となった。そして東西諸国の境界に位置する国際会議場としての地位を獲得していった。

クライスキーの福祉政策

国連都市ないし国際都市としてのウィーンの発展と平行して、一九七〇年代には社会民主党の首相クライスキーによるウィーンを中心としたオーストリアの社会的改革が行なわれていった。一九七一年の選挙によって、絶対多数を確保したクライスキーは、特に働く国民の権利の強化に焦点をあわせた社会改革をウィーンを中心に強力に押し進めた。週五日四〇時間労働、雇用者には最低四週間のバカンスとそのためのボーナス払いを義務づけるなど、社会的には女性の権利を擁護し、家長制の廃止、女性の権利強化、子供支援金の充実、教育の機会均等の他、母親の希望による三カ月までの中絶の許可などが制定されていった。中絶許可の問題は教会や教皇の反発を招いたが、クライスキーは議会で押し切ってしまった。教皇も最後にはオーストリアおよびウィーンを「至福の島」と讃えていった。

反原発運動

クライスキーの外交、社会福祉政策の

①

③

②

④

クライスキー首相の外交政策
クライスキーはオーストリアの中立国としての立場を強調し、多くの仲裁外交をおこなった。イスラエルに乗り込み、対話を呼びかけ（①）、アラファトをウィーンに招いて会談し（②）、エジプト大統領サダトとも話しあった（③）。「世界で最も危険な指導者」と言われたリビアのカダフィーとも交渉をもった（④）。

クライスキーの交友　ドイツの政治家ヴィリー・ブラントとは亡命中の友人だった。

成功に比較して、その資源政策、電力政策においてクライスキーは強い批判と抵抗に遭う。一九七一年の就任時からクライスキーはオーストリアのエネルギー政策として原子力発電を考え、一九七六年にはその第一号をツヴェンテンドルフに建設したが、その稼働をめぐっては国民投票を要求され、一九七八年一一月の投票によって、僅差でその稼働が禁止された。翌月クライスキーは「核閉鎖法」を制定し、国民投票なしには、原発をつくらないことを決議した。

その後一九七九年のスリーマイルの事故（アメリカ）、一九八六年のチェルノブイリの事故（ソ連）を受け、オーストリアでは「原子力のないオーストリア」を求める国民運動が起き、一九九九年には同名の憲法律が国会の全会一致で採択され、それは憲法にも組み込まれたのである。ツヴェンテンドルフの原発は「愚かな試み」の博物館として残され、その敷地は太陽光の発電所となった。一九八三年の選挙で絶対多数を失ったクライスキーは首相を退陣した。

ヴァルトハイム問題

戦犯歴の暴露

一九八〇年代の後半にはさらに大きな

ローマ教皇の訪ウィーン オスマン軍のウィーン包囲300周年を記念しての教皇ヨハンネス・パウロ２世がウィーンを訪れ、ウィーン解放を記念して、ヒトラーと同じ英雄広場でウィーン市民に呼びかけた。ヒトラーを意識してか、演説はビデオで放映された。

「世界で最も安全な原発」 1976年にツヴェンテンドルフに完成したオーストリア最初の原発は、反対運動を誘発し、その稼働をめぐって1978年に国民投票により閉鎖された。その後の法律で禁止され、チェルノブイリの事故の後には、原発の建設も稼働も憲法により禁止されていった。そのためツヴェンテンドルフの原発は「世界で最も安全な原発」となった。

国連の建物 1973～79年にドナウ島に建設された。ここには国連の国際原子力エネルギー組織（IAEA）や国連工業開発機関（UNIDO）などが置かれ、会議場が備えられている。

政治問題が起こる。いわゆる「ヴァルトハイム問題」であり、それはその後のオーストリア、ウィーンの政局を揺さぶることとなった。

一九八六年の大統領選挙で、永らく大統領選挙で苦杯をなめていた国民党が、元の国連事務総長として名の知られていたクルト・ヴァルトハイムを必勝の候補者として推薦した。しかし、選挙戦たけなわの三月、週刊誌『プロフィール』に、ナチの親衛隊将校の制服に身を包んだヴァルトハイムの写真とともに、彼が親衛隊将校としてユーゴスラヴィアおよびギリシャにおいてナチ・ドイツ軍のパルティザン掃討とギリシャのユダヤのアウシュヴィッツへの移送にかかわっていたことを暴露すると同時に、大統領選の彼の略歴には、その時期の経歴を「ウィーンで博士論文を書いていた」と詐称していたことを指摘した。さらに、戦後のユーゴスラヴィアの戦犯リストにも、ヴァルトハイムが殺人、虐殺、人質銃殺、家屋放火などの重犯罪者として登録されていたという情報も明らかにされた。

ヴァルトハイム問題
1986年の大統領選に元国連事務総長のヴァルトハイムが立候補したが、彼のナチ時代の履歴をめぐって大きな論争が生じた。ヴァルトハイムは大統領に選出されたが、オーストリアの外交は停滞し、ナチ支配下のオーストリアの歴史を巡っての論争が再燃した。図版左・ヴァルトハイム問題を報じたオーストリアの雑誌。ナチの征服に身を固めた中央の人物がヴァルトハイム（図版上）。

そうした情報を前に、国際世論や国内世論は当然ヴァルトハイムに不利な予測を立てた。しかし、国民党とヴァルトハイムの陣営は、そうした情報が「世界ユダヤ会議」やユーゴスラヴィアなどの国外からの情報であることを強調し、「我々オーストリア人は我々が望む者を選ぶ」と訴えて、結局ヴァルトハイムは国際的予想に反して勝利してしまう。オーストリアのマスコミも、「まどろんでいた原始的感情が目覚めさせられた」と述べ、オーストリアにおける反ユダヤとナチ・ドイツ的ないしドイツ的オーストリア民族主義の強固な存在を指摘し、オーストリアの「非ナチ化」の不完全性を指摘した。

過去と歴史の見直し

しかし、問題はそこで終わりではなかった。新大統領ヴァルトハイムに対しては、表敬訪問の招待状がどこからも届かず、彼が企画したアメリカ合衆国への私的訪問も、アメリカ国務省によって、彼のナチとしての前歴を理由に、入国を拒否されてしまった。オーストリアは国際社会で孤立し、その外交は行き詰まってしまった。

　国内でも、一九八八年の「合邦」五〇周年の記念式典などが行なわれたが、その式典で大統領のヴァルトハイムが式典演説もできなかった。政府と大統領はヴァルトハイムの履歴の調査のための「国際歴史委員会」を設置し、委員会はヴァルトハイムは迫害に直接係わってはいないが「ナチ戦争犯罪を知りうる立場にあった」という灰色報告を出した。そして、ヴァルトハイム問題は、「合邦」五〇周年を契機に、オーストリアの過去とその歴史の見直しを促す論争に発展していった。

　この論争においては、オーストリアの戦後の隠れ蓑となった一九四三年のモスクワ外相会議における「オーストリアはヒトラーの典型的な攻撃的政策の犠牲となった最初の自由国家である」というオーストリアの位置づけが再度問題となった。オーストリア社会党（一九九一年から再び「オーストリア社会民主党」）は、「オーストリアの民主主義はナチの武装した暴力によって排除されたのではなく、それ以前のキリスト教社会党の権威主義的体制によって廃絶された。その緑のファシズムはナチの防波堤ではなくその導入者となったのである」と考え、それに対して国民党は一九三四〜三八年の体制が非民主的であったことは認めたが、その体制はヒトラーに抵抗したのであり、暗殺されたドルフースはナチによる最初の犠牲者であると主張した。そのため議論は以前のごとく平行線を辿り、対立は解消されなかった。

現代のウィーン

ベルリンの壁の崩壊

「現代のウィーン」あるいは「二一世紀のウィーン」が、歴史上どのような位置にあるかを論ずることはまだ時期尚早であり難しいが、差し当たり、政治的な体制が大きく変わり始めていることが重要である。それはヨーロッパ全体の変化を背景にしたオーストリア全体の現象でもあるが、ウィーンを中心に重大な変化をもたらしてきている。

　そうした体制変化は、一九九〇年前後のヨーロッパ全体を大きく揺さぶった転換、主にペレストロイカとソ連邦の崩壊、東欧の社会主義諸国の大きな変化が影響していた。国内ではヴァルトハイム事件や、「合邦」および戦争の五〇周年をめぐる国民的論争が大きく作用していた。

　ペレストロイカにより、堅固な社会主義国と思われた東ドイツがその影響を受け、多くの東ドイツ国民が西への道を模索していた。一九八九年の八月、オーストリアとハンガリーの国境が開放されると、ハンガリーにいた数百人の東ドイツ国民がオーストリアに脱出し、ドイツへ向かった。ウィーンはそうした脱出「東ドイツ国民」の通り道ともなった。その「ピクニック」作戦は続き、その影響により最終的にはベルリンの壁も崩壊した。

　翌一九九〇年一〇月には思ってもみなかった東西ドイツの統一（再統一）が行なわれた。それは冷戦体制の終焉を意味していた。同時にウィーンには、開放された国境を超え、東欧諸国からの移民や労働民が、労働を求め、移住を希望してやってきた。彼らはハプスブルク帝国時代からウィーンに住んでいる同胞社会や親戚の伝手を頼みにやってきた。開放された国境を超え、買物や観光に来る者も急増し、ウィーンは近隣諸国の言葉に溢れた多国籍他民族都市となった。

EUへの参加

経済的政策においても、大きな転換が行なわれた。一九五八年に結成された「ヨーロッパ経済共同体」（EEC）の成立に対して、オーストリアは、中立国を中心とした関税同盟「ヨーロッパ自由貿易連合」（EFTA）を結成して、これに加わらなかった。しかしEECがEUに発展し、ソ連邦の解体と東欧の社会主義体制が崩壊していく中で東西ドイツの統一が実現すると、オーストリアのEUへの参加が現実の問題となっていき、それは激しい論争の後の一九九四年に国民投票により実現した。それは拡大したヨーロッパにおけるウィーンの中心的位置をより強調することとなった。さらに、東欧諸国とバルカンの国々が次々とEU参加を認められると、EU内における都市ウィーンの位置と役割が変化していった。ウィーンは東西ヨーロッパを結ぶ結節点となり、バルカンからさらに東の国々との交易や経済関係の結節点となっていった。

さらに、一九九〇年代初めのユーゴスラヴィア解体、九〇年代前半のクロアチア・セルビア紛争、ボスニア・ヘルツェゴヴィナの内戦などにより、大量の戦争難民・避難民が受け入れられ、ウィーンはハプスブルク時代の再来を思わせる、さらに多様な多民族多宗教の人々の住む都市となった。さらにアラブ諸国の変革と戦争による大量の難民が殺到し、彼らは特にバルカン、ハンガリールートにおいてはオーストリア、ウィーンを経由してドイツを目標としていて、さまざまな問題を醸し出している。それらの問題にどのように対応し、「解決」を求めていくかが、現在のウィーンとオーストリアの大きな課題となっている。

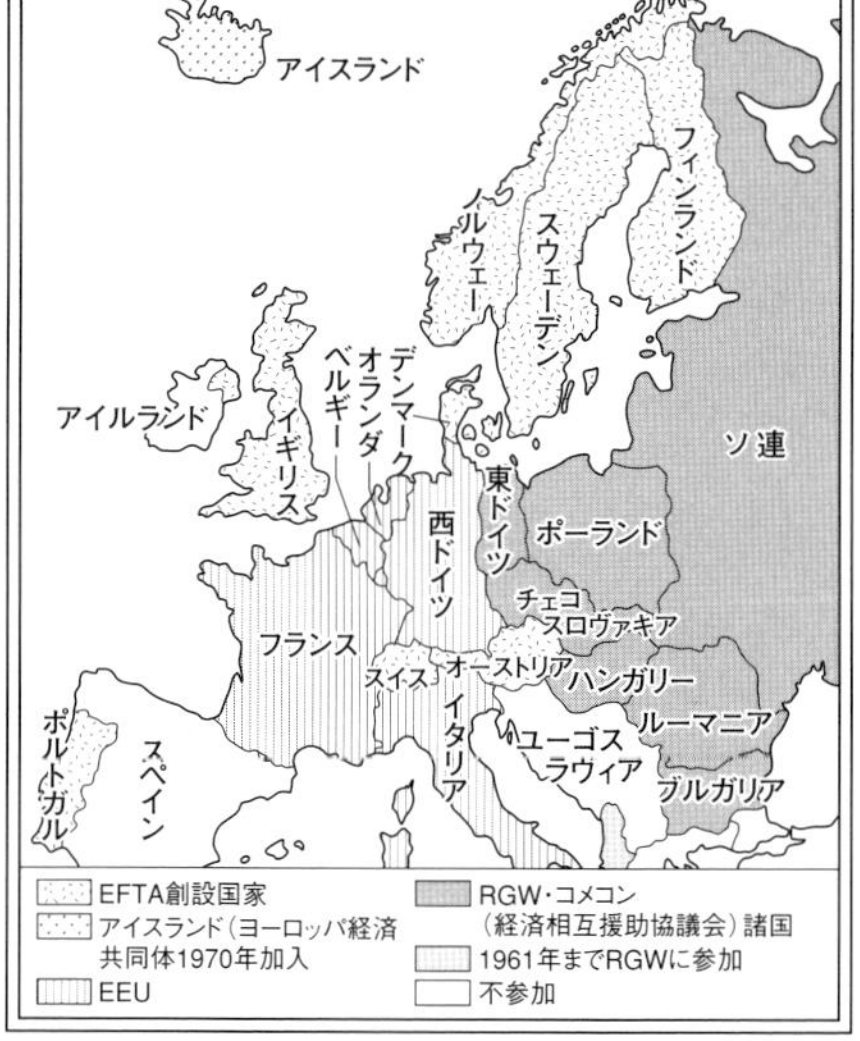

「ヨーロッパ経済共同体」（EEU）と「ヨーロッパ自由貿易連合」（EFTA）
EEU（1957年）に対して中立諸国はEFTA（1960年）を形成していた。地図上のソ連を含む部分は「ワルシャワ条約機構」。

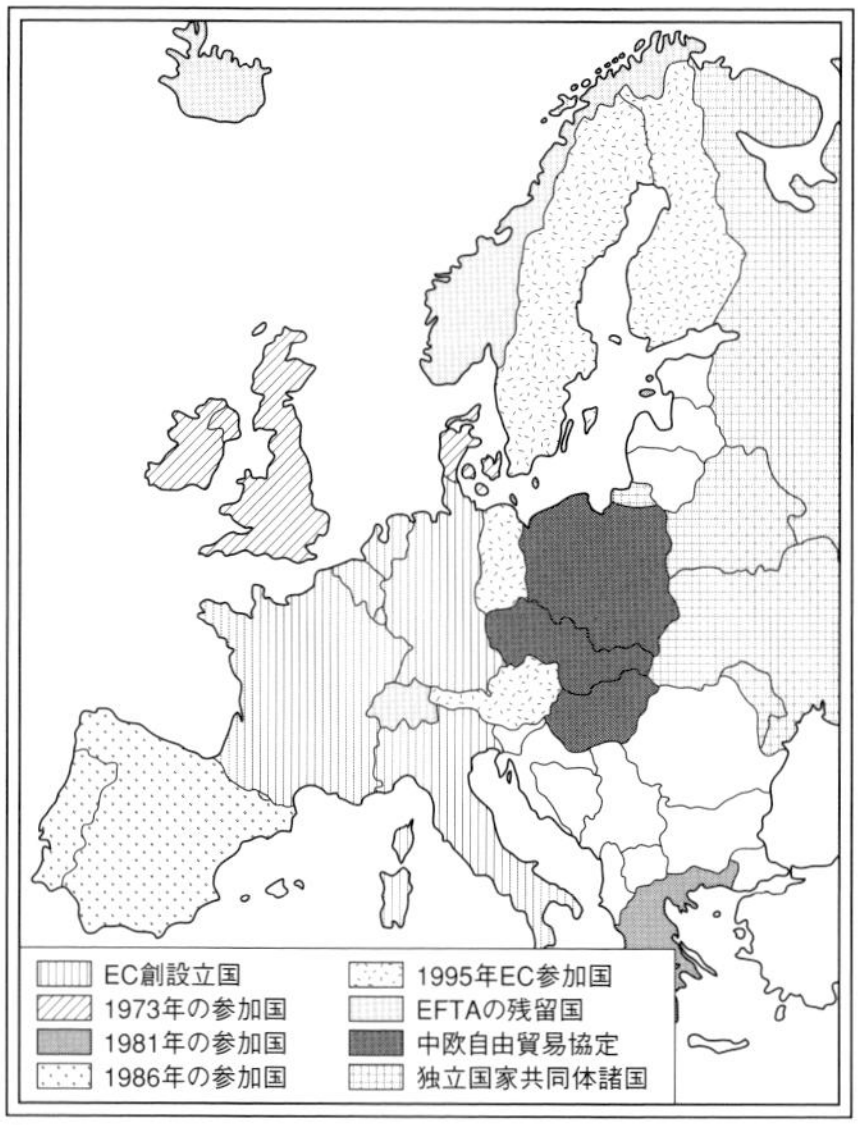

「ヨーロッパ共同体」の拡大とオーストリアの位置
各国名は上地図参照。

移民・難民・国民

ウィーン住民の多様性

ウィーンの都市の現代を特徴づける最

大の要素は、その住民の多様性であろう。その多様性は、古代から中世、近世を経て近代まで続いた帝国の首都としての歴史の中での、多様な人々の行き来の中で与えられてきたものであるが、その歴史は近現代の歴史を経て現在まで続いている。一九～二〇世紀におけるウィーンをめぐる多様な人々の動きは、移民、難民、ガストアルバイター（客人労働者）、あるいは「外国人」ないし「民族」「国民」などとその名称と概念を変えて把握されてきた。

一九世紀の「二重帝国」においては、「民族」「国民」「外国人」「帝国人」が主要な概念として帝国内の諸地域・諸集団が規定されていた。たとえば、チェコ人やスロヴァキア人は帝国の国民とされていたが、ハンガリー人は「オーストリア人」とは区別され、ウィーンでは「帝国人」または「外国人」とされていた。第一次世界大戦の結果、帝国が解体し、諸民族が独自の「国民国家」を持ち、帝国の首都にいた諸「民族」は帝国を去ったが、残った者はウィーンの住民としてオーストリア「国民」となった。ナチ・ドイツの支配下では、オーストリア人もウィーン住民も「ドイツ人」ないし「国民」のカテゴリーに含まれたが、「ユダヤの住民」は「ユダヤ人」として排除された。

戦中において、ドイツの占領地域から大量に集められた強制労働者ないし捕虜、あるいは収容所の解放された「囚人」たちは、戦後は行きどころのないDPs（ディスプレイスドパーソン）として、連合国によって各国に「処理」されていった。アメリカ大陸や新国家イスラエルに向かう者も多かった。ウィーンから去る者も残る者もいたし、東方から「国民」として帰還する者も多かった。東方諸国からの帰還者に対して、中立国オーストリア

①

②

③

移民・難民・外国人労働者

①1989年、オーストリアとハンガリーの国境が開放され、多くの東ドイツ市民が西側に流入し、ベルリンの壁の崩壊と東西ドイツの再統一への道が開かれた。写真②ユーゴスラヴィアの解体に伴う戦争により、大量の避難民がオーストリアに流入した。③バルカン半島を通じてオーストリアには数多くのムスリムの外国人労働者が入って来て、その人口は拡大し、右翼政党による「反ムスリムキャンペーン」が強まった。

市場や新聞売りの外国人労働者　ウィーンの市場では多くの外国人労働者が働いていた。過酷な新聞売りには、エジプトからの労働者が多かった。

ウィーンの最初のモスク
1979年、ウィーンの21区に32mのミナレットを持った最初のモスクが建設された。当時ウィーンには１万7000人のムスリムが生活しており、モスクはその生活の中心を提供した。

「法と文化の四辺形」
かつての景観を維持しながら、市内のミヒャエル教会や王宮と共に100年以上前のウィーンの景観を残している。

の壁は分裂国家ドイツのそれよりも柔軟であった。旧帝国内のハンガリーやチェコ、ポーランド、ユーゴスラヴィアなどの政治的事件や弾圧や戦争による難民や避難者、亡命者の流入は柔軟に受け入れられ、ウィーンは帝国時代を思わせる程に多言語が聞かれる都市になっていった。

「ガストアルバイター」の時代

戦後の復興を契機とした経済復興は、新たに「ガストアルバイター」の時代を生じさせた。ドイツが特にトルコとの協約により数多くの労働者を受け入れたのに対し、オーストリアは、旧帝国領のバルカンのユーゴスラヴィアからの労働者を多く受け入れたが、やがてトルコからの労働者も増えていった。ガストアルバイターの受け入れは、石油危機が生じた一九七三〜七四年以降減少し、その後は残ったガストアルバイターとその家族の「移民」→「国民」としての受け入れが新たな政策課題となっていった。

移民・難民受け入れをめぐる諸問題

東欧諸国の自由化とオーストリアのEU加盟、さらにそのEUの東ヨーロッパおよびバルカンへの拡大とEU内の労働者の移動の自由の承認は、移民、難民、外国人労働者の受け入れ問題をEU全体の問題とし、さらに中東からの難民の受け入れ問題は、EU諸国の国内の政治対立を先鋭化した。

オーストリアでは、移民・難民の受け入れは、EUの割り当てを承認し、ドイツと同様にそれを一定の割合でウィーンを含めた各州に割り当てているが、国内の議論は二分化している。一九九〇年代には移民・難民の排斥を訴える自由党がウィーンでもその勢力を伸ばし、受け入れ促進を支持する緑の党が、一定の支持を保ってきている。社会民主党と国民党の二大政党は共に、はっきりとした態度を示しえず、共にその支持を失い始めている。移民・難民・国民の問題において、これまでの二大政党の時代は後景に退き、その問題を市民生活と結びつけて論じ、考える小政党が台頭していく傾向が強まっているといってよいであろう。

二一世紀のウィーン

二〇一六年の大統領選挙

以上のように二一世紀を迎え、多民族、多宗教、多文化の人々が住み着き、共同の生活を営む都市となったウィーンは、その社会や政治においても、新しい様相を見せてきている。

　二〇一六年の四～五月に行なわれたオーストリアの大統領選挙は、オーストリアおよびウィーンにおけるそうした新しい政治社会の様相を表現していた。この大統領選においては、これまで常に候補を推薦して来た社会民主党と国民党の推薦者と並んで、新しい政治勢力として「自由党」や「緑の党」、女性党、さらに「新オーストリア党」が推薦者を立候補させた。大統領選は候補者の誰かが過半数に達しなければ、上位二名による再選挙という規定になっていて、第一回投票は政党ないし個人の対する国民の人気投票的なものである。それゆえ、その投票は現在のオーストリアないしウィーンの国民市民の政治的社会的思考傾向を示すが、その第一回投票はまったく予想外の傾向を示した。

自由党の擡頭

　第一位の得票を獲得したのは、移民難民反対、外国人は出て行けと主張する「自由党」のホーファーで、全国で三五パーセント、ウィーンでも二七・六七パーセ

ウィーンの新しい景観　図版上・現代のウィーンのUNOシティと地下鉄。図版左下・市内にも総合病院の高層建造物が建った。図版右下・市内中心のフュテファン教会の目の前には、ハンス・ホライン設計のガラスを使った現代的な建物が建てられ、教会と不思議な調和を見せている。

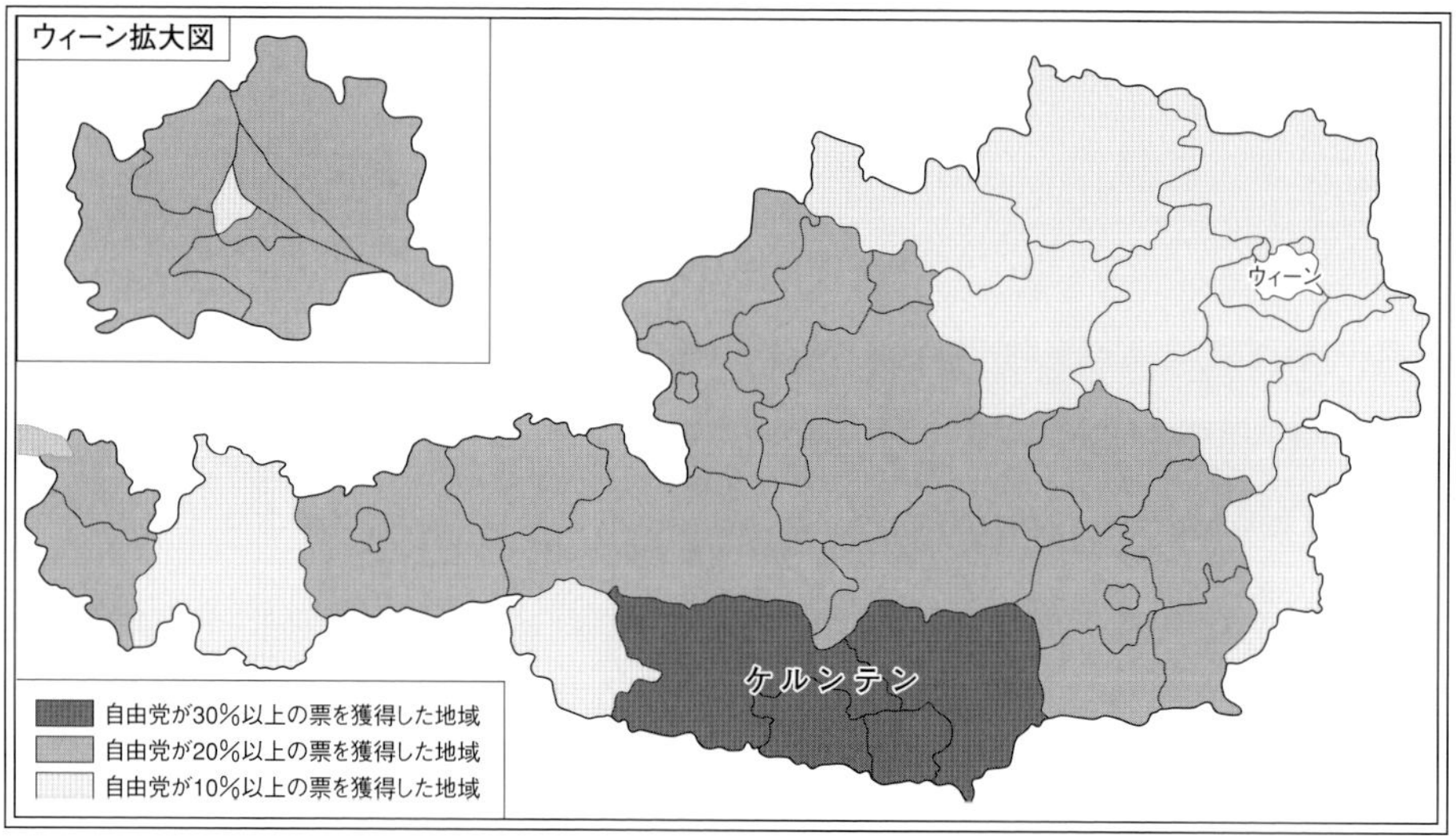

自由党の擡頭
一九九四年の選挙において、ハイダー率いる自由党は、外国人労働者過多を宣伝して、全国で得票率を拡大し、四二議席を獲得した。一九九九年には約二七％の五二議席を獲得し、国民党の政権に加わり、ヨーロッパ諸国を驚かせた。

ントを獲得し、第二位が、正反対の主張をしていた「緑の党」のファン・デア・ベレンで、全国で二一・三四パーセント、ウィーンでは三二・七五パーセントを獲得したのである。さらに第三位となったのは「女性党」の支持を得たI・グリスであり、全国で一八・九四パーセント、ウィーンでも一九・〇九パーセントを獲得した。そして、これまで大統領選の対抗馬同士であった二大政党「国民党」と「社会民主党」がそろって全国でようやく一一パーセント台を獲得するに留まった（国民党一一・一二パーセント、ウィーンでは六・一パーセント／社会民主党一一・二八パーセント、ウィーンでは一一・五四パーセント）のである。

　つまりオーストリアの国民、ウィーンの市民はこれまでの二大政党による政治に終止符を打ったとまでは言えないとしても、市民、国民はより具体的な問題、とくに移民・難民問題ないし環境問題、生活問題、女性の問題への関心を強めたとみてよいであろう。

　決戦の選挙は、一、二位の自由党のホーファーと緑の党のベレンの二人による決戦となり、危機を覚えた社会民主党と国民党の半数がベレンに加担し、大接戦になった。その結果は、国内の投票所の票数では決まらず、海外からの郵便投票を待たねばならなかったほどであった。最終結果はベレンが五〇・三五パーセント、ホーファーが四九・六五パーセントの僅差で、ベレンの選出が認められ決定された。票差は僅か三万一〇二六にすぎなかった（投票数全体で約四五〇万票）。ウィーンにおいてはベレンは約五〇万票、六三・三二パーセントを獲得し、ホーファーの三六・六八パーセントを圧倒していた。全国的にはホーファーはウィーン以外の農村地域のほとんどで多数を獲得し、ベレンはウィーンの他には、人口密集地の地方都市において得票を獲得していった。

　しかし結果発表後に、一部に手続きミスが見つかり、憲法裁判所が、一〇月に再選挙を行なうことを決定したので、最終的結論は未定のままである（二〇一六年九月現在）。

　それゆえこうした選挙結果から、二一世紀のウィーンの歴史の位置と方向性を占うことはできないが、現代のウィーンではさまざまな政治的社会的、文化的問題が重なりあい、その方向性を定めることが難しいことだけが確認できるだろう。

おわりに——都市ウィーンの歴史を歩く

私のウィーンとの付き合いはすでに三〇年以上になり、ウィーン滞在も長短があるが、総計五年以上になる。その間に、ウィーンの歴史に関して常に関心を持って読み書きしてきたが、そうした中で、この都市は、文字や記録だけで歴史を残してきたのではなく、都市そのものが歴史を記憶し記録し、現代に語りかけ、未来に伝達しているような気がしてきた。日常的に街をあるいていても、その建物や街路や広場、あるいは住民の生活の中には常にこの都市の歴史が垣間見られ、何かを語りかけてくるような気がするのは、歴史屋の性だけではないであろう。試みに少し街を歩いてみよう。

しばしば滞在中にお世話になる友人の家から出発しよう。友人の家はアム・ターボアの十字路のアウガルテン公園に隣接していて、窓からの景色が抜群である。この公園は本来宮廷の狩猟場であったものが、ヨーゼフ二世により市民に解放され、現在では市民たちはそこで散歩やジョギングに精を出している。私も滞在中は朝に散歩に出かける。そこにはアウガルテンの陶器の工場があったし、ウィーン少年合唱団の学校と宿舎がある。

朝飯を食べたら、街中に出てみよう。アム・ターボアから普段は市電に乗るが今日は歩いてみよう。通りの名はターボア通りであり、元々ウィーンから北のチェコの都市ターボアに向かう通商路であり、アム・ターボアには市門があったし、その倉庫とおぼしき建物が残されている。チェコ地方の街ターボアはフス派の強硬派の拠点であったので、フス戦争の時には、ターボア門あたりでも、激戦が行なわれた。続く三十年戦争でも強力なスエーデン軍がターボア門に迫ってきて、ウィーンが恐慌に陥ったこともあった。

ターボア通りを市内に向かって歩くとやがて、右手に大きな教会が現れるが、その右手一帯がレオポルト一世によって設置されたユダヤの「第二のゲットー」と呼ばれた地域であった。そこのユダヤは教会と市民の圧力により追放されてしまったが、財政難に陥った皇帝はすぐに彼らを呼び戻した。しかしこのゲットーは、皇帝により市民に払い下げられたので、市民たちは皇帝に感謝して、この地域をレオポルトシュタットと名付け、その名は現在まで引き継がれている。その後この地域にはユダヤの居住者が増えていき、一九世紀から世界大戦の時代を経て、現在でもユダヤの居住者の割合が最も多い地区となっている。

ターボア通りをさらに行くと「ドナウ運河」に出る。この運河は、一九世紀、二〇世紀のドナウ川調整によってできたもので、それ以前はドナウ川の一支流であり、流れも緩やかであったので交易船舶の良港となっていた。ここで荷揚げされた東方からの商品は我々が歩くローテントゥルム通りなどを通じて、壁の内側の小高い場所にあったホーアーマルクト広場に運ばれ取引された。逆にそこで入手された葡萄酒などが船で輸出されることにもなる。ウィーンは東方とヨーロッパ中部を結ぶ中継貿易によって富を稼ぎ、発展していったのであり、この川港はその拠点であった。

現在のウィーンの中心であるシュテファン教会に向かうローテントゥルム通りは、ローマ帝国時代のヴィンドボナ要塞の城壁があった場所で、その外側（現在はその左手）には当時の市民的住民の居住地区があって、バーベンベルクの時代にウィーン市内に取り込まれ、庶民的街区（シュトゥーベン区）となり商業が盛んであった。シュテファン教会はその市民的住民の教会であったがやがて支配者の教会になっていく。その地区には大学なども設置され、学生の街となった。大学はその後一九世紀にリングシュトラーセに移されるが、その建造物は大学広場を中心に現在も残されている。

先を急ごう。ローテントゥルム通りをそのまま進めば、シュテファン教会の前に出る。さらにそのまま進めば、現在の市内区のメインストリートのケルントナー通りであるが、我々は右に曲がり、グラーベン通りに入る。グラーベンはバロック造りの立派な建物が並ぶ繁華街であるが、グラーベンとはドイツ語で壕を意味する。その名が示すように、ここにはヴィンドボナの城壁の外の堀が掘られていた地域で、ここまでが、ローマ時代の要塞の範囲であった。現在は広い繁華街で常に観光客や買い物客で溢れ、その真ん中には一七世紀のペストの流行の際に収束に感謝した皇帝レーオポルト一世が建立した奇妙なペストの塔が残されている。

グラーベン通りは行き止まりのように見えるが、道は極端に狭いナーグラーガッセとなって続いている。そこもローマ時代の壁の跡地であり、狭く、最後に小さく曲がっているので、ナーグルすなわち「釘」小道と呼ばれている。小さな面白い店屋が並んでいる。曲がった釘の部分を出ると、目の前にアム・ホーフ広場がある。ホーフは屋敷ないし宮殿を意味し、バーベンベルク時代にその支配者の屋敷が広場の角にあったのである。バーベンベルク時代には城壁はここまでの広さであったが、バーベンベルクのハインリヒ二世は城壁外にショッテン修道院を建設させ、後のバーベンベルクの城壁はそれを市内に取り込んでいく。それゆえ、ショッテン修道院は、現在はアム・ホーフ広場の先のフライウング広場に位置する。アム・ホーフ広場の奥には現在ユダヤ広場と呼ばれる一角があるが、それは一般に「第一ゲットー」と呼ばれ、バーベンベルク王朝に仕えたユダヤの集団が集められていた。そこを訪れるのは止めて、グラーベンまで引き返すとする。

グラーベン通りの突き当たりからナーグラー小路に入らず、突き当たりを左折してコールマルクト通りを行くと、王宮前の広場ミヒャエラー広場に出る。ここには右からヘレンガッセ通りが入ってくるが、その通りはローマ時代の軍用道路であり、それが現在でも使われているのだ。ハプスブルク帝国時代には貴族層の館が並び、貴族通り（ヘレンガッセ）と呼ばれた。王宮前の広場の中央には考古学的発掘遺跡があり、ローマ時代の床暖房付きの家屋跡が見られる。正面の王宮は一九世紀の宮殿であり、その右手にはやはり一九世紀の文学者たちが集まっていたカフェ・グリュンシュタイドルが再開されていて、観光客で溢れている。王宮の対面には、分離派の建築家アードルフ・ロースの現代的な建物が、王宮のごてごて模様と対照的に、単純簡素な姿を見せている。その反対側には広場の名前にもなったカトリックのミヒャエル教会が奇麗な鐘塔を持って建っている。一八四八年革命時には、ヘレンガッセでは大学生のデモに対して最初の軍の発砲があり犠

現代のウィーン

N
北西貨物駅
アム・ターボア
出発点
プラーターシュテルン
貨物駅
フランツ・
ヨーゼフ駅
アウガルテン
リヒテンシュタイン公園
アルザーグルント
ハイネ通り
ロスアウアー兵営
ドナウ運河
元ユダヤ地区
ウィーン北駅
大観覧車
リング
ヴォティーフ教会
ターボア通り
プラター通り
日本大使館
州裁判所
フライウング広場
ウィーン大学
ショッテン修道院
ホーアーマルクト
ユダヤ
第1ゲットー
ローテントゥルム通り
ヘレンガッセ
市庁舎
アム・ホーフ広場
ナーグラーガッセ
中央郵便局
ブルク劇場
郵便貯金局
シュトゥーベン
地区
政府庁舎
ミヒャエラー広場
グラーベン通り
国会議事堂
フォルクス庭園
シュテファン教会
ホーフブルク
（王宮）
ケルントナー通り
英雄広場
ウィーン・ミッテ駅
リング
自然史博物館
新王宮
市立公園
王宮庭園
ベートーヴェン・ハウス
美術史博物館
国立オペラ座
マリアヒルファー通り
楽友協会
コンツェルトハウス
ラントシュトラーセ
カール広場
ウィーン市歴史博物館
カール教会
エステルハーツィー公園
ルドルフ病院
プリンツ・オイゲン通り
ベルヴェデーレ宮殿
（下宮）
シューベルトの家
マルガレーテン通り
レンヴェーク駅
レン通り
ベルヴェデーレ庭園
テレジアヌム
ベルヴェデーレ宮殿
（上宮）
ウィーデン
0
500m
中央駅へ

牲者が出て、街中にバリケードがつくられた。コールマルクトには特大のバリケードが造られ、学生市民と軍隊の対決の場でもあった。ということで、この広場にはローマ時代から始まり、一九世紀までのウィーンの歴史が凝縮されているといってもよいのである。

しかし、二〇世紀にウィーンはさらに大きな歴史的転換を迎えることになる。サライェヴォの暗殺事件は、民族主義を先鋭化し、第一次世界大戦は、ハプスブルクの帝国を崩壊させ、ウィーンは小国オーストリアの首都としての地位に貶められ、新しいウィーンの運命は「赤いウィーン」に託され、その拠点はウィーン郊外の労働者住宅地域に託された。だが、より先鋭化された民族主義としてのファシズムとドイツ・ナチズムの擡頭の前に、「赤いウィーン」はひとたまりもなかった。

王宮前から王宮のアーケードを抜けた向こう側の新王宮前の広場は「英雄広場」と呼ばれている。広場には、対オスマン帝国軍との戦いを指導し勝利したプリンツ・オイゲンと、対ナポレオン戦争で一度だけ勝利したことのあるカール大公の騎馬像が据えられているからである。

一九三八年三月一五日に、その英雄広場の新王宮のバルコニーから、ヒトラーは新たな「英雄」としてオーストリアのドイツへの「合邦」を宣言し、ウィーンの大部分の市民たちはそれを大歓迎して聞いていたのである。「我々は故郷に戻った」と。「故郷」に含められなかった人々は亡命し、命を絶った者も多数いた。ウィーンは「第三帝国」の帝国都市の一つとされ、「大ウィーン」として拡大された。その後の戦争のなかでウィーンはドイツ軍の支配下にあり、最終局面でソ連軍により解放されたが、戦闘と空襲でかなりの被害が出た。

戦後ウィーンは中立国オーストリアの首都として国際会議都市となったが、この「英雄広場」の新王宮がしばしば会議場として使用された。しかし国連都市としてのウィーンの拠点は、歴史的ウィーンから切り離されて新しく開発されたドナウ川の中州のドナウ公園に建設された。

我々のウィーンの歴史散歩もここで終わりとなるが、歴史的ウィーンを歩いてみると、多くの建物や道路、広場などの多くが昔のまま残され現代に活かされていることに驚かされる。本書はこうした歴史的都市ウィーンの歴史を系統的にまとめてみようと試みたものである。体調その他の理由で、作業は遅れ、出版社とその編集者には大変ご迷惑をおかけしてしまったが、それを辛抱強く待っていただき、図版の整理など、面倒な作業をこなしていただいた河出書房新社編集部の渡辺史絵さんには心から感謝致します。

二〇一六年秋

増谷英樹

1939	ウィーンの管区拡大「大ウィーン」となり、その地位は帝国都市に
1942	「オストマルク」は「ドナウ＝アルペン大管区」に改名
1943	モスクワで連合4カ国外相会議開催、オーストリアの処置を決定（10月）
1945	ナチ・ドイツ軍とソ連軍のウィーン攻防戦（3～4月）。ソ連軍ウィーン占拠、テオドーア・ケルナーを市長に任命（4月17日）。第二共和国成立（社会党のカール・レンナーを首班とするオーストリア臨時中央政府成立）。レンナー政府「ナチ党禁止令」公布（5月）。「ウィーン市憲章」再確認（7月）。第1回国民議会選挙（国民党49.8%、社会党44.6%、共産党5.42%・11月）。国民党のレーオポルト・フィーグルを首班とする連立政権（12月）
1946	「第1次国有化・社会化法案」策定、ソ連適用拒否（7月）
1947	「新非ナチ化法」公布（2月）
1948	「マーシャル・プラン」による援助開始
1951	「ウィーン祝祭週間」再興
1952	ソ連による「スターリン・ノート」
1953	スターリン没（3月）。フルシチョフ、ソ連共産党第一書記に就任
1955	オーストリア政府代表団モスクワで中立化策を調整（4月）。西ドイツのNATO加盟（5月）。ウィーンのベルヴェデーレ宮殿で「国家条約」締結（5月）。オーストリアの永世中立に関する連邦憲法法案、国民議会で可決（10月）。連合国占領軍撤退（10月）。オーストリア、国際連合参加（12月）
1956	ハンガリー事件。大量の難民流入
1961	ケネディとフルシチョフ、ウィーンで会談
1966	大連立終焉
1968	チェコスロヴァキアで民主化運動、ワルシャワ条約機構軍により弾圧。大量の難民流入
1970	国民議会選挙で社会党勝利、ブルーノ・クライスキー首相就任（4月）
1971	国民議会選挙で社会党単独過半数獲得（10月）
1973～79	ドナウ島に「UNOシティー」建設、のちに拡大
1957	ウィーンに国連組織「原子力エネルギー組織」の本部
1976	ツヴェンテンドルフに原子力発電所建設
1978	原子力発電所を巡る国民投票、その稼働を禁止。のちに憲法で制定
1979	ウィーンに国連シティ完成
1983	クライスキー退陣。社会党と自由党の連立政権。環境政党「緑の党」躍進
1986	チェルノブイリの原発事故。大統領選挙でヴァルトハイム問題。自由党（FPÖ）の党首にイェルク・ハイダー就任
1988	「合邦」50周年記念式典
1989	オーストリアとハンガリー外相、両国の国境開放に合意（7月）。ベルリンの壁崩壊（11月）
1990	東西ドイツ統一（10月）
1991	スロヴェニアとクロアチアがユーゴスラヴィアからの独立を宣言（ユーゴスラヴィア内戦開始・6月）。オーストリア・ドイツがスロヴェニアとクロアチアの独立承認
1992	ECがスロヴェニアとクロアチアの独立承認（1月）。マーストリヒトで「欧州連合条約」調印（2月）
1993	自由党のハイダーによる「反外国人国民請願」（1～2月）
1994	欧州連合（EU）加盟の是非を問う国民投票（6月）
1995	オーストリア、EU加盟（1月）
1999	国民議会選挙で自由党26.9%を獲得、「歴史的勝利」（10月）
2000	国民党と自由党の連立政権誕生（シュッセル首相：国民党）。EUによる制裁受ける
2005	自由党分裂。ハイダー「オーストリア未来同盟」結成（4月）
2007	社会民主党、国民党と大連立政権に復帰（社会民主党のグーゼンバウアー首相・1月）
2008	リーマン・ショックに起因する世界金融危機（9月）。ハイダー、交通事故死（10月）。社会民主党と国民党間で大連立政権継続（ファイマン首相：社会民主党・12月）
2016	オーストリア大統領選挙。決選投票で緑の党のファン・デア・ベレンが僅差で当選したが、裁判で再選挙に（4～5月）

1815	ウィーンに「工業技術研究所」(今日の工業大学)開設
1830	ドナウ川の洪水
1831～34	ドナウ川運河建設
1839	「下オーストリア営業協会」結成
1840年代	イタリアの民族運動、ガリツィアの蜂起
1841	「法政読書会」結成
1848	1848年革命（3～10月)。ウィーンの革命、学生たちの主導。ハンガリーのコッシュート独立運動。プラハの民衆蜂起。5～7月イタリアの民族運動、ラデツキー将軍による鎮圧。ウィーン十月革命とヴィンデッシュグレーツによるウィーン砲撃とその鎮圧。ハンガリーの独立戦争、1849年まで継続。フランツ・ヨーゼフ1世即位（12月)
1857	皇帝の勅令（12月）によりウィーンの城壁の解体決定。「都市拡張委員会」成立。ヨーロッパに恐慌
1859	営業令、ツンフト強制廃止、営業の自由
1866	オーストリア対プロイセン戦争に敗北（ケーニヒグレーツの戦い)。ドイツ統一の主導権を喪失
1867	アウスグライヒ（協和・2月)。「オーストリア＝ハンガリー二重帝国」成立。ビスマルクの主導により「北ドイツ連邦」成立
1871	プロイセン主導によるドイツの統一
1873	ウィーン万国博
1877～78	露土戦争。ベルリン会議で二重帝国はボスニア・ヘルツェゴヴィナの管理権獲得
1880	ターフェの言語令
1883	議事堂、市庁舎の完成
1888／89	ヴィクトーア・アードラーによるオーストリア社会民主党成立
1889	アードルフ・ヒトラー誕生
1891	カール・ルエーガー「キリスト教社会党」結成
1895	オットー・ヴァーグナーの『近代建築』出版
1897	バデーニの言語令。「分離派」組織成立（分離派の展示場は1898年に完成)。カール・ルエーガー（キリスト教社会党)、ウィーン市長に就任
1903	「ウィーン工房」結成
1907	男子普通選挙法（1月)
1908	ボスニア・ヘルツェゴビナの併合
1914	サライェヴォでフランツ・フェルディナント大公夫妻暗殺。オーストリア＝ハンガリー二重帝国はセルビアへ最後通牒、宣戦布告。第1次世界大戦勃発
1916	フランツ・ヨーゼフ1世死去
1917	ドイツ軍の無制限潜水艦作戦、アメリカ参戦。ロシア革命勃発
1918	アメリカ合衆国大統領ウィルソン「14カ条の和平原則」提唱。ウィーンなど大都市で戦争終結を求めるストライキとデモ。「スペイン風邪」の流行（1月)。ソヴィエト・ロシアとドイツの間でブレスト･リトフスク条約（3月)。ハンガリー、チェコスロヴァキア、ポーランド、南スラヴの独立宣言（10月)。ウィーンの臨時国民議会ドイツ共和国の一部としての「ドイツオーストリア国」宣言。パドヴァで協商国側と休戦協定、皇帝カールが国政への関与放棄の宣言。混乱の中で各地に郷土防衛連合など結成（11月)。11月27日成年男女（20歳以上）の普通選挙権導入
1919	2月16日普通選挙権による選挙。ウィーン市議会選挙で社会民主党が絶対多数を獲得、「赤いウィーン」成立（5月)。ハプスブルク家と貴族のすべての特権廃止。サンジェルマン条約締結（9月)。ドイツとのアンシュルス（合邦）の禁止。「オーストリア共和国」成立。ズデーテン地方はチェコスロヴァキアへ
1920	憲法制定。キリスト教社会党政権。ウィーンは社会民主党市政（「赤いウィーン」)
1927	郷土防衛連合と社会民主党系の「共和国防衛同盟」の衝突激化。「シャッテンドルフ事件」(1月)。事件の犯人たちに無罪判決。ウィーンでの労働者の暴動ストライキ発生、政府による鎮圧（7月15日事件)
1929	世界恐慌始まる
1931	クレディート・アンシュタルト銀行の破産。オーストリア・ナチの擡頭
1932	エンゲルベルト･ドルフース（キリスト教社会党）首相就任（5月)
1933	ドルフースによる議会の停止（3月)。「祖国戦線」結成（5月)。オーストリア・ナチの禁止（6月)
1934	社会民主党労働者の蜂起（2月)。政府・護国団による弾圧（「二月蜂起」)。「五月憲法」公布、カトリックに依拠する権威主義体制の確立。オーストリア・ナチのクーデター。首相官邸内でドルフース暗殺（7月)。シュシュニク体制成立
1936	ベルリン・ローマ枢軸成立。独墺「七月協定」締結。ナチの活動活発化
1938	ヒトラー、ウィーンへ。ドイツによるオーストリアの「合邦」。英雄広場での演説。ウィーン市議会解散、新市長にヘルマン･ノイバッハー（3月)。オーストリアは「オストマルク」と改名、ドイツの大管区の一つとなる

1556	カール5世退位
1564	マクリミシアン2世、神聖ローマ皇帝に
1565	ウィーン最初の水道施設
1576	マクシミリアン2世死去。ルドルフ2世の対抗宗教改革強化
1582	「宮廷解放ユダヤ」の地位設定
1603〜38	ウィーンに数多くの修道会の導入・教会の建設、対抗宗教改革激化
1619	マティアス・トゥルンのプロテスタント軍ウィーンに迫る
1620	ビーラー・ホラ（白山）の戦い。ボヘミアのプロテスタント貴族敗北、追放される
1624	ユダヤの居住の分離要請。ドナウ川の対岸のウンテレンヴェルト（下ヴェルト）に「第2ゲットー」設置
1645	スウェーデン軍ウィーン包囲
1648	ウェストファリア条約、アウクスブルクの和議を拡大再確認。神聖ローマ皇帝の権限弱体化
1670	ウィーンと下オーストリアのユダヤの追放を決定（レーオポルト1世）
1679	ウィーン、下オーストリアでペスト流行（1月）、年末までに約5万人の死者
1683	オスマン帝国軍による第2次ウィーン包囲。その後プリンツ・オイゲンの指揮下にハンガリーでオスマン勢力と対抗
1686	解放軍、ブダとペストを奪還
1687	ウィーンに最初の街灯設置。翌年には全市に設置
1688	オーストリア軍、ベオグラードを征服
1697	プリンツ・オイゲンが対オスマン戦争の総指揮官に任命され、その後3代の皇帝に仕える
1699	カルロヴィッツの和約
1701	スペイン継承戦争。戦場はイギリスを含み大西洋までに拡大（1714年終結）。カールがスペイン王と皇帝にということになったが、ラシュタットの和約でスペイン王はフランス王の孫のフェリペ（5世）に。ハプスブルク帝国領は皇帝ヨーゼフ1世の治下に（〜1714年）
1703	ウィーンの防衛施設「外柵（リーニエ）」の建設開始（1704年7月完成）。ウィーン最初の銀行「バンコ・デル・ジロ」がオッペンハイマーにより設立、1705年に「ウィーン市銀行」に
1711	ヨーゼフ1世死去。弟カール6世がハプスブルク領統治のためウィーンに
1713	「国事詔書（プラグマティッシュザンクツィオーン）」制定
1740	カール6世死去。マリア・テレージア家督を相続。オーストリア継承戦争
1745	ドレスデンの和約。フランツ・シュテファン、神聖ローマ皇帝フランツ1世に
1749	マリア・テレージアの軍事財政行政改革。帝国の中央集権化
1753	カウニッツが宰相に。外交の大転換を主導
1754	最初の国勢調査実施（ウィーンの人口17万5460人）
1756	7年戦争（1763年フベルトゥスブルクの和議により終結）
1763〜	マリア・テレージアの教育制度などの改革
1765	フランツ1世死去
1770	マリー・アントワネットとのちのフランス王ルイ16世の結婚
1772	第1次ポーランド分割によりガリツィア地方を獲得
1773	マリア・テレージアしぶしぶイエズス会を解散
1780	マリア・テレージア死去。ヨーゼフ2世の単独統治始まる
1781	修道会修道院の廃止（8月)、ヨーゼフ2世の「寛容令」(10月)、農奴制廃止
1782	ウィーンのユダヤへの「寛容令」(1月)
1789	フランス革命勃発。オーストリアはこれに対抗
1790	ヨーゼフ2世死去
1793	イタリア支配に関してのフランスとのカンポ・フォルミオの和約。マリー・アントワネットの処刑（フランス）
1797	カンポ・フォルミオの和約
1804	ナポレオン、皇帝に。フランツ2世は「オーストリア皇帝」を名乗る
1805	アウステルリッツの三帝会戦。ナポレオンの勝利
1806	神聖ローマ帝国消滅（8月）
1809	オーストリアがフランスに宣戦。チロルでアンドレアス・ホーファーの蜂起。5月11〜13日ナポレオン軍はウィーンを砲撃、入城。5月21〜22日アスペルンの戦闘でオーストリア軍がナポレオンに勝利、その後敗北。10月14日シェーンブルンの和約
1810	メッテルニヒの調停工作。3月11日ウィーンでマリー・ルイーゼとナポレオンの婚姻式、大公カールがナポレオンの代理
1812	ナポレオンのロシア遠征（6月、60万人）。オーストリア軍は同行（3万人）、ナポレオン軍敗北（10、11月）
1813	ライプツィヒの戦い。ナポレオン同盟軍に敗れる
1814〜15	ウィーン会議。「ドイツ同盟」成立。「神聖同盟」成立。ドイツ民族主義的学生同盟「ブルシェンシャフト」成立。カールスバード決議

ウィーン史略年表

前800～450頃	ハルシュタット文化（鉄器時代）
前58～51	カエサルのガリア遠征
1～2世紀	この頃、ローマ帝国の属領パンノニアのドナウ川沿いにカルヌントゥム、ヴィンドボナなどローマの軍事拠点がいくつもつくられる
166～80	ローマ帝国のマルクス・アウレリウス帝による対マルコマンニ戦争（180年頃マルクス・アウレリウス病死）
4～6世紀	ゲルマン民族大移動
433	ローマ帝国がパンノニア地方を喪失
476	西ローマ帝国消滅
800	フランク王カール（大帝）、ローマ皇帝として戴冠
881	「ウィーン」についての最初の記述
955	レッヒフェルトの戦い。東フランク王のオットー、ハンガリー軍を破る
962	オットー大帝「（神聖）ローマ帝国」再建
976	バーベンベルク家のレーオポルトが辺境伯に。以降270年の支配
996	「オスタリキ」の名称現れる
1156	ハインリヒ2世、ウィーンを伯領首都に。オーストリア公領成立
1161	ハインリヒ2世ヤソミールゴットが、ショッテン修道院設立を決定
1192	イングランド王リチャード獅子心王をウィーンで捕縛。身代金でバーベンベルク城壁建築
1246	バーベンベルク家断絶
1256～73	神聖ローマ皇帝の「大空位時代」。ボヘミア王オトカルの支配ウィーンまで拡大
1258／62	ウィーンで大火。町の3分の2が焼失
1273	ハプスブルク家ルドルフ、ドイツ王に選出される。オトカルとの対立
1276	皇帝ルドルフはオトカルからウィーンを奪取
1278	マルヒフェルトの戦い。ルドルフ1世、オトカルに勝利。オトカル死去
1288	アルブレヒト1世の支配に対するウィーン市民の蜂起
1310	大公フリードリヒ1世、前年に蜂起した市民に対して「流血裁判」実施
1346	ボヘミア王カレル4世、ドイツ王に選出（1355年神聖ローマ皇帝）
1348/49	ウィーンにもペスト大流行
1348	大地震
1350	ウィーンに再度の大火
1356	カレル4世「金印勅書」
1365	大公ルドルフ4世、ウィーン大学設立計画。シュテファン教会建設促進
1384	アルブレヒト3世のウィーン大学規定を定める。大学完成
1402	ドナウ川洪水
1403	6週間に渡り彗星出現
1415	コンスタンツの異端審問でフスの火刑。フス戦争の激化（～1436年）
1420	アルブレヒト5世、フス戦争で敗北し帰還。ウィーンのユダヤを追放、翌年110人を火刑
1438	アルブレヒト、ドイツ王に。ハンガリー、ボヘミアを支配圏に収める
1483	ハンガリー王マティアス・コルヴィヌスがウィーンを包囲
1485～90	コルヴィヌスがウィーンを支配（1490年脳梗塞で死去）
1486	マクシミリアン1世ドイツ王に（1493年神聖ローマ皇帝）
1490	ドイツ王マクシミリアンがウィーンを奪還、帝国都市に
1496	マクシミリアンの息子のフィリップが両カトリック王国の王女ファナと結婚、ハプスブルクの領土はスペインさらにアメリカ大陸まで拡大
1517	ルターの『15カ条の意見書』
1519	カール5世がフランス王フランソワ1世と競い、神聖ローマ皇帝に
1520	ルターの破門
1521	カール5世はオーストリアなどの東方の所領を弟フェルディナントに委ね、帝国を分割。フェルディナントはスペインからウィーンへ
1522	この頃よりオーストリアの貴族層にルター派急速に広まる
1523	フェルディナントのルター派文書の全面禁止令。再洗礼派も禁止
1525	チロル地方でガイスマイアー指導下の農民運動勃発
1526	モハーチの戦い（ハンガリー対オスマン帝国の戦い）。フェルディナントの新たなウィーン都市条令
1527	再度のプロテスタント禁止令布告
1529	オスマン帝国軍の第1次ウィーン包囲
1532	フェルディナント1世の命により新城塞の建設開始。1560年頃完成
1535	ルター派に対抗してシュテファン教会での聖体拝領行列施行
1551	ウィーンにイエズス会招聘

参考文献［図版出典文献を含む］

［全般］

Peter Csendes / Ferdinand Opll (Herausgeber), Wien. Geschichte einer Stadt, Band 1; Von den Anfängen bis zur Ersten Türkenbelagerung (1529), Wien, Köln, Weimar 2001. Band 2; Die frühneuzeitliche Residenz (16. bis 18. Jahrhundert) Herausgegeben von Karl Vocelka und Anita Traninger, Wien, Köln, Weimar 2003.

Felix Czeike, Historisches Lexikon Wien in 5 Bänden, Wien 1992.

Österreich Lexikon in Drei Bänden, herausgegeben von Ernst Bruckmüller, Wien 2004.

Stadt Chronik Wien. 2000 Jahre in Daten, Dokumenten und Bildern. Mit 1668 Abbildungen, Wien 1986.

Felix Czeike, Wien. Geschichte in Bilddokumenten, München 1984.

Manfred Scheuch, Historischer Atlas Österreich, Wien 1994.

Walter Kleindel, Österreich: Daten zur Geschichte und Kultur, Wien Heidelberg 1978.

Wilhelm J. Wagner, Der grosse Bildatlas zur Geschichte Österreichs, Wien 1995.

Ferdinand Opll, Wien im Bild historischer Karten. Die Entwicklung der Stadt bis in die Mitte des 19. Jahrhunderts, Wien, Köln, Graz 1983.

Anna Ehrlich, Kleine Geschichte Wiens, Regensburg 2011.

Brigitte Hamann, Österreich. Ein historisches Portrait. München 2009.

Karl Vocelka, Geschichte Österreichs. Kultur-Gesellschaft-Politik 2000.

Eveline Brugger, Martha Keil, Albert Lichtblau, Christoph Lind, Barbara Staudinger, Geschichte der Juden in Österreich, Wien 2006.

［中世］

Reinhard Pohanka, Hinter den Mauern der Stadt. Eine Reise ins mittelalterliche Wien, Wien 1987.

Hubert Hinterschweiger, Wien im Mittelalter. Alltag und Mythen, Konflikte und Katastrophen, Wien 2010.

Ferdinand Opll, Nachrichten aus dem mittelalterlichen Wien. Zeitgenossen berichten, Wien, Köln, Weimar, 1995.

Arthur Salinger, Der Wiener Schottenmeister, München, Berlin, London, New Zork, 2005.

［近現代］

Wilhelm J. Wagner, Bildatlas der Österreichisshen Zeitgeschichte 1918-1938, Wien, Köln, Weimar 2007.

Brigitte Hamann, Der Erste Weltkrieg. Wahrheit und Lüge in Bildern und Texten, München 2008.

Traum und Wirklichkeit. Wien 1870-1930, Wien 1985.

Gerhard Jelinek, Schöne Tage 1914. Vom Neujahrstag bis zum Ausbruch des Ersten Weltkrieges, Wien 2013.

Felix Kreissler, Der Österreicher und seine Nation. Ein Lernprozess mit Hindernissen, Wien, Köln, Graz 1984.

Marsha L. Rosenblit, The Jews of Vienna, 1867-1914: Assimilation and Identity, New York 1983.

Klaus Bade, Pieter C. Emmer, Leo Lucassen, Jochan Oltmer (Hersg.), Enzyklopädie Migration in Europa. Vom 17. Jahrhundert bis zur Gegenwarat von Zuwanderung und Minderheiten, Wien, Köln 1990.

Wien wirklich. Ein Stadtführer durch den Alltag und seine Geschichte, Wien 1983.

［邦語文献］（順不動）

田口晃『ウィーン　都市の近代』2008年　岩波新書

増谷英樹・古田善文『図説　オーストリアの歴史』河出書房新社　2011年

増谷英樹『ビラの中の革命　ウィーン・1848年』東京大学出版会　1987年

増谷英樹『歴史の中のウィーン　都市とユダヤと女たち』日本エディタースクール出版部　1993年

増谷英樹「大都市の成立――19世紀のウィーンと流入民」歴史学研究会編『講座世界史4資本主義は人をどう変えてきたか』東京大学出版会　1995年所収

良知力『青きドナウの乱痴気――ウィーン1848年』平凡社　1985年

『ウィーン世紀末　クリムト，シーレとその時代――Wien um 1900, Klimt, Schile und ihre Zeit.』セゾン美術館　1989年

エーリヒ・ツェルナー（リンツビヒラ裕美訳）『オーストリア史』彩流社　2000年

カール・E・ショースキー（安井琢磨訳）『世紀末ウィーン――政治と文化』岩波書店　1983年

W. M. ジョンストン（井上修一他訳）『ウィーン精神――ハープスブルク帝国の思想と社会 1848-1938』（1）（2）みすず書房　1986年

シュテファン・ツヴァイク（原田義人訳）『昨日の世界』（1）（2）　みすず書房　1999年

ヨーゼフ・ロート（平田達治・吉田仙太郎訳）『放浪のユダヤ人』法政大学出版局　1985年

●著者略歴

増谷英樹（ますたに・ひでき）
東京外国語大学名誉教授。一九四二年生まれ。東京大学大学院人文科学研究科博士課程中退。専攻はオーストリア／ドイツ史、ユダヤ史、ウィーン都市史。
著書に『ビラの中の革命　ウィーン・1848年』（東京大学出版会）、『歴史のなかのウィーン　都市とユダヤと女たち』（日本エディタースクール出版部）、共著に『図説オーストリアの歴史』（河出書房新社）、『オルタナティヴの歴史学　シリーズ「21世紀歴史学の創造6」』（有志舎）、編著に『越境する文化と国民統合』（東京大学出版会）、『移民・難民・外国人労働者と多文化共生——日本とドイツ／歴史と現状』（有志舎）などがある。

ふくろうの本

図説　ウィーンの歴史

二〇一六年一〇月二〇日初版印刷
二〇一六年一〇月三〇日初版発行

著者……………………増谷英樹
装幀・デザイン…………水橋真奈美（ヒロ工房）
発行者…………………小野寺優
発行……………………河出書房新社
東京都渋谷区千駄ヶ谷二-三二-二
電話　〇三-三四〇四-一二〇一（営業）
〇三-三四〇四-八六一一（編集）
http://www.kawade.co.jp/
印刷……………………大日本印刷株式会社
製本……………………加藤製本株式会社

Printed in Japan
ISBN978-4-309-76245-6
落丁・乱丁本はお取替えいたします。